教育部人文社会科学研究规划基金项目资助
江苏教育科学"十二五"规划重点课题资助
江苏高校品牌专业（特殊教育）建设项目资助

聋校数学课程与教学 第二版

LONGXIAO SHUXUE KECHENG
YU JIAOXUE

◎朱友涵　李　拉　著

 南京大学出版社

图书在版编目(CIP)数据

聋校数学课程与教学 / 朱友涵,李拉著. -- 2 版
. -- 南京：南京大学出版社,2016.2
 ISBN 978-7-305-14471-4

Ⅰ. ①聋… Ⅱ. ①朱… ②李… Ⅲ. ①数学课－教学研究－聋哑学校 Ⅳ. ①G762.2

中国版本图书馆 CIP 数据核字(2014)第 295589 号

出 版 者	南京大学出版社
社　　址	南京市汉口路 22 号　　邮 编　210093
出 版 人	金鑫荣

书　　名	**聋校数学课程与教学（第二版）**
著　者	朱友涵　李 拉
责任编辑	刘 琦　　　　　编辑热线　025 - 83686531
照　　排	南京南琳图文制作有限公司
印　　刷	江苏凤凰通达印刷有限公司
开　　本	787×960　1/16　印张 16.75　字数 288 千
版　　次	2016 年 2 月第 2 版　2016 年 2 月第 1 次印刷
ISBN	978-7-305-14471-4
定　　价	36.00 元

网址：http://www.njupco.com
官方微博：http://weibo.com/njupco
官方微信号：njupress
销售咨询热线：(025) 83594756

* 版权所有,侵权必究
* 凡购买南大版图书,如有印装质量问题,请与所购
  图书销售部门联系调换

前　　言

　　聋校数学课程与教学是特教学院中体现特殊教育专业特点的一门专业必修课程。它既是一门理论性很强的实践课程，也是一门实践性很强的理论课程。它对于教育对象更新教育理念，掌握数学教育理论，熟悉数学教学体系，掌握数学教育方法，提高数学教学与研究能力诸方面都有着十分重要的作用。20世纪90年代以来，我国关于聋教育教学理论和实践研究十分活跃，涌现出一批研究成果，其中《聋哑学校数学教材教法》(非正式出版)等教材在全国聋教育界较有影响，并为当时的聋教育人才培养作出了较大的贡献。但是，随着聋教育课程改革的不断深入，聋校数学课程与教学论陷入了极大的困境。旧的教育思想、教育理论、教育内容、教育模式、教育方式方法、过时的教材在学科课程与教学论课堂上仍在使用，严重阻滞了聋教育高质量的师资培养。为了适应聋教育课程与教学改革的需要，培养高素质人才，南京特教学院领导十分重视特色教材的建设工作，将《聋校数学课程与教学》列为重点建设教材，组织我和李拉老师共同完成本教材的建设工作。我们采用了"编制—试验—修改完善"的思路进行研究。首先，依据聋校义务教育数学课程改革的精神，对现行有关的教学研究成果与材料进行收集与分析，进行广泛的调查研究，确定教材编写方案；在此基础上，再分别进行教材的编制、试验等工作；最后由我进行统整，形成成果。通过三年的努力，基本完成了本教材的编制、试验、修改完善等工作。

　　本书以大学本科特殊教育专业的学生为主要对象。我们在编写本书时，力图体现如下特点：

　　(1) 重视实践性和可操作性。从生成上来说，"聋校数学课程与教学"是从教学实践中走来，而当其理论形成后又将走向教学实践，所以它具有"实践性格"。其实，"聋校数学课程与教学"课程就是为培养学生的数学教学理论素养和实际教学能力开设的。因此，在教材编写中，我们在内容选择、内容呈现方式、思考题的设计等方面都加强了实践性和可操作性，旨在提高教育对象的实际教学与科研能力。

　　(2) 体现基础性和理论性。从形态上来说，"聋校数学课程与教学"是以理论的形态存在的，它是对教学实践的理论性把握，所以它又具有"理论性格"。目前,数学教学理论在我们国家得到了快速发展,越来越多的专家、学者和数学教师投入到数学教学理论的研究中来,出现了百家争鸣、万紫千红的喜人局面。有关数学教学理论的译著、专著和文章大量涌现,为聋校数学课程与教学论提供了丰富的选择材料。因此在教材编写时,我们十分注意汲取国内外最新的研究成果,关注我国聋校数学课程改革的理念和内容变动,使教材体现先进的教学理念和指导思想,反映先进的数学教学理论。

(3)加强教材编写的针对性,突出聋校数学教育的特色。

聋生是聋校数学教学的对象,《聋校数学课程与教学》教材的编写,必须符合聋生的特点。在感知觉方面,聋生由于听力损伤破坏了其对客观事物认识的完整性和丰富性,学生的视觉、触觉、振动觉、嗅觉、味觉等健全感觉发挥着代偿听觉缺陷的作用;在注意的品质方面,学生的多种注意有时候不便进行分配,尤其是残存听觉与视觉的协调分配困难;在记忆力方面,聋生对直观形象的东西往往记得快,保持得好,也容易再现,但对抽象与形式的数学知识往往记得慢,遗忘得快;在语言方面,聋生的口语与书面语较弱,较难通过言语调节自己的行为方式,语言逻辑思维也受到了很大的影响;在思维方面,聋生的思维活动带有明显的形象性,抽象思维的深度和广度发展较为缓慢。聋生身心发展的这些特点,决定了聋校数学的教学过程是一个顺应学生身心发展的过程,这是聋校数学教学的规律。我们在编写教材时,在教学内容的展开、教学方法的选择、教学模式的运用、教学组织形式的变化等方面充分考虑了聋生的认知特点,加强了教材编写的针对性,旨在突出聋校数学教育的特色。

本书由我负责全书编写纲要的制定以及书稿的修改和定稿工作。各章节执笔依次是:第一章、第二章、第四章、第六章至第九章由朱友涵编写;第三章、第五章由朱友涵和李拉共同编写;第十章由李拉编写。

在编写过程中,南京特教学院的领导十分支持教材的编写工作,在此表示诚挚的感谢。

由于编者的水平有限,本书的疏漏、错误在所难免,恳请批评指正。

朱友涵
2016 年 1 月

目　　录

第一章　聋校数学课程的基本理念 ……………………………………… 1
第一节　聋校数学课程的基本理念 …………………………………… 1
　　一、数学本质的认识 ………………………………………………… 1
　　二、数学课程的认识 ………………………………………………… 3
第二节　聋校数学教育观念 …………………………………………… 4
　　一、聋校数学教育的学生观 ………………………………………… 5
　　二、聋校数学教育的教师观 ………………………………………… 7
　　三、聋校数学教育的学习观 ………………………………………… 8
　　四、聋校数学教育的教学观 ………………………………………… 10
　　五、聋校数学教育的评价观 ………………………………………… 13
　　六、聋校数学教育的现代技术观 …………………………………… 14
　　七、聋校数学教育的教材观 ………………………………………… 15
第三节　聋校数学课程理念的贯彻落实 ……………………………… 16

第二章　数学课程目标与内容 …………………………………………… 21
第一节　聋校数学课程目标 …………………………………………… 21
　　一、聋校数学课程目标 ……………………………………………… 21
　　二、聋校数学课程目标的变革 ……………………………………… 24
第二节　聋校数学课程内容 …………………………………………… 27
　　一、聋校数学课程内容 ……………………………………………… 27
　　二、聋校数学课程内容的变革 ……………………………………… 28
第三节　聋校数学教材及其使用策略 ………………………………… 29
　　一、聋校数学教科书及其使用策略 ………………………………… 30
　　二、小学数学教科书及其在聋校的使用策略 ……………………… 32

第三章　聋生的数学学习 ………………………………………………… 36
第一节　聋生数学学习特点与方式的分析 …………………………… 36
　　一、聋生数学学习的意义 …………………………………………… 36
　　二、聋生数学学习特点的分析 ……………………………………… 40
　　三、聋生数学学习方式的分析 ……………………………………… 42

第二节　聋生数学知识学习过程的分析 …………………… 47
　　一、聋生数学概念学习过程的分析 …………………… 47
　　二、聋生数学规则学习过程的分析 …………………… 56
第三节　聋生数学技能学习过程的分析 …………………… 60
　　一、数学技能及其分类 ………………………………… 60
　　二、数学心智技能学习过程的分析 …………………… 61
　　三、数学操作技能学习过程的分析 …………………… 62

第四章　聋校数学教学目标 …………………………………… 64
第一节　教学目标概述 ……………………………………… 64
　　一、教学目标与教学目的 ……………………………… 64
　　二、教学目标的主要功能 ……………………………… 66
第二节　编制教学目标的技术 ……………………………… 67
　　一、制定教学目标的要求 ……………………………… 67
　　二、制定教学目标的动词 ……………………………… 69
　　三、行为目标的 ABCD 表述方法 ……………………… 70
　　四、制定教学目标的策略 ……………………………… 72
第三节　制定教学目标的案例与分析 ……………………… 75

第五章　聋校数学教学 ………………………………………… 78
第一节　聋校数学教学原则和策略 ………………………… 78
　　一、聋校数学教学过程 ………………………………… 78
　　二、聋校数学教学原则 ………………………………… 84
　　三、聋校数学教学策略 ………………………………… 90
第二节　聋校数学教学方法和教学手段 …………………… 93
　　一、聋校数学教学的基本方法 ………………………… 93
　　二、选择数学教学方法的标准与程序 ………………… 106
　　三、选用教学手段的策略 ……………………………… 108
第三节　聋校数学教学模式 ………………………………… 111
　　一、讲解接受教学模式及其应用 ……………………… 112
　　二、探究发现教学模式及其应用 ……………………… 118
　　三、小组合作教学模式及其应用 ……………………… 120
第四节　聋校数学教学的组织与准备 ……………………… 123
　　一、聋校数学教学的基本组织形式 …………………… 123
　　二、聋校数学课堂教学设计 …………………………… 125
　　三、说课 ………………………………………………… 132

第六章　数与代数的教学 …… 141
第一节　数与代数的教学意义和要求 …… 141
一、数与代数的教学意义 …… 141
二、数与代数的教学内容与要求 …… 142
第二节　数与量的概念教学分析 …… 145
一、数的概念教学 …… 145
二、常见的量的教学 …… 155
第三节　数的运算的教学分析 …… 159
一、整数四则运算的教学 …… 160
二、小数四则运算的教学 …… 170
三、分数四则运算的教学 …… 172
第四节　式与方程及比和比例的教学分析 …… 175
一、式与方程的教学 …… 175
二、比与比例的教学 …… 176

第七章　图形与几何的教学 …… 181
第一节　图形与几何的教学意义和要求 …… 181
一、图形与几何的教学意义 …… 181
二、图形与几何的教学要求 …… 182
第二节　图形认识的教学分析 …… 184
一、平面图形认识的教学 …… 184
二、立体图形认识的教学 …… 191
第三节　测量的教学分析 …… 193
一、周长和面积的教学 …… 193
二、表面积和体(容)积的教学 …… 195
第四节　图形的运动与变化的教学分析 …… 198
一、轴对称图形的教学 …… 198
二、平移和旋转的教学 …… 199
第五节　图形与位置的教学分析 …… 201
一、空间方位的教学 …… 201
二、物体位置的确定的教学 …… 202
三、观察物体的教学 …… 203

第八章　统计与概率的教学 …… 206
第一节　统计与概率的教学意义和要求 …… 206
一、统计与概率的教学意义 …… 206

二、统计与概率的教学要求 …………………………………… 207
　第二节　统计初步知识的教学分析 …………………………… 208
　　一、数据统计活动初步的教学 ………………………………… 208
　　二、简单数据统计过程的教学 ………………………………… 211
　第三节　概率初步知识的教学分析 …………………………… 215
　　一、不确定现象的教学 ………………………………………… 215
　　二、可能性的教学 ……………………………………………… 216

第九章　综合与实践的教学 …………………………………… 218
　第一节　综合与实践的教学意义和要求 ……………………… 218
　　一、综合与实践的教学意义 …………………………………… 218
　　二、综合与实践的教学要求 …………………………………… 220
　第二节　综合与实践的学习特点和形式 ……………………… 221
　　一、综合与实践的学习特点 …………………………………… 221
　　二、综合与实践常见的学习形式 ……………………………… 223
　第三节　综合与实践的教学 …………………………………… 224
　　一、综合与实践的设计 ………………………………………… 224
　　二、综合与实践的教学策略 …………………………………… 227
　　三、综合与实践的评价 ………………………………………… 228

第十章　聋校数学教学研究 …………………………………… 230
　第一节　聋校数学教学研究的意义 …………………………… 230
　　一、教学研究与教育研究 ……………………………………… 230
　　二、聋校数学教学研究的意义与价值 ………………………… 231
　第二节　聋校数学教学研究的一般步骤 ……………………… 233
　　一、聋校数学教学研究的基本方法 …………………………… 233
　　二、数学教学研究的一般步骤 ………………………………… 244
　第三节　聋校数学教学论文撰写 ……………………………… 246
　　一、撰写教学论文的要求 ……………………………………… 246
　　二、教学论文的写作 …………………………………………… 248
　第四节　聋校数学教学课题研究 ……………………………… 251
　　一、课题的选题与论证 ………………………………………… 251
　　二、研究报告的撰写 …………………………………………… 253

第一章　聋校数学课程的基本理念

【内容提要】　课程理念是蕴含于课程之中,需要实施者付诸实践的教育教学信念,它是课程的灵魂,是构建课程的基石。本章在分析目前人们对数学本质与数学课程的看法和认识的基础上,研讨聋校数学学生观、教师观、学习观、教学观和评价观等问题,旨在帮助大家认识和理解数学课程的基本理念,走进新课程,逐步形成先进的教育思想,树立正确的教育观念,从而推动数学课程的实施和教学改革。

所谓理念是一个人所具有的准备付诸行动的信念。它是人们在理性思考和亲身体验基础之上形成的,关于事物本身及其价值和价值实现途径的根本性判断与看法。理念是人们在对某一事物现实的深刻分析和未来的展望的基础上形成的,因此,任何理念都具有时代性、前瞻性、过程性和坚定性。课程理念是蕴含于课程之中,需要实施者付诸实践的教育教学信念,它是课程的灵魂,是构建课程的基石。认识和理解数学课程的基本理念,能够帮助教师理解并走进新课程,逐步形成先进的教育思想,树立正确的教育观念,从而推动数学课程的实施和教育教学改革。

第一节　聋校数学课程的基本理念

一、数学本质的认识

数学与现实世界、与人们的日常生活息息相关,但是要回答数学是什么,不同的人会有不同的回答。事实上,数学家们对这一问题也是各执一词。有人认为数学是关于模式的科学,这里的数学模式是指按照某种理想化的要求来反映或概括地表现一类或一种事物关系结构的数学形式。如从五个人、五张桌子、五个苹果之中,人们将其数量上的共同属性抽象概括成统一的模式,并用符号"5"加以表示,5就是一个模式。数学正是通过模式的建构,并以此为直接对象来从事客观世界量性规律性研究的。也有人认为数学是研究数量、结构、变化以及空间模型等概念的一门学科,它是在计数、计算、量度和对物体形状及运动的观察中产生的。还有人认为数学是一种语言,是一种简明的符号语言,这种语言是国际性的,它的功能超过了普通语言的功能,具有表达与计算两种功能。尽管回答什么是数学时众说纷绘,但纵观数学历史,"数学始终是围绕着数与形两个基本概念的抽象、提炼而发展的。"因此,新课程将数学概念界定为:"数学是研究数量关系和空间形式的科学。"这里的数量关系和空间形式不限于现实世界,也可以是数学自身逻辑的产物。①

数学具有高度抽象性、逻辑严谨性和应用广泛性等基本特征。抽象性是数学最显著的特征,数学往往是用语言、模型或符号而不是实物来概括同类对象或同类对象关系。换句话说,数学是抽去了具体内容的一种形式,它用形式化、符号化的语言来实现对具体事物的抽象概括和描述。例如,数学中的"三角形"就是一种对"由不在同一直线上的三条线段首尾顺次连接所组成的封闭平面图形"的概括,无论这个图形是大是小,是在何种位置,只要它符合"三角形"的概念要求,那么它就是三角形,具有三角形的所有特征(内角和等于180度,两条边之和大于第三边,图形具有稳定性,外角等于不相邻的两个内角和,等等)。数学的这种抽象性对学生抽象思维的形成和锻造具有不可忽略的重要影响。数学的逻辑严谨性是指数学的系统性,数学的结果总是从一些基本概念(或公理)出发并采用严格的逻辑推论而得到的。正如有学者指出的,数学与其他思维相比,有一个最大的特点,那就是对任何一个陈述都可以确定其对或错。因为只有数学可以加上一个强有力的演绎结构,这就是数学的逻辑严谨性。数学的这种逻辑严谨性对于学生来说,可以使学生在充分训练和学习中潜移默化地受到熏陶和影响,从而逐渐树立科学的精神和严谨的学习风范。应用广泛性也是数学最显著的特征之一。在生产、日常生活和社会生活中,人们几乎每时每刻都运用着最普通的数学概念和结论;几乎任何一点技术的改进都离不开数学;几乎所有的现代科学部门都在实质性地利用着数学,不论是自然科学或社会科学,都在发展自己的现代理论时广泛地运用着数学。随着科学技术迅猛发展,科学数学化的趋势越来越明显,现代科学正朝着广泛应用数学的方向发展,数学更加成为一种普遍的科学语言与工具。它不仅是自然科学和技术科学的基础,而且在人文科学与社会科学中发挥着越来越大的作用。

---

① 义务教育数学课程标准修订组.数学课程标准解读[M].北京:北京师范大学出版社,2012:53.

二、数学课程的认识

聋校义务教育阶段的数学课程是培养聋生素养的基础课程,具有基础性、普及性、系统性和应用性等学科特性。聋校数学课程既要面向全体聋生,又要适应聋生个性的发展,促使每个聋生的潜能得到最大限度的开发,使聋生人人都能获得适合的数学教育,让不同的聋生在数学上得到不同的发展。

(一) 人人都能获得适合的数学教育

"人人都能获得适合的数学教育"的主体是"人人",它表明义务教育阶段的数学教育不是面对少数人的精英教育,而是面对学习数学的所有人的大众教育,不是适者生存的教育,而是人人受益的教育;它意味着新课程中所规定的内容及教学要求是最基本的,是每一个普及义务教育的地区、每一个智力正常的儿童,在教师的引导和学生自身的努力下,人人都能够获得成功的体验。

"适合的数学教育"内涵丰富,可以从不同角度去理解。首先,适合的数学教育对于学生来说是适宜的、能满足发展需求的教育。适宜的数学教育,应该是符合数学课程认知规律和学生身心发展规律的教育,是未来社会所需要的和个体发展所必需的教育。人们在社会生活中需要的数学是不同的,第一是日常生活的需要,第二是从事不同技术或各种职业的需要,第三是进一步学习的需要。数学教育应该为所有人服务,应满足学生未来社会生活的需要,是能适应学生个性发展的要求,为学生未来生活、工作和学习做好准备的教育。其次,适合的教育是全面实现育人目标的教育。促使学生全面发展是数学教育的宗旨,它要求在数学教学中不仅关注数学知识技能的传授,也关注思想的感悟及经验的积累,不仅关注数学能力的培养,也关注学生的情感与价值观的培育,即关注学生作为一个"全人"的智力与人格的全面协调的发展。第三,适合的教育是促进公平、注重质量的教育。在数学课程的实施过程中,为所有学生提供机会均等的数学教育,给予所有学生平等的关注与帮助,并针对学生的实际情况提供适应个性发展的课程教学,特别对于在数学学习方面处于弱势的学生,给予更多的支持与辅导;在数学学习评价中,对于学生的学习情况给予科学、公正的评价;使每个学生都能获得相对均衡学习结果。第四,适合的数学教育是促进学生可持续发展的教育。在教育过程中要遵从儿童心理发展应有的阶段性规律,循序渐进,逐步提高的原则。在数学教学中要认真钻研教材,了解学情,研究教法,构建一个能促进学生可持续发展的数学教育环境。

（二）让不同的聋生在数学上得到不同的发展

每个人都有自己的生活背景、家庭环境、特定的生活与社会文化氛围，这导致了不同的人有着不同的思维方式、不同的兴趣爱好、不同的发展潜能，可见人与人之间是有差异的。"让不同的聋生在数学上得到不同的发展"是指数学课程要面对每一个有差异的个体，适应每一个学生的不同发展需要，在使所有学生获得共同的数学教育的同时，让更多的学生有机会接触、了解乃至钻研自己所感兴趣的数学问题，最大限度地满足每一个学生的需要，特别是对有特殊数学才能和爱好的学生要提供更多的发展机会。

（三）促使每个聋生的潜能得到最大限度的开发

潜能是相对于显能而言的，它是指有待开发、挖掘的处于潜伏状态的能力，它是人的体能与智能的总和。潜能是巨大的，同时又是"沉睡"的，它需要我们去开发、利用。宋代教育家张载提倡的教须尽人之材就是要求教师要注意开发利用学生的潜能；聋教育课程改革也指出：聋教育不能把落脚点放在缺陷补偿上，而应该放在培养聋生健全的人格上，放在充分开发聋生的潜能上，放在促进聋生整体素质的发展上。从过去的"注重缺陷补偿"到如今的"积极开发潜能，补偿缺陷"的转变，这不只是文字的变化，而是教育思想、教育理念、教育价值的变革。教师要认识到聋生是具有潜能的人，在教育教学上不应该再把重点放在学生缺陷补偿和残疾的矫治上，而应该放在满足其特殊需要和开发潜能上。遵循聋生大脑的发育特征及心理发展规律，运用科学、专业的教学手段与方法等措施来激发他们的内在潜能，促使每个聋生的潜能得到最大限度的开发。

第二节 聋校数学教育观念

教育观念是人们对教育的看法和认识。其表现形态为各种各样的教育观点，如教学观、师生观、人才观、质量观等等。一个教师的教育观念会直接影响教师对教学问题的知觉、判断，进而影响教师的教学行为，包括教学目标的定位、教学原则的贯彻、教学模式及策略的制定、教学评价的实施等方面，因而作为当代的教师，应当树立合乎时代进步的现代数学教育观念。

一、聋校数学教育的学生观

案例：我不敢说

一位教师在执教"分式"时，将分式的定义写成"一般的，如果 A,B 表示两个整式，并且 B 中含有字母，那么式子 $\frac{A}{B}$ 叫作分数。"教师没有发现其中的错误，仍然津津有味地讲着，学生发现了，在下面窃窃私语，但是没有一个人站起来帮助老师纠正。笔者坐在一个学生旁边，提醒这个学生纠正老师的错误，但该学生回答："我不敢说。"下课了，那个错误仍一直挂在黑板上。

在平时教学中，许多教师在教学中也会出现类似的笔误、口误，但很少有学生愿意及时指出来。这种现象的原因是心理环境不安全、不自由，还是师生关系不平等、不和谐，恐怕两者皆有之。要改变这一现状，笔者认为教师要树立正确的学生观，努力做到既教书又育人。

所谓学生观就是教师对学生的看法，对学生在教学中地位的认识或理解。学生观主要表现为怎样看待学生，把学生看成什么样的人，对学生采取什么样的态度的认识。学生观是构成数学教育观念的核心内容，它关系到教学对象主体位置的确定，因此它是数学教育首先要处理好的问题。

（一）学生是具有独立意识、正在发展中的人

每个学生都有自己的思想、自己的个性、自己的意愿，这是别人不能代替和改变的。他们都是独立的个体，独立于教师的头脑之外，不以教师的意志为转移的客观存在，因此他们都是具有独立意识的人。教师应该承认聋生个体的独特性，尊重聋生独立的人格，建立接纳、民主、和谐、平等的人际关系。

学生既是具有独立意识的人，也是处于发展过程中的人。作为发展的人，也就意味着学生还是一个不成熟的人，是一个正在成长的人。聋生既然在各方面的发展都还不够成熟，那么教师就应该给予聋生更多的理解、支持、教育和关怀；聋生既然是一个正在成长的人，那么教师就应该坚信每个聋生都是可以学好数学的，应该积极开发聋生的发展潜能，依据聋生身心发展的规律和特点开展数学教学活动，从而有效促进聋生身心健康发展。

（二）学生是整体的人

学生是整体性的人，这是一个客观的现实。这一客观现实提示教育教学工作者要把学生看作完整的人，必须反对那种割裂人的完整性的做法。

但并不是所有职业都具有这种要求,如医师所面对的主要是人的生理方面,其他方面则很少关注;美容师所面对的主要是人的外表,其他方面也很少关注。然而,教学工作所面对的却是一个整体的人。面对具有整体性的学生,教师不仅要关注学习的知识技能,更要关注学习的过程、方法、能力、情感态度,实现人的德、智、体、美等方面的全面和谐发展。正如著名教育家杜威所说:"我们所需要的是儿童以整个的身体和整个的心灵来到学校,并以更圆满发展的心灵和甚至更健全的身体离开学校。"面对具有整体性的学生,教师在施教的手段、方法上也应注意完整性。如教学要注意将学生的认知活动与情感活动相协调,将有意识与无意识相统一。总之,学生是整体性的人这一客观现实给教育教学工作者提供了许多重要的启示。促进学生整体发展的教学,乃是一种高超精湛的"立体塑像艺术"。

(三)学生是数学学习的主体

建构主义强调,学生是信息加工的主体,是意义和知识的主动建构者,而不是知识的被动接收者和被灌输的对象。新课程也认为:聋生是数学学习的主体。聋生获得知识,可以通过接受学习的方式,也可以通过自主探究、合作交流等方式;聋生应用知识并逐步形成技能,离不开自己的实践;聋生在获得知识技能的过程中,只有亲身参与教师精心设计的教学活动,才能在分析、解决问题以及情感态度方面得到充分发展。这就要求教师应该从聋生发展的需求出发,创设适合聋生发展的教育环境,创造和谐、宽松的教育氛围,给聋生的发展创造一定的自由空间;为聋生提供选择的机会,尊重聋生对教学语言与学习方法的选择,允许聋生用自己的方法学习数学。

(四)学生的个体差异是客观存在的,要承认、尊重学生的个别差异,个别差异是教学的资源。

聋生的差异是很大的,仅从听力障碍来看,造成障碍的病因、发生时间、发现时间、损伤程度、障碍类型五个变量中的一个因子的不同,就能导致聋儿在听力、语言、智力、情感、行为等方面的一系列差异。作为教师要尊重、承认和接受聋生个体发展的差异性,为每一位不同的聋生提供充分发展的条件,允许聋生以不同的速度完成学习任务,促进聋生有差异的发展,最终落实"人人都能获得适合的数学教育,不同的人在数学上得到不同的发展"的课程理念。

人的智力结构是多元的,有的人善于形象思维,有的人善于语言表达,有的人善于计算,有的人善于逻辑推理,它们并没有优劣之分,只是表现的特征与适应性不同。面对学生的差异,教学中教师应该尊重聋生多种风格的认知方式,重视聋生对各种现象的不同理解,注意倾听他们的想法,思考这些想法的由来,并引导聋生丰富和纠正自己的解释,鼓励他们相互交流和质疑,了解彼此的想法,达到相互学习、共同提高的目的。从这个意义上说,差异又是一种宝贵的学习资源。

二、聋校数学教育的教师观

案例:"统计"教学片段

(苏教版实验教材一年级上册)

教师出示大象过生日的情境图,让学生仔细观察,说说自己看到了什么。(略)

师:刚才大家交流了自己看到了什么,大家说得都很好。现在老师想知道看了这幅图,你想知道什么?

生1:我想知道大象过几岁生日?

生2:我想知道大象的爸爸妈妈为什么没有来?

生3:我想知道猴子送给它什么礼物?

生4:我想知道小猪送给它什么礼物?

生5:我想知道小狗送给它什么礼物?

生6:我想知道为什么没有买生日蛋糕?

生7:我想知道为什么没有买水果和骨头?

生8:我想知道做了新衣服没有?

……

教师花了大量的时间,学生提出了很多问题,但是这些问题多少与数学有关呢?新课程倡导教师要创设情境,引导学生发现问题、提出问题,但绝不是提出一些与数学无关的问题。教师如何引导学生学习数学?对学生提出与数学无关的问题采取什么态度?在教学中应该扮演什么角色?这些问题都与教师的角色定位有关,下面就一起研讨聋校数学教育的教师观。

教师观是人们对教师在数学活动中的角色、地位和作用等方面的一些基本看法。新课程明确指出:教师是数学学习的组织者、引导者与合作者。这是新时期对教师角色的重新定位,教师要尽快地实现这种角色转换,做一个合格的组织者、成功的引导者、积极的促进者。

(一)教师是数学学习的组织者

学生作为发展的人,也就意味着还是一个不成熟的人,是一个正在成长的人。他们学习的路径需要教师作出规划,他们学习的课程需要教师进行重新组织,他们学习的活动需要教师安排,他们学习的环境需要教师创设,他们学习的积极性与主动性需要教师激发。因此,教师不再是单纯的知识传递者,而是聋生学习的组织者。学生学习的组织者是教师的职能,组织者就是教师要给聋生创设自主、探究、合作的空间。组织者的作用主要体现在两个方面:第一,教师应当准确把握教学内容的数学实质和学生的实际情况,确定合理的教学目标,设计一个好的教学方案;第二,在教学活动中,教师要选择适当的教学方式,因势利导、适时调控,努力营造师生互动、生生互动、生动活泼的课堂氛围,形成有效的学习活动。

(二)教师是数学学习的引导者

建构主义认为学习者的学习不是被动接受教师所授予知识的过程,而是主动的自我建构、自我生成的过程。在这样的理念下,教师要从知识的灌输者向学习的引导者转变。教师的引导作用主要体现在:通过恰当的问题,或者准确、清晰、富有启发性的讲授,引导学生积极思考、求知求真,激发学生的好奇心;通过恰当的归纳和示范,使学生理解知识、掌握技能、积累经验、感悟思想;能关注学生的差异,用不同层次的问题或教学手段,引导每一个学生都能积极参与学习活动,提高教学活动的针对性和有效性。

(三)教师是数学学习的合作者

新课程要求教师要从课堂的统治者变成数学学习的合作者。合作就意味着交往互动,交往互动就意味着人人参与,意味着平等对话。师生之间在教学过程中应该共同交流、互教互学、共同发展,形成一个真正意义上的学习共同体。教师与学生的合作主要体现在:教师以平等、尊重的态度鼓励学生积极参与教学活动,启发学生共同探索,与学生一起感受成功和挫折、分享发现和成果。

三、聋校数学教育的学习观

案例:鸡兔共有头 14 个,脚 40 只,问鸡兔各多少只?

教法 1:假设都是鸡,$14 \times 2 = 28$,共有 28 只脚;题目告诉我们共有 40 只脚,$40 - 28 = 12$,给兔子少算 12 只脚;每只兔少算 2 只脚,$12 \div 2 = 6$,故有 6 只兔。$14 - 6 = 8$,有 8 只鸡。

教法 2:师:兔有 4 只脚,鸡只有 2 只脚,是不是不公平?

生:公平!鸡还有两只翅膀。

师：如果翅膀也算，共有多少只脚？（14×4＝56）
师：题中翅膀算不算脚？（不算）
师：那么，有多少只翅膀呢？（56－40＝16）
师：有多少只鸡？（16÷2＝8）

(一) 数学学习的过程是建立在经验基础上的一个主动建构的过程

学生在学习新知识之前，并不是一无所知，不是空着脑袋进教室的，他们已经拥有大量的日常生活经验和知识，这些经验和知识对学生的学习是非常重要的。建构主义认为，学习不是被动接受教师所授予的知识，而是通过学生自身主动的建构，在新的数学知识和已有的数学知识和经验之间建立实质性的、非任意的联系，使新的数学知识在学生头脑中获得特定意义，从而建构对数学知识的理解。案例中的鸡兔同笼问题是古典算术的一类重要问题。教法1采用的是假设法，解题思路极其巧妙，但有些聋生就是想不通：明明有鸡有兔，为什么假设都是鸡呢？仔细分析不难看出，这种解法的出发点与聋生脑子里的东西相距甚远，聋生不易理解。教法2首先引导"兔有4只脚，鸡只有2只脚，是不是不公平？"这一问题，旨在激发聋生已有的"鸡有两只翅膀"这一生活经验，使数学难题与生活经验建立联系；接着以生活经验为支撑，寻找解决问题的方法，"如果翅膀也算，共有多少只脚？""题中翅膀算不算脚？""有多少只翅膀呢？""有多少只鸡？"，从而达到解决问题、理解数学的目的。教法2告诉我们，将数学知识与生活实际相结合的学习是聋生建构知识的重要途径。

(二) 数学学习的过程是认知结构的改造与重组过程

数学认知结构是学生头脑中的知识结构。建构主义认为，学习过程不是知识的简单积累，也不是简单的信息输入、存储和提取，而是新旧经验和经验之间的相互作用过程，是认知结构的改造与重组过程。这里主要涉及同化和顺应两种机制。具体地讲，学习不仅需要学生从头脑中提取与新知识一致的已有经验作为同化新知识的固着点，而且也要关注到与当前知识不一致的已有经验，看到新旧知识之间的冲突，并设法通过调整来解决这些冲突，有时需要改变原有的错误观念。案例中的鸡兔同笼问题的解决，就其本质而言两种解法都是运用假设法。教法1认为聋生原有的知识经验不能同化新知识（假设法），所以要对原有的数学认知结构进行改组以顺应新知识的学习。教法2认为假设法与聋生原有认知结构中的某些知识经验有着适当的联系，所以只需将新知识纳入原有的数学认知结构，同化新知识。同化和顺应是两种不同的认知方式,对于聋童来讲,同化学习相对容易。因此聋校教师在教学中,要尽量从聋生已有的知识经验出发,引导聋生学习,促进认知结构不断分化改组、扩大加深,进而形成良好的数学认知结构。

（三）数学学习是解决问题的思维活动过程

数学是思维的产物,任何数学知识都是思维的结晶。学习数学的过程,自始至终都是数学的思维活动过程。离开了思维活动,也就无所谓数学学习。数学学习的本质就是学生获取知识,形成数学技能和能力的一种思维活动。[①] 从这个意义来说,死记硬背公式和概念以及没有思维要求的反复操练等行为,都不能算是真正的数学学习。案例中的鸡兔同笼问题,教法1教师采用的是讲解法,法2教师采用的是启发式教学,不管采用那种教学方式方法,聋生学习都要运用模仿、联想、记忆、分析等思维活动方式,都要理解他人的思考方式和过程,都要反思自己的思考过程,都要与他人进行沟通与交往,可见数学学习的过程是解决问题的思维活动过程。

（四）数学学习活动应当是一个生动活泼的、主动的和富有个性的过程

聋生的学习应当是一个生动活泼的、主动的和富有个性的过程。认真听讲、积极思考、动手实践、自主探索、合作交流是学习数学的重要方式。由于聋生听力残疾程度不同,所处的文化环境、家庭背景不同,每个人的经历不同,导致他们在认知水平、认知风格和发展趋势上存在着差异,在思维方式和解决问题的策略等方面也存在着差异。因此,学生在学习过程中应当尽可能多地参与数学交流的活动,使得他们能够在活动中感受别人的思维方法和思维过程,以改变自己在认知方式上的单一性,促进其全面发展。同时,通过向他人表达自己的思维过程,有助于反思与完善自我认知方式,从而达到个性发展的目的。

四、聋校数学教育的教学观

案例:"确定位置"教学片段

师:看电影时,你们是怎样找到自己座位的?

生1:电影票上有第几排第几号,根据电影票容易找到自己的座位。

师:在电影院里可以用第几排第几号来确定位置,在教室里可以用什么来确定同学们的位置呢?

---

① 孔企平,张维忠,黄荣金.数学课程与数学学习[M].北京:高等教育出版社,2003:15.

生2：可以用第几排第几组来确定位置。

生3：也可以用第几行第几列来确定位置。

师：看来确定位置的方法还真多！现在大家用自己的方法来确定自己的位置。

学生描述，教师逐一板书，连续写了几个之后：

师：唉！老师写字的速度跟不上大家说的速度，能不能帮助老师想一个更简单的确定位置的方法？（学生思考后交流）

生4：我的方法是五4。五表示第5排，4表示第4列。

师：为什么前一个数字大写，后一个写成数字呢？

生4：我想把两个数字分开，让看的人不会弄混。

生5：我的方法是5（4）。5表示第5排，4表示第4列。

师：为什么后面的4要加括号？

生5：我的想法跟生4差不多，为了把两个数字分开。

生6：我的方法是5、4。用"、"号把两个数字分隔开，这样就不会把两个数字弄混。

……

教学观是人们对聋校数学教学现象及其规律的认识，其核心是对聋校数学教学本质的看法。在传统教学中，人们一直认为聋校数学教学过程是教师教和学生学的活动过程，这样解释教学并没有突出数学教学的本质。从本质上看，聋校数学教学过程是教师引导学生进行数学活动的过程，是教师和学生之间互动和师生共同发展的过程；从教学方式来看，聋校数学教学应该是个别化教学。

（一）数学教学过程是教师引导学生进行数学活动的过程

1. 数学活动是学生经历数学化过程的活动

数学活动是学生经历数学化过程的活动。数学化是指学习者从自己的数学现实出发，经过自己的思考，得出有关数学结论的过程。在数学教学中，学生的数学现实就是指他们已有的经验和知识。案例是从学生已有的电影院与教室里确定位置的经验出发，分析研究电影院与教室里确定位置的方法，研讨如何用数学的方式方法来确定位置，在此基础上抽象概括出运用有序数对来确定位置的方法，这个过程实质上就是数学化。在数学化过程的活动中，学生不仅丰富了感性认识，理解和掌握了数学知识技能，而且学会了数学学习方法，学会了从数学的观点来思考问题，运用数学的方法来观察现实世界。

2. 数学活动是学生自己建构数学知识的活动

建构主义认为,数学知识不是通过教师传授得到的,而是学生在一定的情境即社会文化背景下,借助他人(包括教师和学习伙伴)的帮助,利用必要的学习资料,通过意义建构的方式而获得的。数学学习过程是学生自我建构、自我生成的过程。不懂得学生能建构自己的数学知识结构,不考虑学生作为学习主体的教,不会有好的效果。案例为学生提供两个现实情境,在老师的引导和学生间的相互启发下,不同的学生提出了自己方法,说出了自己对知识的理解,经历了情境、协作、会话、意义建构过程,体现了数学活动是学生自己建构数学知识的活动的理念。

(二) 数学教学过程是师生积极参与、交往互动与师生共同发展的过程

教学是教师教与学生学的统一,这种统一的实质是交往。交往的基本属性是互动性和互惠性,交往论强调师生间、学生间动态的信息交流,通过信息交流实现师生互动、相互沟通、相互影响、相互补充,从而达成共识、共享、共进。这是教学相长的真谛。交往昭示着教学不是教师教、学生学的机械相加,传统的严格意义上的教师教和学生学,将让位于师生互教互学,彼此形成一个真正的"学习共同体"。现代教学论指出,教学过程是师生交往、积极互动、共同发展的过程。没有交往、没有互动就不存在或未发生教学,那些只有教学的形式表现而无实质性交往发生的"教学"是假教学。把教学本质定位为交往互动,是对教学过程的正本清源。[①] 案例通过现实情境提出问题:"看电影时,你们是怎样找到自己座位的?""在教室里可以用什么来确定同学们的位置呢?"师生围绕问题展开讨论与交流:"在电影院里可以用第几排第几号来确定位置。""可以用第几排第几组来确定位置。""也可以用第几行第几列来确定位置。""我的方法是五 4。""我的方法是 5、4。"……师生相互沟通、相互影响、相互补充,从而达成共识、共享、共进。由此可见,数学教学过程不仅是教师之间、学生之间交往互动的过程,也是师生共同发展的过程。

(三) 关注学生差异,实施个别化教学

在聋教育领域,教育对象存在的差异是较大的,不仅包括个体间的差异,而且包括个体内的差异,反映在残疾类型、致残因素、生理年龄、智力水平、认知特点与能力、学习速度、个性特征等方面。这种差异要求聋校数学

---

① 余文森.论新课程背景下的教学观[J].新课程,2006(6):164-168.

教师教学应该以聋生的认知发展水平和已有的经验为基础,面向全体聋生,注重启发和因材施教。要针对聋生的学习需要,整合教育资源,采取多元的有效的沟通手段和教学方法,实施分层分类教学,积极推进个别化教学,为聋生提供充分的数学活动的机会,最大限度地满足聋生个体发展的需要。

五、聋校数学教育的评价观

案例:"可能性"教学片段

师:你能用"可能""不可能""一定"表述生活里的事情吗?

……

生:我以后一定能考上名牌大学!

师:这不一定。如果你不努力学习,恐怕连一般的大学都考不上。

……

评价是把双刃剑,它能点燃学生心中的希望之火,激励学生奋发向上,也能浇灭学生心中的热情火焰,让学生失去追求理想的动力。"恐怕连一般的大学都考不上。"犹如对着热情的火焰浇上冰冷的凉水,让学生体验的是世事难料,人世的沧桑。如果教师的评价是"孩子,只要努力,你一定能够考上你心目中的大学的。"那么,学生一辈子都会记住教师的话,这并不是因为这句话有多么出众,而是这句话充满了人性、理解和鼓励。可见,树立正确的评价观,掌握一定的评价技巧是多么重要。

20 世纪 80 年代,在欧美文献中的评价(assessment)替代了评鉴(evaluation),标志着评价观的根本转换。评价是指在复杂的连续的教学过程中,教师旨在作出更好的判断而收集、解释和利用信息。评价是师生进行中的对话,是共同围绕评价的信息相互对话的活动。[1] 新课程对评价的目的与功能、评价的标准等方面作出了具体的规定,这为理解和研讨聋校数学评价观提供了依据。

(一)评价的目的

评价的目的不是为了确定聋生在班级中所处的地位,也不是为了甄别聋生的优劣,而是为了全面了解聋生的数学学习历程,激励聋生的学习和改进师生的教与学,为了促进聋生数学素质的形成,为了每一个聋生在现有的基础上实现进一步的实实在在的发展。评价要引导聋生更多地关注解决问题的过程和策略,提供给聋生表现自己所知所能的各种各样的机会,通过评

---

[1] 钟启泉.建构主义学习观与档案袋评价[J].课程·教材·教法,2004(10):21.

价帮助聋生进行自我认识、自我教育、自我进步，建立学好数学的信心。

（二）评价标准

评价标准应多维。评价既要关注学习结果，又要关注学习过程；既要重视基础知识技能方面的评价，又要重视知识技能以外的综合素质的发展，尤其是创新精神、实践能力、情感态度等方面的评价；既要体现对学生的基本要求，也要关注学生个体的差异以及发展的不同需求，提高学生的综合素质。

（三）评价的方法

评价方法应灵活多样。每一种评价方法都有它的优点和缺点。如量化评价具有简明、精确等特点，但它把复杂的教育现象加以量化，往往会丢失教育中最有意义最根本的东西，从而无法从本质上保证对客观性的承诺。新课程强调质性评价，倡导定性与定量相结合，终结性评价、形成性评价、质性评价、成长记录等多样评价方法并存，从而实现评价方法的多样化。这种多元性的评价方法能极大地调动学生的积极性、主动性，促进学生个性的健全发展。

（四）评价的主体

评价的主体应多元。新课程评价强调参与与互动，倡导自评与他评相结合。它一改以往以教师评价学生的单一状况，认为评价是教师、管理者、学生自己、同学、家长共同参与的交互评价活动。例如学生参加社区活动，不仅有教师的评价，也有家长的评价，还有社区管理者的评价。根据不同的目的采用不同的评价主体，能大大提高评价效率。

六、聋校数学教育的现代技术观

随着新课程改革的推进和信息技术的飞速发展，信息技术与课程的整合已成为时代发展的必然趋势。新课程指出：信息技术的发展对数学教育的价值、目标、内容以及教学方式产生了很大的影响。聋校数学课程的实施要合理地利用现代科学技术和进入网络化、数字化时代的信息平台，凸显信息技术、聋生学习辅具与课程内容的结合，注重实效，要有利于克服沟通交流障碍，有利于创设最少受限制的教学环境，有利于聋生数学学习和潜能的开发。要充分考虑信息技术对数学学习内容和方式的影响，开发并向聋生提供丰富的学习资源，把现代信息技术、聋生学习辅具作为聋生学习数学和解决问题的有力工具,有效地改进教与学的方式,使聋生乐意并有可能投入到现实的、探索性的数学活动中去。教师要认识到信息技术与课程整合的意义,要利用计算机的交互性激发学生学习数学的兴趣,发挥学生的主体作用;要利用计算机多媒体提供外部刺激的多样性促进学生思考,建构数学知识的意义,提高数学教学效果;要利用多媒体的超文本特性实现对数学信息有效组织与管理,促进各种教学资料组成一个有机整体,优化数学教学内容与教学过程,例如用超文本方式组织的图、文、音、像并茂的、丰富多彩的一体化电子教材不是一般教材可与之相提并论的;要利用网络的特性进行合作学习,发展学生的合作意识;要将多媒体的超文本特性和网络的特性相结合,组织学生进行自主发现、自主探索式学习,提高学生创新精神和信息能力。

七、聋校数学教育的教材观

教材是教师教学和学生学习的依据,是实现教学目标、实施教学的重要资源。回归教材,"用教材教"而不是"教教材"是教材观的核心理念。这一理念要求教师在具体教学中,首先对教材应当表现出应有的尊重,要在熟悉教材、吃透教材、准确把握教材的基础上用好教材、用足教材,不应该轻易抛弃与否定教材。其次,要求教师用活教材,即以教材作为原型和范例,在依托和尊重教材的基础上,根据实际需要对教材进行适度的拓展和延伸,挖掘教材资源的深层价值,最大限度地发挥教材的功能。第三,要求教师创造性地使用教材,创造性地使用教材不是简单地改变教材,而是超越教材、活用教材。根据现代教材观及其要求,教师在进行算理教学时,要充分挖掘利用教材资源,用好教材、用活教材、活用教材,促进学生发展。

案例:两位数乘一位数(不进位)

教材的主题图(图1-1)以两只猴采桃情境为素材,这种拟人的情境不仅提高了学生学习兴趣,还给枯燥的数学教学融入了生活气息,为教学提供了丰富的资源。教师要吃透教材,充分利用教材中的直观图,引导学生对算理进行深入的研究,帮助学生应用已有的知识领悟计算的道理。教学时,首先可引导学生横向看,让学生列出乘法算式并思考:为什么可以用14×2计算?交流时重点让学生明白14×2表示的是求2个14是多少。其次,引导学生纵向观

图1-1 教材图——小猴采桃

察,让学生思考:你打算怎么计算14×2?研讨这一问题时重点是让学生明白,可以先算2乘4,表示2个4,得8个一;再算2乘10,表示2个十,得20;最后把8个一和2个十合起来就是28。

这样在数、量、形几方面内容的纵横联系的情境中教学,引导学生积极参与观察、思考、分析、交流等数学学习活动,使学生在活动中不仅理解了两位数乘一位数的算理与算法,而且感悟了数形结合思想,促进了思维的发展。

第三节 聋校数学课程理念的贯彻落实

案例:"分数的初步认识"教学片断

(一)创设情境,导入新知

多媒体出示主题图,设问"把4个苹果分给小强和小芳,怎样分公平?"

生:4个苹果每人分2个。

师:为什么这样分公平?

生:一样多。

师:数学上,我们把每人分得同样多这种分法叫作什么?

生:平均分。

教师板书"平均分"。

师:把2个苹果平均分成2份,每份是多少个?

生:把2个苹果平均分成2份,每份是1个。

师:可是问题来了,现在苹果只有1个,还能平均分成2份吗?

生:能!

师:1个苹果要平均分成2份的话,应该怎样分?

生1:每人分半个。

生2:每人分一半。

师:老师该从哪儿切?

生:从中间切。

教师将一个苹果切成两半。

师:拿出手指指一指,苹果的一半在哪里?

师:看来只要把一个苹果平均分成两份,每一份都是苹果的一半。可是,这一半该怎样用数来表示呢?(不知道,分数,二分之一)

师:可以用二分之一来表示。今天这节课我们就一起来认识分数。板书:分数的初步认识。

（二）动手操作，逐步理解分数的意义

1. 学习二分之一

师：同学们，刚才我们把一个苹果平均分成了几份？（两份）这一半正好是这两份中的几份？（一份）教师边讲边写分数：平均分（写分数线），两份（写分母2），一份（写分子1）。告诉同学们，这个数叫作二分之一。追问：谁会读？

生1：二分之一。

生2：二分之一。

生（齐）：二分之一。

师：同学们，这块苹果是整个苹果的二分之一，那这份呢？

生：也是二分之一。

师：这样看来，只要是把苹果平均分成两份，每一份都是它的……

生：二分之一。

教师板书：把（　　）平均分成（　　）份，每份是它的（　　）。

师：轻声地说一遍，我们是怎样得到一个苹果的二分之一的。

师：（出示一张长方形纸）它的二分之一又该怎样表示呢？先折一折，然后用斜线把它的二分之一涂上颜色。行吗？动手折一折！

师：谁第一个上台来介绍一下你是怎样表示出长方形的二分之一的？（指名上台演示）

生：我是这样对折，就折出长方形纸的二分之一了。

师：同学们瞧，这位同学是把长方形纸竖着对折以后，涂上颜色，同学们睁大眼睛看一看，涂色部分是它的二分之一吗？

生（齐）：是！

师：还有没有不一样的折法？张老师发现这个女同学是把它横着对折的，你们觉得其中的一份是长方形纸的二分之一吗？

生（齐）：是！

师：这种方法与众不同，很不错！还有其他折法吗？

师：有同学开始尝试着把长方形纸斜着对折了。（出示准备好的沿对角线对折好的长方形纸）是这样的吗？来，仔细地观察一下，张老师的这种折法，涂色部分是长方形的二分之一吗？

生（齐）：是！

师：这三种折法各不相同，凭什么说涂色部分都是长方形纸的二分之一呢？

生：涂色部分都是长方形纸的一半。

师：有点感觉了，谁还能说得更好？

生1：把长方形平均分成两份，涂色的是长方形的一半。

生2：把长方形平均分成两份，每份是它的二分之一。

师：(课件出示判断题)这四个图形的涂色部分都是它的二分之一吗？

生：第二和第三个是二分之一。

师：第一和第四个图形不也是分成了两份了吗？

生：它们的两份不是一样大的。

师：准确地说它们没有……

生(齐)：平均分！

师：看来不论是一个苹果，还是一个长方形，咱们只要是把它平均分成两份，其中的一份就是它的二分之一。

2. 学习几分之一

师：分数有很多，你能用手中的纸片折一个分数吗？

学生再次操作，表示出自己想表达的几分之一后，教师组织学生交流。

师：这一次你把图形平均分成几份了？每一份是它的几分之一呢？

生：分成四份，每一份是它的四分之一。

师：说得已经很好了，就差两个字了。

生：把圆平均分成四份，每份是整个圆形的四分之一。

……

数学课程标准指出：在数学教学活动中，教师要把基本理念转化为自己的教学行为，正确处理教师讲授与聋生自主学习的关系，注重启发聋生积极思考；发扬教学民主，当好聋生数学活动的组织者、引导者、合作者；激发聋生的学习潜能，鼓励聋生大胆创新与实践；创造性地使用教材，积极开发、利用各种教学资源，为聋生提供丰富多彩的学习素材；关注聋生的个体差异，有效地实施有差异的教学，使每个聋生都得到充分的发展；合理地运用现代信息技术，有条件的地区，要尽可能合理、有效地使用计算机和有关软件，提高教学效益；落实数学课程的总体目标，促进学生全面、持续、和谐地发展。要把基本理念转化为教师的教学行为，除了上面介绍的策略外，还应该做到如下几点。

1. 科学设计教学目标，注重目标的整体实现

以人的发展为本是新课程改革的核心理念，落实这一理念的重要方面是科学设计教学目标，并注重目标的整体实现。聋校数学教学目标包括知识技能、数学思考、问题解决、情感态度四个方面，它们不是相互独立和割裂的，而是一个密切联系、相互交融的有机整体。在教学设计和教学活动组织中，应同时兼顾这四个方面的目标。这些目标的整体实现是学生受到良好

数学教育的标志,它对学生的全面、持续、和谐发展有着重要的意义。例如,"分数的初步认识"教学目标要设计为三维目标:"在观察、操作和交流等数学学习活动中,理解几分之一的含义,了解分数的组成,会读会写几分之一。经历分数概念的形成过程,发展学生操作能力和抽象思维能力,体验数学学习的乐趣。"在教学过程中,教师要组织多种教学活动,引导学生积极参与数学活动,使学生理解知识形成技能,要激发学生的学习兴趣,创设机会让学生获得成功体验,体验数学学习的乐趣,帮助学生形成独立思考、合作交流等良好的学习习惯。

2. 重视学生在学习活动中的主体地位

学生是数学学习的主体。数学教学要紧密联系学生的生活实际,从学生的生活经验和知识水平出发,创设生动有趣的学习情境,引导学生进行观察、猜想、操作、思考、交流、归纳、实践等多种活动,获得基本的数学知识和技能,逐步学会从数学的角度去观察事物、思考问题和探索规律,逐步形成和发展语言与思维能力,培养创新意识与实践能力,激发学生的学习兴趣与潜能,增强学好数学的愿望和信心。例如"分数的初步认识"教学时,教师通过情境设疑、问题引导,引导学生独立思考、合作交流、分析比较、抽象概括,组织学生主动参与分一分、想一想、折一折、说一说等多种数学活动,能有效地启发学生的思考,使学生成为学习的主体,逐步学会学习。

3. 教师要创造性地使用教材,设计适合学生学习的教学过程

教师是学生数学活动的组织者、引导者与合作者,教师应发扬教学民主,充分利用各种教学资源,创造性地使用教材,设计适合学生学习的教学过程,关注学生的个体差异,开展"差异性"教学和"个别化"教学,使每个学生都得到充分的发展;要善于激发学生的学习潜能,鼓励学生大胆创新与实践;要重视现代教育信息技术在教学中的应用,因地制宜、合理有效地使用现代化教学手段,提高教学效益。例如"分数的初步认识"的教学设计,由于是学生第一次学习分数,分数又远离学生的生活,学生缺乏知识和经验基础;且从整数到分数是数的认识的一次飞跃,即知识的跨度大,学生学习有较大困难。因此教师教学时,将新知的学习分为了学习二分之一和学习几分之一两个环节进行教学。教学二分之一时,又设计了情境设疑、分一分、说一说、折一折、讲一讲、辨别肯否等环节,这样教学既符合概念教学的规律,适合聋生学习的特点,又是对教材创造性地使用。

4. 鼓励学生独立思考,引导学生自主探索与合作交流

有效的数学学习活动不能单纯地依赖模仿与记忆,认真听讲、独立思考、动手实践、自主探索、合作交流是学生学习数学的重要方式。在教学中,

教师要积极营造学生主动参与、乐于探索、勤于动手、合作交流的学习氛围，鼓励学生在具体的操作活动中独立思考，启发学生发表不同的意见并与同伴进行交流。在学习讨论中，教师要适当地帮助和指导，善于选择学生中有价值的问题或意见引导学生开展讨论，以寻找问题的答案，真正使课堂教学由讲堂变成学生的学堂。

【思 考 题】

1. 怎样理解"不同的人在数学上得到不同的发展"？
2. 为什么说学生的个别差异是教学的资源？
3. 教师的引导作用主要体现在哪些方面？
4. 聋校数学教育应该树立怎样的学习观？
5. 聋校数学教学中如何贯彻落实课程理念？
6. 人们常说："教师是蜡烛""教师要有一桶水"。结合现代教育理念谈谈你对这些说法的认识。

【参考文献】

［1］马云鹏.小学数学教学论(第四版)［M］.北京:人民教育出版社,2013.

［2］义务教育数学课程标准修订组.数学课程标准解读［M］.北京:北京师范大学出版社,2012.

［3］中华人民共和国教育部.全日制义务教育数学课程标准［M］.北京:北京师范大学出版社,2012.

第二章 数学课程目标与内容

【内容提要】 数学课程目标作为数学课程标准的核心内容,反映了国家对未来公民在数学相关的素养方面的基本要求,也反映了数学课程对学生可持续发展的教育价值。本章阐述了聋校数学课程目标与内容;分析了聋校数学教科书与小学数学教科书的指导思想与特点,提出了新时期使用聋校数学教科书,以及在聋校使用小学数学教科书的一些策略与建议。

第一节 聋校数学课程目标

一、聋校数学课程目标

数学课程目标作为数学课程标准的核心内容,反映了国家对未来公民在数学相关的素养方面的基本要求,也反映了数学课程对学生可持续发展的教育价值。聋校义务教育阶段数学课程目标分为总目标和学段目标,并从知识技能、数学思考、问题解决、情感态度四个方面具体阐述。

(一) 总目标

通过聋校义务教育阶段数学学习,聋生能够做到:

(1) 获得适应社会生活和进一步发展所必需的数学的基础知识、基本技能、基本思想、基本活动经验。

(2) 体会数学知识之间、数学与其他学科之间、数学与生活之间的联系,运用数学的思维方式进行思考,增强发现和提出问题的能力、分析和解决问题的能力。

(3) 了解数学的价值,提高学习数学的兴趣,增强学好数学的信心,养成良好的学习习惯,具有初步的创新意识和实事求是的科学态度。在情感与态度等方面得到充分的发展。

具体阐述如下,见表 2-1。

表2-1 数学课程总体目标

知识技能	经历数与代数的抽象、运算与建模等过程,掌握数与代数的基础知识和基本技能。 经历图形的抽象、分类、性质探讨、运动、位置确定等过程,掌握图形与几何的基础知识和基本技能。 经历在实际问题中收集和处理数据、利用数据分析问题、获取信息的过程,掌握统计与概率的基础知识和基本技能。 参与数学综合实践活动,初步学会综合运用数学知识、技能和方法等解决简单问题的实际问题,积累数学活动经验。
数学思考	建立数感、符号意识和空间观念,初步形成几何直观和运算能力,发展形象思维与抽象思维。 体会统计方法的意义,发展数据分析观念,感受随机现象。 在参与观察、实验、猜想、证明、综合实践等数学活动中,初步发展合情推理和演绎推理能力,能够用多种方式表达自己的想法。 学会独立思考,初步体会数学的基本思想和思维方式。
问题解决	初步学会从数学的角度发现问题和提出问题,运用数学知识解决简单的实际问题,增强应用意识,提高实践能力。 初步获得分析问题和解决问题的一些基本方法,体验解决问题方法的多样性,发展创新意识。 初步学会与人合作,并能与他人交流思维的过程和结果。
情感态度	能积极参与数学学习活动,对数学有好奇心与求知欲。 在数学学习过程中,通过排除障碍和解决问题,获得成功的乐趣,锻炼克服困难的意志,增强自信心。 体会数学的特点,了解数学的价值。 养成认真勤奋、独立思考、合作交流、反思质疑等学习习惯,严谨求实的科学态度。

总目标的这四个方面,不是相互独立和割裂的,而是一个密切联系、相互交融的有机整体。在课程设计和教学活动组织中,应同时兼顾这四个方面的目标。其中,数学思考、问题解决、情感态度的发展离不开知识技能的学习,同时知识技能的学习必须以有利于其他目标的实现为前提。

(二)对聋校数学课程总目标的认识

1. 获得适应社会生活和进一步发展所必需的数学的基础知识、基本技能、基本思想、基本活动经验。

基础知识和基本技能是数学教学的主要载体,是学生打好基础的非常重要的两个方面。过去的数学教育要求学生必须具有扎实的基础知识和熟练的基本技能,这是正确的,应该继承。但在新时期双基有了新的理解,被赋予了新的含义。以往对双基的理解多指数学的基本概念、基本公式、基本运算、基本性质、基本法则等等;随着时代的发展,估算、算法、数感、符号意识、收集和处理数据等内容也被列入了"双基"的范畴。这就是数学双基内容的与时俱进。

数学思想是数学科学发生、发展的根本,是探索研究数学所依赖的基础,是数学课程教学的精髓,是课堂教学的主线。它蕴涵在数学知识形成、发展和应用的过程中,是数学知识和方法在更高层次上的抽象与概括。新课程中数学基本思想主要指数学抽象的思想、数学推理的思想、数学模型的思想。数学思想需要在积极参与教学活动的过程中,通过独立思考、合作交流逐步感悟。数学活动经验的积累是提高学生数学素养的重要标志,是数学教学的重要目标。数学活动经验需要在"做"的过程和"思考"的过程中积淀,是在数学学习活动过程中逐步积累的。

2. 体会数学知识之间、数学与其他学科之间、数学与生活之间的联系,运用数学的思维方式进行思考,增强发现和提出问题的能力、分析和解决问题的能力。

这个目标强调培养学生用数学的眼光去识别存在于数学现象、其他学科或日常的、非数学现象中的数学问题或者数学关系,发展用数学的眼光去认识自己生活的环境和社会,从数学的角度去发现并提出问题,去探索和寻求解决问题的策略,综合运用相关的数学知识和方法去解决一些问题,学会数学地思考,增强应用数学的意识,增强发现和提出问题的能力、分析和解决问题的能力。

3. 了解数学的价值,提高学习数学的兴趣,增强学好数学的信心。

数学是人类社会的一种文明,它在人类发展的昨天、今天和明天都起着巨大的作用。物理、化学、环境科学、神经生理学、蛋白质工程、飞机设计、市场预测等领域都需要数学的支持,让学生了解数学的广泛应用,既可以帮助学生了解数学的发展,体会数学与自然及人类社会的密切联系,体会数学的应用价值,又可以增进学生对数学的理解,激发学好数学的勇气和信心。

4. 养成良好的学习习惯,具有初步的创新意识和实事求是的科学态度。

良好的学习习惯是决定一个学生未来成功的基础和保障。俗话说:"与其给孩子金山银山,不如教给孩子好习惯。"著名教育家叶圣陶曾经说过:"积千累万,不如养个好习惯。"教育家陈鹤琴先生认为:"习惯养得好,终生受其益;习惯养不好,终生受其累。"良好的学习习惯包括认真对待学习、勤奋刻苦、独立思考、合作交流、反思质疑等。当学生养成了良好的学习习惯，不仅对今后的学习有益，而且对终身成长有益。

二、聋校数学课程目标的变革

1993年10月原国家教委颁布的《全日制聋校课程计划(试行)》中规定了聋校培养目标和数学教学要求，概括起来教学目标具有三个方面的内容：① 数学知识技能方面的目标。具体要求是"使学生掌握整数、小数和分数的基础知识以及四则运算的技能，掌握简单的几何图形知识及计算、统计、记账的初步方法，具有代数、平面几何的初步知识。"② 能力范畴的目标。目标具体要求是"具有代数、平面几何的运算能力，发展学生的逻辑思维能力和空间观念，以及运用所学的数学知识解决简单实际问题的能力。"③ 思想品德方面的目标。

同传统的聋校数学教学目标相比，聋校义务教育数学课程目标具有如下特点。

(一)强调目标的整体性

传统的聋校数学教学目标内容分为知识掌握、能力培养、思想品德教育三个方面，义务教育数学课程目标彻底改变了这种分类模式，将数学课程的总体目标细化为四个方面：知识技能、数学思考、问题解决、情感态度。这是《基础教育课程改革纲要》中的"知识技能、过程与方法、情感态度与价值观"三维目标在数学课程中的具体体现。同时也改变了传统的聋校数学教学目标内容严格分为知识掌握、能力培养、思想品德教育三类的做法，采用知识、技能、方法、能力、情感、态度有机统一和全面关注的表述方式。这种表述方式强调数学课程目标的四个方面是一个密切联系的有机整体，对人的发展具有十分重要的作用。因此，作为实现课程目标的主要途径的数学教学活动，应当将课程目标的这"四个方面"同时作为课堂教学目标，而不能仅仅关注其中的一个或几个方面，或是将其中的某一个目标(如情感态度)作为实现其余目标过程中的一个"副产品"。

(二)调整了数学能力方面的目标内容

1. 扩大了能力范围

传统的聋校数学教学目标内容主要限定在计算能力、逻辑思维能力、空间观念和运用所学的数学知识解决简单实际问题的能力等几个方面，其范围比较窄。数学课程标准对数学能力作了较大的调整，概括起来有如下几个方面。

（1）数感。数感主要是指关于数与数量、数量关系、运算结果估计等方面的感悟。建立数感有助于学生理解现实生活中数的意义，理解或表述具体情境中的数量关系。

（2）符号意识。符号意识主要是指能够理解并且运用符号表示数、数量关系和变化规律；知道使用符号可以进行运算和推理，得到的结论具有一般性。建立符号意识有助于学生理解符号的使用是数学表达和进行数学思考的重要形式。

（3）空间观念。空间观念是一种自觉地感受空间图形、运用空间图形的意识和能力。它主要表现在：根据物体特征抽象出几何图形，根据几何图形想象出所描述的实际物体；想象出物体的方位和相互之间的位置关系；描述图形的运动和变化；依据语言的描述画出图形等。

（4）几何直观。几何直观主要是指利用图形描述和分析问题，借助几何直观可以把复杂的数学问题变得简明、形象，有助于探索解决问题的思路，预测结果。几何直观可以帮助学生直观地理解数学，在整个数学学习过程中都发挥着重要作用。

（5）数据分析观念。包括：了解在现实生活中有许多问题应当先做调查研究、收集数据，通过分析作出判断，体会数据中蕴涵着信息；了解对于同样的数据可以有多种分析的方法，需要根据问题的背景选择合适的方法；通过数据分析体验随机性，一方面对于同样的事情每次收集到的数据可能不同，另一方面只要有足够的数据就可能从中发现规律。

（6）运算能力。是指能够根据法则和运算律正确地进行运算的能力，包括口算、笔算、估算，以及利用计算器和计算机进行计算的能力。培养运算能力有助于学生理解运算的算理，寻求合理简洁的运算途径来解决问题。

（7）推理能力。推理是数学的基本思维方式，也是人们学习和生活中经常使用的思维方式。推理一般包括合情推理和演绎推理，合情推理是从已有的事实出发，凭借经验和直觉，通过归纳和类比等推断某些结果；演绎推理是从已有的事实（包括定义、公理、定理等）和确定的规则（包括运算的定义、法则、顺序等）出发，按照逻辑推理的法则证明和计算。在解决问题的过程中，合情推理用于探索思路，发现结论；演绎推理用于证明结论。推理能力的发展应贯穿整个数学学习过程中。

（8）模型思想。模型思想的建立是学生体会和理解数学与外部世界联系的基本途径。建立和求解模型的过程包括：从现实生活或具体情境中抽象出数学问题，用数学符号建立方程、不等式、函数等表示数学问题中的数量关系和变化规律,求出结果并讨论结果的意义。这些内容的学习有助于聋生初步形成模型思想,提高学习数学的兴趣和应用意识。

（9）应用意识。应用意识有两个方面的含义,一方面是有意识利用数学的概念、原理和方法解释现实世界中的现象,解决现实世界中的问题;另一方面是认识到现实生活中蕴涵着大量与数量和图形有关的问题,这些问题可以抽象成数学问题,用数学的方法予以解决。在整个数学教育的过程中都应该培养聋生的应用意识,综合实践活动是培养应用意识很好的载体。

（10）创新意识。创新意识的培养是现代数学教育的基本任务,应体现在数学教与学的过程之中。学生自己发现和提出问题是创新的基础;独立思考、学会思考是创新的核心;归纳概括得到猜想和规律并加以验证,是创新的重要方法。创新意识的培养应该从义务教育阶段做起,贯穿数学教育的始终。

2. 对于同一能力目标提出了新的要求

为了适应时代的要求,体现数学的价值,提高学生的数学素质,促进学生全面和谐的发展,新课程不但扩大了能力范围,而且对传统的教学目标中能力目标提出了新的要求。如运算能力,以往主要是指口算、笔算能力,新课程不但要求学生具有口算、笔算能力,还十分强调估算、计算器和计算机进行计算的能力。

3. 调整了数学能力的表述方式

传统教学目标中关于知识技能掌握、能力培养、思想品德教育三者是采用严格分类的表述方式,新课程标准没有沿用这种对数学能力严格分类表述的做法,没有采用一一列举的方式提出,而是将数学能力分散在四维目标中分别加以表述,旨在强调能力的培养与其他目标的内在联系与有机结合。

（三）加强了情感态度方面的目标内容

人的发展是多方面的,其目标不仅要求学生具备数学的知识、技能,还必须注重学生健全人格的形成和发展,使他们具有积极的情感、良好的意志品质、创新意识和进取精神。数学课程标准将情感态度作为数学课程目标的一个方面,预示着新课程对情感态度目标的重视,它将彻底改变传统教学目标忽视情感态度、价值观的片面做法。情感态度的目标内容包括积极参与数学活动,对数学有好奇心和求知欲;在数学学习过程中体验获得成功的乐趣,锻炼克服困难的意志,建立自信心;体会数学的特点,了解数学的价值;养成认真勤奋、独立思考、合作交流、反思质疑等学习习惯,形成实事求是的科学态度等。关注情感态度方面的目标内容一方面体现了数学教育对人性的关注,另一方面又进一步反映了人们对数学学科育人功能的进一步挖掘。

(四)关注学生对数学学习过程的经历与体验

传统的目标描述强调的是知识掌握和能力发展的终端结果,没有把学生获取知识和形成数学能力的过程纳入目标内容;现在要求教师树立过程和结果并重的思想,既要重视学习知识和能力结果,又要重视知识和能力形成过程,重视数学学习过程中的情感体验。在解决问题过程中体验解决问题策略的多样性;在学习和运用知识过程中体验数学与生活的联系,感受数学的价值;在数学学习活动中获得成功体验,感受成功的喜悦。

第二节 聋校数学课程内容

一、聋校数学课程内容

聋校义务教育数学课程的内容标准在各个学段中按"数与代数""图形与几何""统计与概率""综合与实践"四个领域分别阐述。

"数与代数"的主要内容:数的认识,数的表示,数的大小,数的运算,数量的估计;字母表示数,代数式及其运算;方程、方程组、不等式、函数等。

"图形与几何"的主要内容:空间和平面基本图形的认识,图形的性质、分类和度量;图形的平移、旋转、轴对称、相似和投影;平面图形基本性质的证明;运用坐标描述图形的位置和运动。

"统计与概率"的主要内容:收集、整理和描述数据,包括简单抽样、整理调查数据、绘制统计图表等;处理数据,包括计算平均数、中位数、众数、极差、方差等;从数据中提取信息并进行简单的推断;简单随机事件及其发生的概率。

"综合与实践"是一类以问题为载体,以学生自主参与为主的学习活动。[①] 要使学生能充分、自主地参与综合与实践活动,选择恰当的问题是关键。这些问题既可以来自教材,也可以由教师、学生开发。综合与实践活动内容选取首先要特别突出综合,这种综合不仅表现为知识的综合,而且表现为解决问题的过程需要各种能力、方法的综合。简单地说,综合与实践活动

---

① 中华人民共和国教育部. 全日制义务教育数学课程标准[M]. 北京:北京师范大学出版社,2012:P16-41.

内容选取要关注知识的综合和方法的综合;其次,综合与实践活动内容选取要关注生活实践中的问题,促使学生用数学的眼光观察生活现象,在平凡的事件中运用数学。

二、聋校数学课程内容的变革

传统的聋校数学课程包括整数、数的整除性、比和比例、分数与百分数、小数、量与计量、几何初步知识、统计初步知识、代数初步知识等内容,这些内容学习促进了聋生基础知识与基本技能掌握,促进了聋生智力与能力的发展。但是随着时代的发展和科学技术的进步,人们在选择课程内容时更加注重"必需、有用",原有的课程内容的滞后性明显地表现出来,偏窄、偏深、偏旧的内容必须得到变革。

与传统的聋校数学课程内容相比,新课程内容主要有如下变化。

(一)内容结构的变化

通盘设计了义务教育阶段的数学课程,将九年划分为三个学段:1—3年级、4—6年级、7—9年级,显示了各学段之间数学内容的螺旋式上升的结构体系,符合学生的学习规律;而对各学段内数学内容呈现的顺序不作限定,增加了数学教学内容处理中的灵活性和弹性,为教材的多样化和教师创造性教学留下了较大的空间。将"统计与概率""综合与实践"作为与"数与代数""图形与几何"并列的两大学习领域,并在三个学段都提出了具体要求,既体现了每个内容各自的独立地位,又体现了各部分数学内容之间的相互联系。

(二)课程内容的变化

1. 加强的内容

(1)让学生亲身经历将实际问题抽象成数学模型并进行解释与应用的过程,重视引导学生运用所学知识和技能解决现实问题,注意计算与解决问题有机结合;强调在学习过程中体验、感受、理解数与代数知识的来源、现实背景和本质,形成数感和符号意识;重视口算,加强估算,提倡算法多样化,强调用计算器来进行复杂的计算和探索数学问题。

(2)从第一学段起,逐步丰富学生对现实空间的认识,注重引导学生从多种角度认识图形的形状、大小、变换和位置关系,加强平面图形与立体图形的联系,增加了图形变换、位置的确定、视图与投影等内容,强调几何直觉,发展学生的空间观念;加强合情推理,重视量与测量,注重测量的实践性。

（3）加强"统计与概率"内容。强调使学生经历统计的全过程，根据数据作出推理和合理的论证，并初步学会用概率统计语言进行交流；拓展原有的统计内容，增加了统计量的内容，如中位数、众数等等；注重学生对"可能性"的感受和认识，在具体情境中体会概率的意义，能计算一些简单事件的概率。

（4）新增了"综合与实践"内容。旨在帮助学生综合运用已有的知识和经验，经过自主探索和合作交流，解决与生活经验密切联系的，具有一定挑战性和综合性的问题，以发展他们解决问题的能力，加深对其他三个领域内容的理解，体会各部分内容之间的联系。

（5）重视新技术的应用。在第二学段起明确规定所有学生应学会使用计算器处理复杂数据、探索规律，解决更为广泛的现实问题，如使用计算器求平方根和立方根。同时，鼓励有条件的地区应引导学生使用包括计算机在内的现代教育技术学习和探索数学。

2. 削弱的内容

（1）降低运算的复杂性、技巧性和熟练程度。降低运算的复杂性和熟练程度，对整数运算规定：笔算加减法以三位为主，不超过四位，笔算乘法一个乘数不超过两位，另一个乘数不超过三位，笔算除法除数不超过两位；降低了四则混合运算的复杂性和要求，整数四则混合运算以两步为主，一般不超过三步，不要求学习小数、分数的四则混合运算，有理数的混合运算不超过三步；降低式的运算和变形的难度和技巧性，例如多项式相乘仅指一次式，二次根式的运算不要求分母有理化，因式分解只要求掌握提公因式法和公式法等。删除三元一次方程组等内容。减少公式，降低对记忆的要求。

（2）不独立设置"应用题"单元。新课程教材中已不再有"应用题"用语，不再将应用题作为一种独立的知识体系编排，而是将其作为解决问题的载体纳入数学问题解决教学范畴，成为数学知识呈现和数学知识应用的主要形式。这一变化突出了数学与现实的联系，体现了数学源于生活又服务于生活的思想。

（3）削弱了单纯平面图形周长、面积等计算内容；删除了大量繁难的几何证明题，降低了论证过程形式化的要求，减少了定理的数量。

第三节 聋校数学教材及其使用策略

教材是教师教学和学生学习的依据，它是实现教学目标、实施教学的重要资源。研究聋校数学教材编写的指导思想以及内容和特点，对理解教材、进行教材分析具有重要的作用。

教材的定义有广义和狭义之分。广义的教材指课堂内外教师和学生使用的所有教学材料，比如课本、练习册、活动册、故事书、补充练习、辅导资料、自学手册、录音带、录像带、计算机光盘、复印材料、照片、卡片、教学实物等等，教师自己编写或设计的材料也可称之为教学材料。狭义的教材就是教科书。本文研究的教材主要指狭义的教材，即教科书。

一、聋校数学教科书及其使用策略

1995年12月至1998年8月，原国家教委委托人民教育出版社组织人力编写了《全日制聋校数学实验教材》。由于这套教材的编写人员主要是由人民教育出版社小学数学室和中学数学室的专家、长期工作在聋校教学一线的教师组成，因此这套教材既具有科学性和理论性，又具有可操作性和实践性，既方便教师的教学，又有助于学生知识技能的学习。目前，仍有许多基层学校在使用这套教材，下面将介绍并分析这套教材。

（一）聋校数学教科书编写的指导思想[①]

根据《全日制聋校课程计划（试行）》规定的培养目标和课程设置要求，参照普通学校九年义务教育数学教材的教学内容，根据我国的国情、师资水平和聋校学生的实际情况，确定教学内容和教学要求，力求全面贯彻党的教育方针，使教材符合听力和语言障碍儿童的生理、心理特点，以对他们进行全面的知识和能力教育，补偿其生理、心理缺陷，为学生能够适应社会生活，成为自食其力的社会公民奠定基础。

（二）聋校数学教科书编写的特点

1. 建立合理的教材体系

这套聋校数学教科书力求把数学的逻辑顺序同听力障碍儿童少年的认知发展顺序结合起来，合理安排教材结构，加强数、量、形、应用几方面内容的纵横联系，使之循序渐进、螺旋上升、互相配合、互相促进，有利于聋生在学习过程中迁移和类推，以提高教学效率。

2. 教学内容编排有一定弹性

考虑到听力障碍儿童差异较大，有些教学内容不作为共同要求，也不作

[①] 人教社小学数学室. 全日制聋校教学实验教材第十八册[M]. 北京：人民教育出版社，1998.

为考试的内容。教材中编入的选学内容都用"＊"号标出，只供条件好的学校和班级使用。如第十八册的平行线及其性质、命题、定理、证明都是选学内容。

3. 适当加强联系实际内容

为了适应科技、经济发展的需要，聋校数学教材加强了数学与听力障碍儿童生活实际、社会经济和工农业生产实际的联系，如在百分数应用中新增了利息、纳税等内容。

4. 加强直观教学和实际操作活动

根据听力障碍儿童形象思维占优的特点，在教材中注意安排学生的观察与操作活动，在此基础上引导学生进行分析、综合、比较、抽象概括，达到理解数学概念，掌握计算法则和某些规律性知识的目的。

（三）聋校数学教科书的使用策略

1995年12月至1998年8月编写的《全日制聋校数学实验教材》虽然具有许多优点，但是随着时代的发展，社会对数学教育提出了新的要求，数学课程理念与课程目标发生了变化，因此在使用这套聋校数学教科书应该注意如下问题。

1. 顺应新课程内容的变化，科学地使用聋校数学教科书

同聋校数学教科书相比，新课程在内容上具有不同的规定。如乘法中3个5相加，聋校数学教科书要求写作5×3，现在则可以写作5×3，也可以写作3×5；5×3聋校数学教科书要求读作5乘以3，现在则读作5乘3；3×5算式中的3和5，聋校数学教科书分别叫作被乘数和乘数，现在3和5都是乘数，也可以叫作因数；关于除法聋校数学教科书明确给出第一种分法、第二种分法等名称，而新课程则不给出第一种分法、第二种分法等名称；过去在聋校数学教科书不认为0是自然数，现在将0归类为自然数范畴；等等。聋校教师只有顺应新课程内容的变化，才能使聋校数学教科书与新课程改革保持一致。

同聋校数学教科书相比，新课程不仅在内容规定方面有变化，而且在内定的选择与要求等方面也有变化。

2. 运用新理念，创造性地使用教材

教材是用于教学与学习活动的媒介或知识载体，有其内在的逻辑结构和科学性要求。当今社会是高速发展的时代，聋校数学教材不可避免会滞后于时代的发展。教师应该把握时代对教学的要求，在充分理解和领会教材的基础上，能从学生的经验和内在需要出发，根据教材提供的材料，灵活

组织和处理教材,变书本上的死知识为课堂上的活知识,促进学生发展。聋校数学教师在创造性地使用教材时应该注意如下几点:要使教学内容贴近学生生活实际,让学生感受到数学的趣味和作用,体验到数学的魅力;要丰富教学内容的呈现方式,引导学生进行自主学习、合作学习和探究学习;要给学生提供探索与交流的时间和空间,让学生在探索过程中形成自己对数学的理解,在交流中逐渐完善自己的想法;要体现数学知识的形成与应用过程,让学生经历把实际问题抽象成数学模型进行解释和应用的过程,加深学生对所学知识的理解,学会用数学思想、方法解决问题,从而获得自我成功体验,增强学数学的信心,学会学习。

二、小学数学教科书及其在聋校的使用策略

随着时代的发展和社会的进步,越来越多的聋童受到了良好的学前教育,越来越多的聋生进入高等院校就读,现用聋校数学教科书的教学内容和教学进度已不能适应时代的要求和聋生的需要。为此,在我国的部分聋校,已经开始在全校或者部分班级使用普校数学教材。研究普校数学教材编写的指导思想以及内容和特点是当前聋教育发展的现实需要。

(一)苏教版小学数学教科书编写的指导思想

以国家的教育方针为指针,以《全日制义务教育数学课程标准(实验稿)》为依据,以全面提高学生的数学综合素质、为他们的终身可持续发展奠定良好基础为目标,以改善学生的学习方式、培养他们的创新意识和实践能力为重点,正确处理好继承和发展、借鉴和创新的关系,努力建设一套适应现代社会发展的具有鲜明特色的小学数学教材。

(二)苏教版小学数学教科书编写的特点

1. 精心选取数学素材,加强数学与生活的联系

教材是学生从事学习活动、实现学习目标的重要资源,苏教版小学数学教科书在素材选择上十分重视题材的现实性、综合性。现实性主要体现在数学与生活的紧密联系上,教材努力寻找并选择那些现实、有趣、与学生生活背景密切相关的素材,不仅丰富了课本内容,还给枯燥的数学教学融入了生活气息,为教学提供了丰富的资源。例如,一年级上册"加和减"单元中,以生活中学生亲身经历过的浇花、游戏活动,以及生活中常见的栽树等劳动场景为素材,创设动态变化的情景,提出数学问题,激发学生的兴趣,调动学生的思维,让学生在活动中体会数学的意义,感受数学与生活的联系。综合

性主要表现为结合相关内容,题材涉及古今中外、社会生活的众多领域,以拓展学生的视野,发挥教育的潜在价值。如一年级下册第 36 页第 3 题,介绍了儿童有乳牙 20 颗,成人有牙齿 32 颗,在计算的同时,进行每天刷牙、保护牙齿的教育。

2. 教学内容的呈现方式丰富多彩,促进学生学习方式的改善

数学课程标准指出:"学生的数学学习活动应当是一个生动活泼的、主动的和富有个性的过程。""动手实践、自主探索与合作交流是学生学习数学的重要方式。"苏教版小学数学教科书特别注意从教师和学生的实际出发,按照"创设情境——探究新知识——巩固训练——拓展创新"四个层次呈现新知识,力求让学生经历"现实题材——提出数学问题——建立数学模型——研究或应用数学方法——解决问题"的探索过程,力求从学生的生活经验与已有知识出发,创设生动有趣的情境,引导学生发现并提出简单的数学问题,引导学生寻找解决问题的办法,引导学生开展观察、操作、猜想、推理、交流等活动,大力倡导学生主动参与、乐于探究、勤于动手、合作交流,让学生独立思考,鼓励他们发表自己的意见,提倡解决问题方法的多样化,使他们在有效的学习活动中认识数学,掌握知识,获取活动经验,积累学习方法,体验学习情趣。

3. 科学安排教学内容,构建合理的知识体系

合理的教材结构,其知识间的纵横联系必然是比较紧密的,搭配是合理的。苏教版教科书在安排教学内容方面具有如下特点:① 由易到难,循序渐进地编排。根据学生已有经验、心理发展规律以及所学内容的特点,一些重要的数学概念与数学思想方法采用逐步渗透、深化、螺旋上升的方式进行编排,使教材的结构更加合理,更加符合教育心理学的原则和儿童的认知规律。② 把四个领域的内容交叉编排。数学知识是一个整体,其不同分支之间存在实质性关联,苏教版教科书采用将四个领域的内容相互渗透、交叉的编排方式,既有利于学生对数学形成整体认识,又能促进各个领域的内容相互支持、相互配合、相互联结,形成有机整体,从而促进学生全面、和谐发展。如将计算教学和解决问题融合在一起,更有利于学生感受数学的价值,增强应用意识和解决问题的能力。

(三)小学数学教科书在聋校的使用策略

1. 根据聋生特点,适当调整教学进度

聋人学生由于受到生理条件以及家庭、社会条件的限制,多数学生只获得了一年的学前教育,有的学生学前教育几乎为零,普遍缺少必要的学前知

识经验积累和智力能力开发。而苏教版小学数学教材是根据听人学生的实际生活经验、知识基础、认知能力编写的,因此在聋校使用普校教材时会出现教学进度太快、要求太高、课时的知识点太多、知识的坡度太陡等问题。建议在实际使用普通学校的数学教材时,应根据聋人学生的身心特点和认知规律,适当放慢教学进度,灵活地处理和使用教材,多为学生创造实践体验的机会,促使学生自主地将书本知识与实际生活紧密联系起来,使学生牢固掌握所学的基础知识和基本技能,促进学生在知识、技能、能力、方法、情感态度等方面都得到发展。

2. 运用形式多样的视觉材料,增强聋生的感性认识

聋童由于听力缺陷,造成语言和抽象思维能力发展滞后,逻辑思维能力、概括能力、推理能力、灵活运用知识能力发展缓慢,从而使聋生在学习普校教材时会出现很多困难。所以聋校在运用普校数学教材教学时,应通过运用大量的、形式多样的视觉材料,增强学生的感性认识,最大限度地调集学生已有的生活经验,帮助学生减轻学习数学的压力,提高学习数学的趣味性、实践性、实用性。

3. 注重信息技术在聋校数学教学中的应用

随着社会的发展,计算器、计算机、多媒体、互联网等现代信息技术在许多聋校得到了广泛的应用。现代信息技术手段能够创设多样、生动的情境,引导聋生提出问题,激发学生的学习兴趣;能够变抽象为具体,变静为动,加深学生对知识的理解;能够为教与学提供丰富的资源,拓宽学习渠道;能够改进教师的教学方式,丰富聋生的学习手段,对聋生的生理缺陷能进行有效补偿,缩小了聋生和"健听人"的差距。这些都为聋生学习具有一定挑战性的普校数学教材提供了必要条件。因此,聋校在使用普校数学教材教学时,要充分发挥信息技术的优势,积极开发教学资源,为学生学习提供丰富多彩的情境,加深学生对数学概念、法则、定律、性质、公式等的理解,提高数学课堂教学的效率。

4. 开展个别化教学

学生由于致聋原因、致聋时间与程度的不同,在个体发展上存在明显的差异。教师要及时了解、尊重和利用聋生的个体差异;在学习情境的设计、教学过程的展开、巩固练习的安排等教学环节中,要尽可能地"分层",实施个别化教学和有差异的教学,满足其多样化的学习需要,从而使"不同的人在数学上得到不同的发展"。

对学习有困难的学生,教师要分析产生困难的原因,及时给予学习辅导,鼓励他们克服困难,指导他们学习,引导他们反思,让他们体验成功的愉

悦,帮助他们树立学习数学的信心,从而使每个聋生"都能获得必需的数学"。

【思考题】

  1. 聋校数学课程目标同以往的聋校数学教学目标的相比较,有哪些变化?

  2. 情感态度目标包括哪些内容?

  3. 与传统的聋校数学课程内容相比,新课程内容主要有哪些变化?

  4. 使用聋校数学教科书应注意什么问题?

  5. 在聋校使用苏教版小学数学教科书应注意什么问题?

【参考文献】

  [1] 义务教育数学课程标准修订组. 数学课程标准解读[M]. 北京:北京师范大学出版社,2012.

  [2] 金成梁. 小学数学课程与教学论[M]. 南京:南京大学出版社,2013.

  [3] 中华人民共和国教育部. 全日制义务教育数学课程标准[M]. 北京:北京师范大学出版社,2012.

第三章 聋生的数学学习

【内容提要】 数学是学生认识世界的工具,是学生进行思维训练的重要方式。数学学习对于聋生来说具有特别重要的意义,它可以有效促进学生语言能力的发展和思维水平的提高,培养学生的生活技能和知识应用能力,塑造学生良好的人文精神。根据聋生身心发展的特点以及数学学科编排的规律,聋生的数学学习方式要发生根本性的转向,要指向学生的缺陷补偿和潜能开发,指向学生的全面发展。聋生数学学习主要包括数学知识的学习与数学法则的学习。本章在具体分析了聋生数学学习的意义、特点及学习方式的基础上,对聋生数学概念、规则及法则的学习进行系统的阐释,使读者能够增加对数学学习的理性认识和获得对聋生数学学习更深刻的理解。

第一节 聋生数学学习特点与方式的分析

一、聋生数学学习的意义

数学是义务教育阶段的一门重要学科,对于学生来说在整个义务教育阶段数学课程具有基础性、普及性和发展性的功能。数学的学习对个体发展具有重要意义,它是学生认识世界的工具,可以对学生进行有效的思维训练,并且是实施德育和形成良好世界观的重要途径之一。

(一)数学是学生认识世界的工具

数学在人类历史的发展中起着非常重要的作用,它极大地推动了科学技术的进步,是人类认识世界的主要方式。数学课程标准指出:数学是人们生活、劳动和学习必不可少的工具,能够帮助人们处理数据、进行计算、推理和证明,数学模型可以有效地描述自然现象和社会现象。数学的这些独特功能为义务教育阶段的学生认识世界提供了重要的方式。

通过数学学习,学生可以形成对物体的印象和经验,探究物体与图形的大小、形状、位置关系和变换的过程;通过数学学习,学生还可以经历运用数学符号和图形来实现对现实世界的认知,建立初步的数感和符号意识,丰富对现实世界和空间、符号等的认识,建构起初步的空间观念;通过数学学习,学生不仅可以对客观世界形成良好的认识,还可以对人文世界、对文化建立初步的观念。因为数学来源于生活,与生活紧密联系,学生学习数学知识的过程其实就是逐渐体验人类世界,形成经验和成长的过程。总之,学生可以通过数学学习来获得适应未来社会生活和进一步发展所必需的重要数学知识(包括数学事实、数学活动经验)以及基本的数学思想方法和必要的应用技能,从而更好地认识客观世界。

(二)数学是对学生进行思维训练的重要方式

数学所具有的特征决定了这门学科本身就是对学生进行思维训练的最好方式之一。同时,数学作为一门学科体系,它在义务教育阶段的编排也一样具有严格的逻辑性,充分考虑到了知识体系的逻辑性和学生认知发展水平的逻辑性。譬如,数与代数知识在聋校中低年级的数学学习中主要是安排整数、分数、小数等内容的学习,到了中高年级的数学学习才逐步安排代数知识的学习,这样编排与学生抽象思维水平的发展相吻合,从而促进了学生分析、综合、比较、归纳、演绎等思维方式的建立和发展。

(三)数学学习是学生道德品质和科学世界观形成的重要手段

数学学习对学生道德品质的形成和科学世界观的建立有着举足轻重的意义和价值。世界各国的基础教育都将数学列为最重要的基础课程,一方面是因为数学本身严密的逻辑性是人类认识世界、获取知识的重要工具,另一方面是因为数学具有其他学科无法替代的道德教育功能。数学学科内容的特殊性决定了它在育人方面的不可替代性。

其一,数学学习可以增加学生的民族自豪感和爱国主义精神。我国是四大文明古国之一,创造了灿烂的文化,数学成就斐然,在世界数学史上占据重要地位。例如,在中国商代(约公元前17世纪至公元前11世纪)就已采用了"十进制计数法",并有十、百、千、万等专用的大数名称,这是对世界数学的巨大贡献。正如李约瑟博士所指出的那样:"如果没有这种十进制就几乎不可能出现我们现在这个统一化的世界了。"魏晋南北朝的著名数学家祖冲之对圆周率计算作出了突出贡献。据记载,他算出圆周率π的真值在3.1415926和3.1415927之间。这两个近似值准确到小数点后第7位,是当时世界上最先进的成就,直到15世纪阿拉伯数学家卡西才得到更精确的结果。他的儿子祖暅在数学上也有突出贡献,祖暅在实践的基础上,于5世纪末提出了"祖暅原理"。在西方,这一原理直至17世纪才由意大利数学家卡瓦列里发现,比祖暅晚了1100多年。另外,譬如算盘的发明、勾股定理的计算等,不胜枚举。在数学学习中,这些辉煌的数学成就是对学生进行爱国主义教育的重要手段。其二,数学学习可以培养学生科学的世界观和人生观。数学本身充满着唯物辩证法。在数学的发生与发展过程中,概念的形成与演变,重要思想方法的确立与发展,重大理论的创立与沿革等,无不体现唯物辩证法的核心思想——发展、运动与变化。数学对象源于现实世界,说明了认识论的唯物论,体现了存在决定意识的观点。通过数学教学可以培养学生科学的思维方法,培养创新意识,认识数学的价值,认识科学的发展是永无止境的,而人生有限,必须善待人生,充分实现自己生命的价值,树立正确的人生观。同时,世上任何事物都不是孤立的、静止的,是在不断地从低级阶段向高级阶段发展。数学也是这样,整数到分数,有理数到无理数,实数到虚数,有限到无限等,都遵循着这一规律。通过这个学习过程,学生可以获得对发展的客观理解,培养发展的意识和精神。

(四)数学学习可以有效促进聋生语言能力的发展

聋生由于听觉障碍,听不到或听不清语言的声音,言语发展缓慢,他们不能与周围的人们正常交流思想、表达情感,也难通过言语调节自己的行为方式,语言逻辑思维也受到了很大的影响。要使听力障碍学生走上自觉发展的轨道,必须通过特殊的教学方法来形成和发展听力障碍学生的语言,这是聋校教学的特殊任务。[①] 数学学习是使聋生语言能力得到良好发展的重要方式。在重视语文学习对聋生语言发展的重要作用同时,也不能忽视数学学习对聋生语言发展的突出作用。

数学语言具有表述严密、准确,语言简练、抽象的特点,它与文科语言的丰富性、多变性相比有显著的不同。数学往往用简短、有效的语言来表述复杂的数学关系,是对各种数学关系的高度抽象和概括。它不讲究语言的丰富性与多样性,而尤为重视语言的准确性与严密性。数学语言的特点决定了数学学习对于聋生来说,是一种不同于语文学习的语言训练方式。通过数学学习,可以使聋生掌握简练的数学语言,习得简练、准确的语言表达手段。例如,在"多位数的读法"教学中,聋生往往喜欢把 23457 读成"二三四五七",而不是"二万三千四百五十七"。教师可以通过对学生读法的规范,使学生认识到同一数字在不同数位上表示不同概念这一知识,使聋生意识到数学语言必须要讲究准确和严密,要遵行严格的学科规范。另外,在聋校数学教学中,聋生在教师的引导下逐渐会形成分析问题和说题的习惯。即自觉地通过语言将数学的各种关系表达出来,从而逐渐锻炼聋生良好的语

[①] 王志毅.听力障碍儿童的心理与教育[M].天津:天津教育出版社,2007:123.

言表达习惯和能力,进而促进学生逻辑思维水平的发展。

(五)数学学习可以培养聋生知识应用技能和生活能力

数学与自然、社会之间有着紧密的联系,数学学习可以有效地培养聋生的知识应用技能、生活能力和交往沟通能力等。数学本身是一门应用的学科,可以说数学的最初产生也是起源于生活的需要。在远古时代,人们结绳计数就是一种自发地将数学应用于解决生活中的困难与问题的尝试。随着现代科技的发展,数学在生活中的应用就更加频繁了,几乎在人们生活的任何空间都可以看到数学应用的影子。数学与生活之间的这种紧密联系,对聋生的知识应用和其他能力培养具有重要价值。

聋生通过数学学习不仅可以掌握系统的知识,促进思维水平的发展,而且由于数学与生活联系的紧密性,学生更可以获得将知识应用于实践的机会,从而进一步增加对知识学习的兴趣,增加用数学知识分析现实问题、解决现实问题的能力。例如,"同学们出门旅游,如果每条小船限乘4人,18人需要租几条船?"这类问题不仅可以吸引学生的探讨欲望,更因为这类问题与生活实践相联系,在很多情况下本身就是生活实践的缩影,聋生学习这类问题的解决过程,事实上就是在体会真实的生活实践,这对他们未来的生活是相当有帮助的。再比如,通过"元、角、分"的学习,学生不仅可以了解到货币的知识、货币之间的换算关系,还可以通过在现实生活中的应用(去商场买东西、和同学交换东西等)体验真实货币的换算和应用,建立完整的实物货币和符号货币的观念。

(六)数学学习可以实现对聋生人文精神的塑造

数学学习给聋生所带来的除了丰富的数学知识和技能,还有更深层次的东西,即人文精神的塑造。所谓人文精神,是指人类在自身认识、发展和完善过程中形成的、规范、指导、约束着人类自身的各种活动的精神文化,主要体现为人生观和价值观。其特点是追求"善"与"美",主张一切认识和实践都要以人为出发点和归宿,即人文关怀。长久以来,数学作为自然科学中的有机构成部分,一直被认为是对学生进行科学精神(理性、求实、求真、实证、实践等特征)培养的重要方式。而随着数学教育研究的发展,数学的人文精神功能日益彰显。我们已经深刻地认识到,数学知识并不代表数学精神,精神是一种文化,它不具有实体的存在,数学中的人文精神的培养渗透在数学知识的传授过程之中,是数学教育中培养科学精神、提高公民素质的核心和灵魂,其价值辐射到整个教育过程。

数学中的人文精神概括起来可以包括以下几点:数学的规则——形成自律;数学的严谨——培养责任;数学的论证——可见诚信;数学的美感——充满和谐;数学的探索——体会自强;数学的发展——探求合作。①我们对聋生的教育目的是在缺陷补偿基础上促进学生全面发展。数学中充满着丰富的人文精神,通过数学学习,聋生在获取数学知识的同时,充分受到数学中蕴含的人文精神的感染和教育,从而有利于提高自律水平,树立责任意识,培养诚信精神,学会与人共处,更加自强自立。

二、聋生数学学习特点的分析

(一)数学学习与聋生的直接经验紧密联系

我们知道,人类知识的获取途径来源于直接经验和间接经验。聋生由于受到残障的影响,他们获取知识的途径较为狭隘,往往拘泥于直接经验。事实上,他们对数学的接受、理解和认知通常总是与他们自身的直接经验紧密联系在一起的,对于他们来说,学习与直接经验相联系的知识更容易被接受和理解。

聋生对直接经验的依赖,对于他们的数学学习具有相当重要的意义。这也就意味着聋生在数学学习过程中,很大程度上要依赖于直观、具体的学习内容和方式。那就是在数学学习过程中,要尽量地使用直观教学手段和方式,为聋生提供将已有经验应用于数学学习中的机会,使学习内容与学生已有的直接经验之间建立必然的联系。特别是数学学习中一些较抽象的学习内容,如概念与公式,这些学习内容在设计上不能单纯注重对概念与公式的描述或讲解,要尽可能创设情境使抽象的事物与学生已有的具体经验之间建立联系,才能达到化繁为简的目的。20世纪美国著名的教育家约翰·杜威就提出了"做中学"的思想,他认为学生知识的学习最好是建立在学生的直接经验基础上,通过学生的实践,在做的过程中来体验和获取知识。这对于聋生的数学学习是很有启示的。建立在直接经验基础上的数学学习既可以调动聋生学习的积极性,又可以使聋生很容易地完成学习任务,达到学习目标。

(二)聋生数学学习是一个逐步抽象的思维训练过程

聋生数学学习突出的一个特点是注重与直接经验的联系。同时我们也要意识到,只强调建立在直接经验基础上的数学学习,固然符合聋生的心理

---

① 赵喜来.数学教育中的科学人文精神及其培养途径[J].教学与管理,2008(4):71-72.

发展和学习特点,但聋生的思维发展不能一直停留在直观形象思维上,从未来成长的角度来看,聋生的数学学习要促进他们在直接经验上的间接学习方式的发展。教学中要让学生经历分析、比较、抽象、概括、综合、归纳、总结等思维过程,逐渐脱离单纯的直观学习方式和直观经验获得方式,习得通过间接经验来获取知识的方法,从而实现由他律的学习转向自觉的学习,由外在的知识讲授转向内在的知识构建。

这意味着聋生数学学习的过程是一个逐渐走向抽象的过程,是使聋生的思维方式由具体形象思维向抽象逻辑思维过渡和发展的过程。研究表明,聋生的思维发展要经历一个长期的由具体形象思维向抽象逻辑思维过渡过程,这个过程往往要比普通学生在时间上更长一些。这与聋生长期通过具体事物的认知来实现知识学习的习惯紧密关联。聋生的数学学习中,要有意识地加强对学生的思维训练,使学生的思维发展循序渐进地由感性迈向理性,由具体迈向抽象。

(三) 数学学习与语言发展相结合

聋校教学的一个重要任务是对聋生进行缺陷补偿的教育。聋生由于在听力上受到损害,导致语言发展迟缓,口语表达与书面语表达较普通学生滞后。"语言是思维的工具",缺乏语言的支撑,思维发展必然会受到强烈影响。数学学习是学生学习语言的一个重要工具,聋生在数学学习中,一方面要注重数学知识的获得,另一方面要把数学学习作为语言发展的一个重要资源,充分利用数学的语言功能来学习和使用语言。因而聋校数学学习的一个重要特点,就是数学知识的学习与语言发展的并重。这点要贯穿到整个聋生的数学学习过程之中。

数学学习中,要充分为聋生创设机会发展他们的语言能力。除了利用手势语、手指语作为学习的辅助手段之外,尤其要强调对聋生残存语言能力的开发、利用和促进。在数学学习过程中,一方面要激发学生使用口语和书面语表达的愿望和意志,另一方面要为聋生的数学语言表达创设多种途径。很多聋生由于听力受损,长期不使用口语表达,造成不喜欢说、不愿意说的状态。这只会使残存的语言能力进一步弱化。因而,数学学习中为聋生创设多种语言表达的机会是相当必要的。譬如,数学中可以加强说题训练,让聋生在学习中看到一个问题不仅要思考,更要通过口语把题目读出来,把思考的过程说出来、写出来。这样不仅对他们的语言发展有利,对他们逻辑思维水平的提高也是大有帮助的。

（四）聋生数学学习的生活化

聋生数学学习的另外一个重要特点就是数学学习要指向聋生的生活实践,即数学学习的生活化。所谓数学学习的生活化是指在数学学习中,从学生的已有经验和知识背景出发,联系生活讲数学,把数学问题生活化,生活经验数学化,体现"数学源于生活,寓于生活",从而使学生产生亲切感,增加对数学知识的应用意识,培养学生的自主解决问题的能力。① 数学课程标准指出:"义务教育阶段的数学课程,不仅要考虑到数学自身的特点,更应遵循学生学习数学的心理规律,强调从学生已有的生活经验出发,让学生亲身经历将实际问题抽象成数学模型并进行解释与应用的过程。""学生数学学习的内容应当是现实的,有意义的。"

生活化是义务教育阶段数学学习的客观要求,聋生数学学习的生活化则具有更加重要的意义。它一方面是指聋生的数学学习要与生活实践相联系,与实践相联系的数学知识更能引起聋生的学习兴趣,激发起学生主动探索的欲望。譬如在教学长度单位"厘米"时,让聋生分别量一量自己的手指宽度,让学生对厘米有一个大概的认识,知道1厘米大约是食指的宽度,从而让学生觉得数学就在身边,数学知识是随处可见的,而且在生活中有广泛的应用。另一方面是指数学教学要和聋校教育教学的目标相一致,在教学中要指向聋生的未来实践,使数学知识对于他们来说是可以用来解决现实问题和解决未来发展中的未知问题的重要手段,从而为他们未来的职业教育奠定基础。

三、聋生数学学习方式的分析

聋生数学学习的效果很大程度上取决于数学学习方式的确立。学习方式是指学生在完成学习任务过程时基本的行为和认知的取向。学习方式不是指具体的学习策略和方法,而是学生在自主性、探究性和合作性方面的基本特征。② 有研究者进一步指出,学习方式与学习方法是两个不同的概念,学习方法是学习方式的下位概念,学习方式不仅包括若干相应的学习方法及其关系,而且还涉及学生原有的认知基础和学习态度、学习习惯等一系列心理因素。③ 学习方式的提出主要是针对基础教育课程改革之前,基础教

---

① 黄少荣."生活化"让知识变活[J].陕西教育:教学,2005(12):24.
② 钟启泉,崔允漷,张华.为了中华民族的复兴为了每位学生的发展:基础教育课程改革纲要(试行)解读[M].上海:华东师范大学出版社,2001:247.
③ 李光树.小学数学教学论[M].北京:人民教育出版社,2003:101.

育领域内普遍存在的学生的被动学习、接受学习与无意义学习等不利于学生成长的学习方式。随着教学研究的不断深入,转变学生的学习方式已经成为了提高学习效果和实现学生全面发展的重要途径之一。2001年教育部颁布的《基础教育课程改革纲要(试行)》中已经明确地将转变学生的学习方式作为课程改革的一项重要任务提了出来。传统的聋校数学学习中,单纯的接受学习、无意的机械识记等学习方式极大地束缚了学生的数学学习兴趣和热情,不利于聋生的全面发展。转变聋生的数学学习方式既是新课程改革的客观要求,也是聋生数学学习与发展的内在需要。从当前学习方式的普通研究来看,聋生的数学学习方式主要应包括体验学习、意义学习、研究性学习与合作学习等。

(一)体验学习

在《现代汉语词典》中,体验是指"通过实践来认识周围的事物;亲身经历"。作为一个教育学概念,体验是指在对事物真切感受和深刻理解的基础上对事物产生情感并生成意义的活动。有研究者从教育学的学科地位和学科性质提出了体验的含义:体验,既是一种活动,也是一种活动的结果。作为一种活动,即主体亲历某件事并获得相应的认识和情感;作为活动的结果,即主体从其亲历中获得的认识和情感。[①] 可见,体验总是与个体的认知、情感紧密相连的,是人类获取知识、陶冶情操的重要方式。由体验这种活动所衍生的体验学习,则是指在学习过程中,根据学生的认知特点、规律和学生生命的特性,通过创造实际或重复经历的情景和机会,呈现或再现、还原教学内容,使学生在亲历中理解知识、发展情感、获得智慧、感悟生命意义的学习方式。在建构主义者看来,学习是学习者主动建构知识的过程,而不是被动接受外来信息的过程。建构主义理论有一个关键的前提,就是学习者已有的知识结构的习得不是外界给予的,而是建立在学习者自身的深刻体验基础上的。换句话说,如果失去了体验这个过程,个体就无法对知识进行重新建构,那么学习就很难完成。这就要求,学生的学习最好不是一种外在的、强加的学习,而是必须通过自身体验的方式主动获取和建构知识体系。

体验学习是学生数学学习的一种重要方式。数学课程标准指出:"数学课程应从学生已有的生活经验出发,让学生亲身经历将实际问题抽象成数学模型并进行解释应用的过程,进而使学生获得对数学理解的同时,在思维

---

① 杨通宇,何庆良,何克,等.体验教学的理论研究[J].当代教育论坛,2006(4下):60-62.

能力、情感态度、价值观等方面得到进步与发展。"新课程理念下的体验学习对由于听觉障碍而相对缺乏生活体验的聋生来说,更具重要价值。在学习过程中,聋生要注重体验,充分去经历学习过程,不仅要用眼睛看,也要尝试用语言来表达,用手去操作,在实践中体验数学知识的应用。体验学习使得数学对于聋生来说,不再是枯燥的符号或图形,而是真实的生活和实践,是个体主动去构建的一种有意义的学习活动。这对于聋生来说不仅促进了数学知识的理解,更提高了学生的学习热情,增加了将知识应用于实践的意识和能力。

（二）意义学习

学习方式按照不同的分类标准可以为分不同的类别。美国著名的认识心理学家奥苏贝尔根据学习的材料与学习者原有的认知关系将学习分为了机械学习和意义学习。当学生在学习中并不理解所学知识的内涵、发展或过程,而仅仅是对数字、符号等机械识记或使用,那么这种学习方式就是一种机械学习。机械学习虽然也可以使学习者掌握大量的知识,但这种知识往往是一种与学习者已有认知结构中的知识与经验没有建立联系的符号,学习者虽然掌握了这种符号,但未必理解,也很难灵活运用。譬如,我们在聋校数学教学中,经常可以见到一些学生对数学中的公式记诵得相当纯熟,像平行四边形的面积公式、面积单位之间的换算关系,聋生能随手熟练地写出。但一旦给他一道实践的题目,他又极可能手足无措或错误百出。这事实上就是由于学生对知识未能理解而机械学习所导致的结果。这种学习方式是一种对知识表面化、死板性的学习,知识并未真正内化为学生自己的东西。

意义学习与机械学习相对,是一种建立在理解基础上的数学学习方式。意义学习就是符号所代表的新知识和学生认知结构中已有的适当观念能够建立非人为的和实质性的联系。实质性联系指新旧知识之间的联系是非字面的,是建立在具有逻辑关系基础上的联系,是一种内在的联系;非人为的联系指这种联系不是任意的,或人为强加的,是新知识和原有的认知结构中的有关观念建立的某种合理的或在逻辑基础上的联系。例如,要想使聋生掌握等腰三角形的概念,学生的认知结构中必须具有和等腰三角形有关的三角形方面的知识,只有使新旧知识之间建立具有逻辑意义的、自然的联系,学生才能够真正掌握和获得等腰三角形这一知识的意义。如果没有建立这种联系,学生只是通过死记硬背记住它的定义,这种学习就更多地属于机械学习。

聋生的数学学习更多的应该是一种意义学习。这意味着数学材料的组织和编排要尽可能与学生已有的认知结构相顺应，使学生在数学学习过程中新旧知识之间有必然的联系，学生对新知识能在理解的基础上掌握和运用，从而摆脱纯粹依赖机械识记的桎梏。

（三）研究性学习

在新课程改革理念下，研究性学习方式日益受到教育研究者的关注和重视。简单地说，所谓研究性学习，即学习的过程并不是教师完全给学生提示答案的过程，而是鼓励和引导学生进行自我探究，寻找解决问题的办法，体验问题解决的过程，从而使学生更深刻理解知识和掌握知识应用的技能。

研究性学习是聋生进行数学学习的最有效方式之一，这是因为学生本身就具有研究与探索的愿望。苏联教育家苏霍姆林斯基认为：孩子的精神中有一种特别强烈的需要，这就是希望感到自己是一个发现者、研究者和探索者。美国学者萨奇曼也认为，学生天生就有一种好奇、探究、发现问题并力求解决的倾向品质，身边遇到的任何问题都可能会激起他们强烈的解决冲动。学生的探究天性决定了研究性学习是最适合学生全面发展的一种学习方式。对于聋生来说，虽然他们在听觉和语言方面存在障碍，但他们寻求发现的好奇心和兴趣，探索的愿望和要求与普通学生之间未有显著的差别。我们要意识到，聋生的数学学习是一个认知与情感共同参与的过程，如果缺乏学生情感的参与，学习只会是单调、枯燥和被动的。当聋生被激发了研究的兴趣与热情，他就会更加乐于参与到数学学习之中，并通过不断地探究和收获成功的体验来进一步培养和提高数学学习的兴趣。

如一位教师教授"能被整除的数的特征"这一课，是这样让学生进行研究性学习的。过程如下：在复习能被2,5整除的数的特征的基础上，引导学生猜想什么样的数能被3整除。当学生猜想个位是3,6,9的数能被整除时，让学生举反例，提出"什么样的数不能被3整除"的问题，激起学生的探究欲望。接着让学生讨论并设计出研究方案后，出示四组卡片(① 3,4,5;② 2,4,7;③ 1,8,9;④ 0,3,8)让学生分小组用卡片上的数字进行组三位数的研究。学生发现用①和③两组卡片上的数字所组成的三位数都能被整除，用②和④两组卡片上的数组成的三位数都不能被整除。教师再启发学生思考在组数的过程中什么变了，什么没变。在学生发现用数字组数的过程中，每个数所有数位上数的和没变以后，教师趁热打铁，再次启发学生进行猜想、验证，得出规律，加以应用，解决实际问题。① 聋生数学学习过程中，恰当地使用研究性学习方式，是一种有效地激发聋生学习热情，培养他们探究精神的良好途径。

（四）合作学习

学生传统的数学学习方式更多的是一种自主学习，即学习是一种完全个体的行为，与其他学习者之间缺乏必然的交流与学习互通。随着教学论研究的不断深入，发现完全的自主学习已经不能很好地适合个体全面发展的需要，也无法满足个体对知识更深层次的理解与领会。强调学习者之间合作与互助的合作学习方式逐渐成为当前学生学习的一种重要方式。合作学习就是指在学习活动中与其他学习者之间建立有效的联系和沟通途径，通过分组或自由组合等方式组成由若干成员构成的学习小组，在这个小组内进行分工和合作，共同实现知识的探寻与技能的提高。

合作学习是聋生进行数学学习的一种主要方式，它既是教育发展的必然要求，也是聋生自身发展的内在需要。一方面，学会合作是当前社会发展对学习者的共同要求。合作是人类社会赖以生存和发展的动力，特别是在社会飞速发展的 21 世纪，在强调个体全面发展的同时，也需要学习者学会合作。联合国教科文组织在上个世纪提出了教育的四大支柱：学会求知，学会做事，学会生存，学会共处。其中，学会共处就是指学习者之间要相互交流、沟通、合作、共同提高。只有具有合作的意识和精神才能更好地汲取知识，顺应社会发展的需要。另一方面，聋生数学的合作学习有利于学生的身心发展，从而促进个体更好地实现社会化。一直以来，培养聋生的交往沟通能力是聋校教育的主要目标之一，这种能力是聋生未来社会化的基础。由于在听力和语言上存在障碍，聋生的交流意识较为淡薄，也较为缺乏合作学习的意愿与行动，由此造成数学的学习往往是局限于个体的自我学习行为，这既不利于学生交往沟通能力的培养，也不利于学生数学知识的获取。数学课程标准中指出：有效的数学学习活动不能单纯地依赖模仿和记忆，动手实践、自主探索与合作交流是学生学习数学的重要方式。数学本身是一门强调实践的学科，聋生在一些知识学习中，如果能有意识地加强合作学习，通过教师分组或自由组合的方式进行分工合作，共同探讨数学问题，将有利于促进学生学习知识的兴趣，有利于提高学生的语言表述能力、合作精神以及交流沟通技能，从而为未来的社会化奠定良好的基础。

---

① 梅建青.聋校数学课堂教学如何开展研究性学习[J].现代特殊教育，2007(11)：22－23.

第二节 聋生数学知识学习过程的分析

一、聋生数学概念学习过程的分析

(一) 数学概念概述

概念是人类思维的基本要素,是事物的本质属性在人脑中的反映。它是一切科学知识和科学思维的基础,是人们认识事物本质不可缺少的重要方式。概念在学习和生活中是非常重要的,它构成了逻辑思维的基本形式和单元。我们知道,判断和推理是逻辑思维的两个基本形式,而无论是判断还是推理都要以概念为前提和基础。人类对知识的获取、对真理的认识就是在一系列概念的形成中,在概念的不断更替和运动中实现的。

概念有两个最基本的特征,即抽象性与概括性。概念首先是抽象的,它不是具体的某个事物,而是指同一类事物所共同的本质属性。例如,对于"球"这个概念,它不是指某个具体的圆球,而是指所有的具有共同的"球"的本质特征的物体,是一个对"球"的根本属性所进行的抽象和描述。这种抽象意义上的"球"在现实中是不存在的,存在的是一个个具体的球。而对"球"这一事物的认识却最终是以抽象的概念存在于人脑之中的。概念的另一个重要特征就是概括性,概念不是对某个特定事物或个体的概括,而是对一个具有共同特征的群体进行的概括。它不是事物的现象,不是事物的各个方面,不是它们的外部联系,而是事物的本质、事物的全体和事物的内在联系。

1. 数学概念的定义

数学概念是客观世界中数量关系和空间形式的本质属性在人们头脑中的反映,它是用数学语言和符号揭示事物共同属性的思维形式。数学概念所代表的是具有共同关键特征的一类数量关系和空间形式,而不是个别事物,因此数学概念在一定范围内具有普遍意义。如"平行四边形"这一概念,就代表着两组对边分别平行的四边形,它是对所有具有这种特征的平面图形的抽象和概括。数学概念构成了数学学习的细胞,是学习和运用一切数学知识的基础。

2. 数学概念的构成

数学概念一般由名称、例证、特征与定义四个基本成分构成。

(1) 名称

就是用名词或符号来给概念命名。如长方形、平行四边形、圆周率、小数、分数、方程等就分别是一些具体数学概念的特定名称。

（2）例证

所谓例证是指能反映一类数学对象本质属性的具体事物,数学概念既有肯定例证,也有否定例证。如 $15x-1.5=0,12y+7=31$ 等都是方程的肯定例证；而 $x^2+1=-5,3\times 8=21$ 等都是方程的否定例证。

（3）特征

特征在这里是指可以反映数学概念特点的标志,一个数学概念既有有关特征(又叫关键特征),又有无关特征。如"含有未知数的等式"就是方程的关键特征,至于方程中用什么字母表示未知数、所含未知数个数的多少、未知数在方程中所处的位置等都是无关特征。很明显,这里所讲的特征主要是对能反映概念本质的关键特征而言的。

（4）定义

定义就是用特定的词语(或符号)对数学概念的内涵和外延作出科学的界定,如"两组对边分别平行的四边形叫作平行四边形"和"含有未知数的等式叫作方程"就分别是概念"平行四边形"和"方程"的定义。对于数学概念来说,每一个概念都有其内涵和外延。内涵是指反映概念所描述对象的本质属性的总和。如"平行四边形"这一概念的内涵包括：两组对边分别平行,两组对边分别相等,对角相等等。外延是指适合于某一概念的一切对象,即概念所指的一切事物。如"平行四边形"的外延包括：菱形、矩形、正方形等。

3. 数学概念的特点

数学概念是反映一类事物在数量关系和空间形式方面本质属性的思维形式,它是排除一类对象物理属性以后的抽象,反映了一类对象在数与形方面内在的、固有的属性,因而它在这一类对象的范围内具有普遍意义。

数学概念是人类对现实世界的空间形式和数量关系的简明、概括的反映,并且都由反映概念本质特征的符号来表示,这些符号使数学有别于其他学科更加简明、清晰、准确的表述形式。数学概念的这种特性使学生在较短时间内掌握大量数学概念及其系统成为可能。例如在数学发展史上,数系的建立经历了两千多年,如今学生凭借现有的数的符号,可以在较短的时间内掌握数系的全部概念。而在中国数学的发展史上,由于没有发明简明的数学符号而使数学的发展受到极大阻碍的例子是非常多的(如以一、二、三、四、五……作为数的符号,在书写和运算上均不如用 1,2,3,4,5…方便),这说明在数学的发展中引进恰当的符号来表示概念是非常重要的,这是数学概念的一个重要特点。

数学概念是具体性与抽象性的辩证统一。一些数学基本概念是一类事物在数量关系和空间形式方面本质属性的抽象,具有明显的直观意义,但通常以形式化语言来表述;数学中有许多概念是在抽象之上的抽象,是由概念所引出的概念(如1,2,3是对真实事物的直接抽象,而那些较大的数则是建立在已有概念的抽象分析之上:对于"已知 x,则可得 $x+1$"的理解使人们可以获得自然数的无限序列 $1,2,3,\cdots,n,n+1,\cdots$);数学中还有许多概念是"思维的自由想象和创造的产物",它们与真实世界的距离是非常遥远的,如"虚数""n 维空间"等。所有这些都说明,数学是高度抽象的。但另一方面,数学概念又是非常具体的,任何一个数学概念的背后都有许多具体内容支撑着。学生只有掌握了数学概念的定义,同时又能够举出概念的具体事例,才算真正掌握了数学概念。

数学概念具有很强的系统性。前已指出,数学概念往往是"抽象之上的抽象",先前的概念往往是后续概念的基础,从而形成了数学概念的系统。公理化体系就是这种系统性的最高反映。数学概念的这种特性要求学生在数学学习时必须做到循序渐进,一步一个脚印,扎扎实实地打好基础。

4. 数学概念的表现形式

在数学概念体系中,数学概念往往是以数学符号或数学表达式为主,并以定义的形式呈现出来的。也就是说,应该用严密的、简练的、精确的语言或符号将事物的本质属性表现出来。因为数学概念是对相同属性的抽象和概括,故此数学概念的表述是相当严格、规范,甚至是相当抽象的。而在聋校中,学生的思维方式还处于具体形象思维,抽象逻辑思维能力尚处于初步建立和逐渐发展阶段。因而在这一时期,数学概念的表现形式相对灵活,主要是缓解学生思维发展水平与概念本身特征之间的矛盾,考虑到学生的年龄特征和可接受性,为了更有利于学生数学循序渐进的学习,多采用以图片或语言文字为主的描述方式来表现概念。

(1) 用图画的形式表示概念

用图画的形式表示概念具有直观、形象的特点,尤其对于低年级的学生来说,这种表现方式一方面可以引起学生的学习兴趣,用一种让学生喜闻乐见的方式来表示抽象的事物更容易让学生接受,另一方面有利于学生建立对事物的直观印象,并与已有的经验相结合,从而促进对数学概念的理解。例如最初让学生认识三角形时,是这样表达三角形的概念的,即出示三角形的图形或实物(三角板、自制的三角形等)告诉学生,像这类的图形就是三角形。

(2) 用描述的方式来表示概念

描述就是用语言来解释概念的一些特征或基本属性。描述与图画类似，都具有形象的特点，很容易让学生理解。但描述有时与精确的下定义之间还是有很大的差别，描述往往不是很严密，有时还不够精练。但用描述的方式表示概念较容易让学生领会。描述的方式一般采用"像……这样的……叫作……"的叙述方式。例如，像0.3,1.5,2.8等这样含有小数点的数就叫作小数。这样学生可能很快就领会到小数的特征，并可以列举出其他的一些小数。

(3) 用逐步渗透的方式来揭示概念

所谓逐步渗透就是让学生在不同场合、不同阶段多次接触概念所反映的一些对象，并逐步揭示概念的本质属性。① 这也恰恰体现了聋校数学教学内容的编排要遵循"由浅入深、循序渐进、适当分段、螺旋上升"的原则。

例如，长方形、正方形的概念都是分阶段逐步揭示概念的本质属性的，由个别的、局部的认识逐步过渡到一般的、全面的把握，以符合学生的思维发展水平和认识规律。

(4) 用下定义的方式来揭示概念

从严格意义上来说，数学概念应该是用定义的方式呈现的。定义是揭示概念本质属性的最根本的逻辑方法。用下定义的方式来表示概念具有精确性、严密性的特点。被定义了的概念往往最具有权威性，是对数学空间图形和符号的最准确表达，是衡量事物与其他事物之间质的区别的根本标准。

定义的形式主要有以下几种：属加种差定义、发生定义、约定式定义。属加种差是数学中最常用的一种定义方式，这种方式的基本公式是：被定义概念＝种差＋邻近的属概念。如菱形的概念：有一组邻边相等的平行四边形叫菱形。在这个概念里，"菱形"是被定义概念，"平行四边形"是与菱形邻近的属概念，"有一组邻边相等"是种差。发生定义则是通过指出概念特定的发生或形成的过程来表示概念的方式。如圆的定义：到定点等于定长的点轨迹。约定式定义是根据需要，通过约定的方式规定新出现的概念的意义。例如，$a^0=1(a\neq 0)$，就是用已明确的指数意义来定义零次幂。

(二) 聋生数学概念学习的重要意义

概念学习是数学学习中最重要的要素之一，对于聋生来说，概念学习是学生发展思维能力，掌握数学基础知识和基本技能的必要因素。

1. 数学概念是聋生数学知识积累的基石

聋生数学知识的获得有赖于学生系统数学概念的建立。如果聋生没有

---

① 马云鹏.小学数学教学论(第四版)[M].北京:人民教育出版社,2013:273.

形成对数学学习中的数量关系及空间形式的感性或理性概念,那么数学知识的学习将是一个困难的过程。很显然,如果学生的概念不明确,那么他就无法掌握建立在概念基础之上的定律、性质、法则、公式等数学知识。例如加法的计算法则:相同数位对齐,从个位加起,每一位上的数相加满十就向前一位进一。在这里面涉及很多基本的数学概念,包括数位、个数、满十、进一、相加等。如果学生没有建立这些概念的观念,那么就很难准确掌握加法的计算法则。故对于聋生来说,通过数学学习先让他们掌握大量的数学概念,是进一步获取知识的基石。

2. 数学概念是培养聋生数学能力的重要保障

新课程对学生的数学能力提出了系列要求:初步的分析问题与解决问题的能力,初步的逻辑思维和空间观念,数学知识的应用能力,等等。学生数学能力的培养对学生的成长至关重要,数学概念则是培养学生数学能力的重要保障。概念是思维的细胞,学生学习数学知识的过程就是一个不断地运用已有概念对新的知识体系进行同化和构建的过程,是以概念为工具进行比较、分析、综合、抽象、概括的过程。如果离开了基本的数学概念,那么就无法对数学学习过程进行系列的思考,无法完成分析、综合、比较、概念等思维过程,无法实现学生数学能力的提高。例如,用一根长50厘米的细绳围成一个长方形,怎样才能使它的面积最大?这个问题的解决涉及两个基本的概念,即长方形与面积的概念,如果这两个概念掌握不清,那么这个问题的解决会是困难或错误的。事实上,计算能力、初步的逻辑思维能力、空间想象能力以及运用数学知识解决实际问题的能力,都要以学生的概念掌握为前提,只有建立了准确的数学概念,学生才有可能实现数学能力的提升。

3. 数学概念是对聋生进行思维能力训练的重要手段

数学概念是客观世界中数量关系和空间形式的本质属性在人们头脑中的反映,它是用数学语言和符号揭示事物共同属性的思维形式。要获得概念,就必须对某一类事物或现象进行分析、比较、抽象和概括,这就是最基本的思维形成,可见获得概念的过程就是发展学生思维的过程。

(三)聋生数学概念学习过程的分析

数学概念学习的过程就是对同类对象的本质属性与非本质属性不断加以区分,并将其本质属性抽取出来的过程。数学概念的学习一般有概念形成和概念同化两种基本形式。

1. 概念形成的一般过程

数学概念形成是指在教学条件下,从大量的实际例子出发,经过比较、分类,从中找出一类事物的本质属性,然后再通过具体的例子对所发现的属性进行检验,最后通过概括得到定义并用符号表达出来。这种获得数学概念的方式叫作数学概念形成。数学概念形成的过程实质上是抽象出某一类对象或事物的本质属性的过程。概念形成的一般过程如下。

（1）分析比较辨别多个实例。这些实例可以是学生自己在日常生活中已知的经验或事实,也可以是由教师提供的有代表性的典型事例。但不管是哪种实例,都必须通过比较,在知觉水平上进行分析、辨认,根据事物的外部特征进行概括。例如形成矩形概念,先让学生辨认他们所熟悉的实例,像桌面、墙壁、黑板、书本等的表面;再分化出这些实例的属性。如桌面是木制的,可看成是四边形,两组对边分别平行并且相等,四个角相等。墙壁黑板、书本表面等也有各自的属性。

（2）抽象出这些实例的共同属性,并提出概念的本质属性的种种假设。上例中,共同属性有:可抽象地看成平面四边形,四个角相等,两组对边分别平行并且相等,等等。据此可提出假设:① 两组对边分别平行并且四个角都是直角的四边形;② 两组对边分别相等并且四个角都是直角的四边形;③ 四个角都是直角的四边形;等等。这里,提出本质属性假设的方法是对一条或几条共同属性的结合。

（3）在特定的情境中检验假设,确认本质属性。通过比较肯定例证和否定例证检验假设,确认本质属性。例如举出矩形、一般的平行四边形和梯形的例子确认矩形的本质属性。

（4）归纳概括,形成概念。验证了假设以后,把本质属性抽象出来,并区分出有从属关系的本质属性,使新概念与认知结构中的已有有关观念分化,用语言概括成为概念的定义。上例中,①,②中的"四个角都是直角"与"有一个角是直角"具有从属关系,而四边形只要有"两组对边分别平行"及"一个角为直角",就能推出"两组对边分别相等"和"四个角都是直角",因此只要取前两个本质属性即可。于是将矩形定义为"两组对边分别平行并且有一个角为直角的四边形"。

（5）根据新概念的内涵明确新概念外延。例如把"两组对边分别平行并且有一个角为直角的四边形"的内涵推广到同类事物中去,以此明确矩形的外延。

（6）明确新概念与原有的认知结构有关概念关系,扩大或改组原有认知结构。上例中,让学生明确矩形与四边形、平行四边形之间的关系,以扩大原有认知结构。

用概念形成方式教授概念时,教师必须注意按学生的心理发展规律进行教学。首先,给学生提供的刺激模式应该是正例,而且数量要恰当。其次,向学生呈现刺激模式时,应该采用同时呈现的方式,以利于学生进行分析、比较,这样可以减轻学生的记忆负担。第三,要注意选择那些刺激强度适当、变化性大和新颖有趣的例子作为刺激模式,这样的刺激模式有利于学生进行深入的观察,展开积极的思维活动,对各个刺激模式的属性进行充分的分化,对刺激模式之间的各种属性进行比较;有利于培养学生从平常的现象中发现不平常的性质,从貌似无关的事物中发现相似点或因果关系的能力。第四,要让学生进行充分的自主活动,使他们有机会经历概念产生的过程,要引导学生扎扎实实地完成概念形成的每一个步骤,了解概念产生的条件,把握概念形成的规律,在分化和比较的基础上,引导学生及时对各个刺激模式中的共同属性进行抽象,并从共同特征中抽象出本质属性。第五,在确认了事物的本质属性,概括成概念以后,教师应该采取适当的措施,使学生认知结构中的新旧概念分化,以免造成新旧概念的混淆,新概念被旧概念所湮没。例如学习"整除"这个概念以后,如果不及时与已有的"除尽"概念分化,则学生很容易把它与除尽等同起来。第六,必须使新概念纳入到已有的概念系统中去,使新概念与认知结构中已有的起固着点作用的相关观念建立起实质的和非人为的联系。这样可以使概念的记忆效果提高,有利于概念的检索,有利于用掌握的概念去吸收和理解新的知识。

2. 数学概念同化的一般过程

数学概念同化是指在课堂学习的条件下,利用学生认知结构中原有的知识经验,以定义的方式直接向学生揭示概念的本质属性,从而使学生获得新概念。这种获得数学概念的方式叫作数学概念同化。数学概念同化的一般过程如下。

(1) 找出原有认知结构中的有关概念,研究它的分类。例如学习等腰三角形的概念时,可以先找出学生原有认知结构中的相关概念:边、相等、三角形等,再研究三角形的边的各种情况。

(2) 揭示概念的本质属性,给出定义。如等腰三角形的定义为"两边相等的三角形"。

(3) 根据新概念的内涵明确新概念外延。如根据等腰三角形的定义可知,一个三角形只要两边相等,它一定是等腰三角形。

(4) 明确新概念与原有的认知结构有关概念关系,扩大或改组原有认知结构。使新概念与已有认知结构中的有关概念建立联系,把新概念纳入到已有概念体系中,同化新概念。上例中,把等腰三角形与三角形等比较,认识等腰三角形与这些相关概念的联系与区别。

概念同化方式获得概念,实际上是用演绎方式获得概念的一种形式。它是从抽象定义出发来学习概念的,所以应注意及时应用实例,使出现概念获得具体例证的支持。要注意将所学概念纳入到已有认知结构中去,形成概念系统,因为这一步可以使学生经历一次新的概括过程,了解到有关概念之间的逻辑关系,从而深化概念的理解,使概念掌握得牢固,并能用来解决新的问题。由奥苏伯尔的有意义接受学习理论可知,要使学生有意义地同化新概念,新概念必须具有逻辑意义,学生的认知结构中必须具备同化新概念的适当知识;另外,学生还必须积极主动地使这种具有潜在意义的新概念与他认知结构中的有关观念发生相互作用,改造旧知识,使新概念与已有认知结构中的相关知识进一步分化和融会贯通。

3. 数学概念形成与数学概念同化的比较

数学概念形成与数学概念同化是有区别的:数学概念形成主要依靠的是对具体事物的抽象,而数学概念同化则主要依靠的是学生对新旧知识的联系;数学概念形成与人类自发形成概念的方式接近,而数学概念同化则是具有一定心理水平的人自觉学习概念的主要方式。在聋校低年级,数学概念形成用得比较多;在高年级,数学概念同化逐渐增多,并成为获得数学概念的主要方式,但对较难理解的或新内容开始时的一些数学概念,如分数概念,仍采用数学概念形成的学习方式。在数学概念的实际学习过程中,数学概念形成与数学概念同化这两种方式往往是结合使用的,从而能够扬长避短。这样既符合学生学习数学概念时由具体到抽象的认识规律,掌握形式的数学概念背后的事实,又能使学生在有限的时间内较快地理解概念所反映的事物的本质属性,掌握更多的数学概念,提高学习效率。

(四)聋生数学概念学习过程的特点

1. 概念的学习是一个在直观的基础上逐渐抽象的过程

先直观、后抽象是学生概念形成的基本过程,也是学生数学思维发展的基本过程。对于低年级的学生来说,他们还无法通过下定义等方式直接形成数学概念,他们数学概念的习得最初是与直接经验或生活体验紧密联系的,是与他们在学习中的直观形象思维为主的特点相适应的。如学生最初获得对"1"的概念,是通过他们生活中的1个苹果、1个人、1把小刀、1个书包等具体事物中得出来的"1",他们还很难建立抽象的"1"的概念,随着学习程度的深入,学生对"1"这个概念的理解就逐渐从具体走向抽象。"1"对他们来说,已经不是某个具体的事物,而是形成了一个抽象表示单个的概念"1"。对于低年级的学生来说,数学概念的获得主要是先依靠直观,获得对概念的感性认识,再通过大量的例证逐渐深化,最终通过定义等方式形成概念的过程。

2. 概念的学习是一个从"概念形成"为主到以"概念同化"为主的逐渐过渡过程

概念形成与概念同化是两种基本的概念获得方式。概念形成是指同类事物的关键属性可以由学生从大量的同类事物的不同例证中独立发现。例如,学生最初学习长方形、正方形、三角形、圆等概念时,都是通过观察、辨别一类事物的具体例证方式,从学生熟悉的肯定例证中抽象、概括出来的。这就是概念的形成。当然,这时候学生形成的概念更多的是直观的,还缺乏准确的定义。所谓概念同化是指学生在学习中利用已有的知识、经验,以定义的方式直接揭示概念的本质属性。例如,在学习直角三角形的概念时,学生可以先利用原有认知结构中的有关概念,包括三角形、角、直角等,然后突出直角三角形"有一个角是直角"的本质属性,把新概念从原有的三角形概念中分化出来,从而形成定义:有一个角是直角的三角形是直角三角形。

学生概念的学习是一个从"概念形成"为主到以"概念同化"为主的逐渐过渡过程。通常,由于数学学习是掌握前人已经发现的数学知识,把前人的数学活动经验转变成自己的经验,使其成为自己解决问题的工具的过程,因此概念同化是学生获得数学概念的最基本的方式。但是,由于学生的认知结构处于发展过程之中,他们的数学认知结构比较简单、数学知识比较贫乏且具体,在学习新的数学知识时,作为"固着点"的已有知识往往很少或者不具备,这时他们就只能采取概念形成的方式来学习。另一方面,随着年龄的增长,知识经验的不断丰富,学生所掌握的概念系统也从具体到抽象、从简单到复杂、从未分化到分化、从分散到统一地连续不断地获得发展。相应地,学生获得概念的方式也在发生变化。年龄越小,认知结构越简单具体,概念形成的方式就用得越多。随着年龄的增加,学生的认知水平在提高,他们的认知结构中的知识越来越丰富,所掌握的概念也越来越成系统。相应的,概念同化逐渐成为他们获得概念的主要形式。随着学生认知水平的逐步提高,学生概念的学习方式将逐渐完成从"概念形成"为主到以"概念同化"为主的转变,当然这种转变是渐进的,是与学生的认知水平发展相适应的。

3. 概念的学习是一个学生逐渐形成概念体系的过程

学生概念的学习是由具体到抽象,由个别到系统的过程。在这个长期的数学概念学习中,学生通过概念积累逐渐建立了概念体系,从而使得概念的理解和掌握更加容易,学生对概念慢慢形成了系统的认知结构。这种系统化、结构化的数学知识有利于学生知识的巩固和进行下一步更深层次知识的学习。

例如,随着学生对三角形学习的加深,逐渐构成了三角形的相关概念体系:三角形、直角三角形、锐角三角形、钝角三角形、等边三角形、等腰三角形、等腰直角三角形、不等边三角形等。同样,随着学生对四边形学习的加深,逐渐形成了四边形的概念体系:四边形、平行四边形、菱形、正方形、梯形、等腰梯形、直角梯形等。

数学概念是聋校数学学习的基本要素。在聋校数学学习中,除了数学概念是聋生知识学习的主要内容之外,建立在数学概念基础上的数学规则同样是聋生数学知识学习的核心内容。

二、聋生数学规则学习过程的分析

(一)数学规则

数学规则是由概念组成的,它反映了概念与概念之间的联系。它是指两个或两个以上数学概念之间固有关系的叙述,通过已经过严格论证的数学命题形式出现。规则常与原理、原则相联系,构成了聋校数学学习中的重要内容。在聋校数学学习中,存在着大量有关数的四则计算法则、运算定律与性质、计算公式等内容,这些内容既是数量关系和空间形式及其计算规律的概括与总结,又是有关计算过程具体实施细则的具体规定。这里把这些内容统称为数学规则。由于数学规则反映的是几个数学概念之间的关系,因此它们的学习层次和复杂程度都高于概念学习。

(二)聋生数学规则学习的内容

聋校数学规则学习的内容中,主要是关于运算规则的学习。数学运算规则的学习按不同的标准有不同的划分方式。按规则的水平分,主要有一级运算规则(加减运算)的学习和二级运算规则(乘除运算)的学习,还有非常简单的三级运算规则(主要是二次或三次乘方运算)的学习;按涉及的对象看,主要是整数和小数的四则运算规则的学习和简单的乘方运算规则的学习,也包含简单的分数四则运算规则的学习;从运算的形式看,主要有口算、笔算和估算(有时也包括珠算)等的学习;从学习目标看,主要有运算的规则理解与掌握,以及运算技能和运算策略的初步形成。

从逻辑层面看,聋校数学运算规则学习包括以下三方面。

(1)运算法则:运算法则是关于方法和程序的规定,运算法则的理论依据称之为算理。

(2)运算性质:运算性质反映运算的规律性,根据其所起作用可分为三类,包括改变运算的数的位置、改变运算顺序、改变运算的数引起的运算结果的变化。

(3) 运算方法:运算方法是指利用四则运算求某种量,或者两种量换算的具体方法,通常被称之为常规方法。

(三) 聋生数学规则学习的基本形式

数学规则学习和掌握的关键是数学概念之间关系的理解,而数学概念之间关系的理解又依赖于新规则与原有认知结构中有关知识的联系。由于新规则和原有认知结构中的关系可以分为下位关系、上位关系和并列关系三种,因此数学规则的学习也可以分为以下三种基本形式。[①]

1. 下位学习

如果原有认知结构中有在概括层次上高于所学新规则的知识,那么新规则和原有认知结构中的有关知识就构成下位关系,利用这种关系获得数学规则的学习形式叫作下位学习。在下位学习中,新规则揭示的概念与概念之间的关系是从原有认知结构里概括层次较高的知识中分化出来的,新规则可以直接和原有认知结构中的有关数学知识发生联系,并直接纳入原有认知结构使其变得更加充实。很明显,在下位学习中新规则同原有认知结构相互作用的方式是同化,其学习过程主要是通过分化使有关数学认知结构充实、完善,并形成新的数学认知结构的过程。

根据所学数学规则与原有认知结构中有关数学知识之间的关系,又可以将下位学习具体划分为派生类属学习和相关类属学习两种不同形式。前者是指将要学习的新规则整合到原有认知结构的有关内容中去,新规则对原有知识只起支持或证实的作用,新规则通过新旧内容的相互作用而获得意义,原有认知结构不发生质的变化。如学生学习正方体的体积计算方法,由于他们在之前长方体的体积计算方法学习中已经知道了长方体的体积等于长乘宽乘高,并且掌握了其计算公式 $V=abh$,所以学习时就可以将它作为前面已有计算方法的一种特例,通过派生类属学习的形式加以掌握。相关类属学习是指将要学习的新规则整合到原有认知结构中的有关内容中去,新旧内容整合的结果不但使新规则获得意义,并且原有认知结构被扩充或修改,使原有认知结构发生变化。如梯形面积计算公式虽然不能直接由平行四边形面积计算公式派生出来,但是它可以通过割补拼合转化成平行四边形,从而得出其面积计算公式 $S=(a+b)h÷2$。很明显,梯形面积计算

---

① 李光树.小学数学教学论[M].北京:人民教育出版社,2003:158-160.

方法就可以通过相关类属学习的形式去掌握。

2. 上位学习

通过对原有认知结构中有关内容的归纳和综合,概括成新的数学规则的学习形式叫作上位学习。如根据分数乘整数的计算法则、分数乘分数的计算法则,概括出分数的计算法则的学习过程,就属于上位学习。上位学习所采用的思维方法主要是概括与综合,由于它主要通过归纳和综合原有认知结构中的有关内容而建立新的认知结构,因此上位学习必须具备两个基本条件:一是所学习的数学规则在概括层次上一定要高于原有认知结构中的已有知识;二是原有认知结构中一定要有可供归纳和概括的内容,即头脑里必须具有比新的数学规则层次低的相关内容。如要概括加法交换律 $a+b=b+a$ 时,学生头脑里必须有 $3+5=5+3, 25+75=75+25, 500+400=400+500, \cdots$ 可供概括的内容。

上位学习在数学学习中有着非常广泛的运用,概括运算定律和运算性质、总结运算法则、建立概括层次较高的计算公式通常都要采用上位学习。由于数学教材内容在安排上反映为一种连续扩充和深化的过程,因此某些知识体系要通过多次的上位学习过程才能获得。如整数乘法的计算方法,乘数是一位数的乘法法则是表内乘法的扩充,乘数是两位数的乘法法则是乘数是一位数乘法法则的扩充。

从学习的认知方式来看,上位学习依靠的是顺应,它要通过改造原有认知结构才能获得新规则的意义,因此一般来讲,上位学习比下位学习困难。

3. 并列学习

利用所学数学规则与原有认知结构中有关知识的并列关系,通过类比而掌握数学规则的学习过程叫作并列学习。并列学习所采用的思维方法主要是类比,其关键在于寻找新规则与原有认知结构中有关法则、规律、性质的联系,在分析这种联系的基础上通过类比实现对新规则的理解和掌握。并列学习在数学学习中也有十分广泛的应用,许多数学规则都要通过这种学习方式去掌握,如学习分数的基本性质和比的基本性质,学生可以利用它们和除法商不变性质的联系,通过类比去掌握。

我们说上位学习、下位学习和并列学习是三种不同的学习形式,这主要是为了讨论的方便,事实上它们之间并不是彼此孤立的,三者之间有着密切的联系,常常体现于同一数学规则的学习中,只是某些数学规则学习以下位学习为主,某些数学规则以上位学习或并列学习为主罢了。另外,在数学学习过程中常是先上位学习后下位学习,如运算法则一般都是先用上位学习从具体计算过程中概括出法则,然后通过下位学习将法则运用于具体计算。

在实际学习中,要注意根据具体情况灵活运用几种学习形式,从而促进数学规则的更好掌握。

(四)影响聋生数学规则学习的因素

聋生数学规则的学习是在数学概念学习基础上的提升,是对两个或两个以上概念关系的建构。因而,聋生规则的学习是一个比概念学习更具难度和挑战性的知识学习。规则的学习容易受到很多因素的影响,其中聋生的认知能力与个体经验将对学生规则的学习产生深远的影响。

1. 认知能力因素

聋生的认知能力对数学规则的学习影响很大。聋生在认知方面最突出的特征就是由于听觉功能的缺失,导致认知过于依赖视觉,"以目代耳"是聋生感知觉的突出特点。由于很难得到声音刺激,他们的感知活动范围较狭窄,缺乏完整性。听力障碍学生由于在感知活动中缺乏听觉和语言的参与,因而综合概括能力明显落后于正常学生。[①] 这个特点对于聋生数学规则的学习具有重要意义。数学规则的学习是建立在概念学习基础上的,它需要学生在掌握一个个概念的前提下对规则进行抽象和概括,并能应用于解题实践。而聋生的概括能力要相对弱一些,这会严重影响到他们对规则的掌握和理解,从而很容易使聋生在心中认为概念是单个具有意义的,很难在需要的情况下对概念进行组合,形成复杂的数学规则。

例如,表 3-1 是一列假日旅游列车的运行时刻表。

表 3-1 列车时刻表

行驶方向	站名	到达时间	出发时间
↓	北京		6:00
	济南	10:50	11:00
	徐州	14:00	14:05
	南京	18:00	18:10
	上海	21:00	

(1)从北京到济南火车站运行多长时间?
(2)在济南火车站火车停靠多长时间?
(3)从北京到南京比从济南到上海所用的时间多还是少?

---

① 王志毅.听力障碍学生的心理与教育[M].天津:天津教育出版社,2007:14.

(4) 从这张火车的运行时刻表上,你还能知道什么?

聋生在这种类型的运算上,会比较容易得出(1)和(2)的答案,因为(1)和(2)都是建立在简单的减法概念上的运算。而(3)则是较复杂的规则运算,它需要学生进行两步以上的运算,除了要算出两个时间差之外,还要进行比较。这对于学生的综合概括能力提出了挑战,特别是(4)在综合运算的基础上对学生的发散思维提出更高的要求。聋生往往对于(3)和(4)类型的题目会感到无所适从。这是因为在他们的认知结构里,虽然加法、减法、比较等概念已经形成,但对于各种计算法则的综合运用还缺乏良好的概括能力,特别是缺乏发散思维能力,这些特点深刻地影响着他们对规则特别是复杂运算规则的学习。

2. 个体经验因素

学生已有的经验和知识结构对学生规则的学习也具有重要影响。聋生原有的知识经验越丰富,他们就越能形成准确的概念,对规则的学习也会较容易。反之,如果学生的认知经验较为缺乏,不仅会深刻影响到学生概念的建立,更会进一步影响到学生规则的学习。另外,学生对运算意义的理解有时不是完全从概念的建立为起点,而可能是建立在以生活情境为基础的实践活动上的。例如学生看到1+2的运算题目时,他能够说出1+2=3,但他未必理解加法运算的意义,他对1+2=3的认识可能首先是从他自己的实践活动中获得的。比如先给他1块糖果,再给他2块糖果,学生得到了3块糖果;在玩游戏时,他先数自己的1个手指,再数另外2个手指,得出3个手指的结论。通过这些活动,学生获得了1+2=3的结论。这种丰富的实践活动提高了学生的感性认识,对于他们再进行加法规则的学习会很有帮助,学生很容易实现从已有知识结构向新知识结构的过渡和转移。这意味着在聋生数学规则学习中,要尽可能地提高学生的生活体验,创设各种情境让学生体验规则的使用过程,从而获得数学规则的意义。

第三节 聋生数学技能学习过程的分析

一、数学技能及其分类

(一) 数学技能

数学技能是顺利完成某种数学任务的操作性活动方式或心智活动方式。它通常表现为完成某一数学任务时所必需的一系列动作的协调和活动方式的自动化。这种协调的动作和自动化的活动方式是在已有数学知识经验基础上经过反复练习而形成的。如一位数的乘法计算技能,就是在掌握其运算法则的基础上通过多次的实际计算而形成的。

数学技能、知识和能力既有密切联系,又有本质区别。它们的区别主要表现为:技能是对动作和动作方式的概括,它反映的是动作本身和活动方式的熟练程度;知识是对经验的概括,它反映的是人们对事物和事物之间相互联系的规律性的认识;能力是对保证活动顺利完成的某些稳定的心理特征的概括,它所体现的是学习者在数学学习活动中反映出来的个体特征。三者之间的联系,可以比较清楚地从数学技能的作用中反映出来。数学技能在数学学习中的作用可概括为以下几个方面:① 数学技能的形成有助于数学知识的理解和掌握;② 数学技能的形成可以进一步巩固数学知识;③ 数学技能的形成有助于数学问题的解决;④ 数学技能的形成可以促进数学能力的发展。

(二) 数学技能的分类

根据技能本身的性质和特点,数学技能可以分为操作技能(动作技能)和心智技能两种类型。

1. 数学操作技能

数学操作技能是指顺利完成某种数学任务的一种操作活动方式,它是通过有目的、有计划的练习而形成的。如作图技能、测量技能、使用计算工具(算盘、计算器、计算机等)的技能。数学操作技能具有活动方式的外显性(一般可观察,其精确性、速度、连贯性等可测量),动作结构的非简约性(动作技能的每个动作都要实施,不能简约或合并)等特点。

2. 数学心智技能

数学心智技能是指顺利完成某种数学任务的心智活动方式,它是一种借助于内部语言进行的认知活动。如口算技能、笔算技能、解方程技能、式的恒等变形技能、推理论证技能等。数学心智技能具有活动方式的内隐性(其动作的执行是在头脑内部完成的,很难从外部观察到)、动作结构的简约性(其动作成分是可以合并、省略和简化)等特点。

二、数学心智技能学习过程的分析

聋校数学学习中最主要的是内部心智技能的学习。内部心智活动属于头脑中进行的数学认知活动,它不像外部操作技能那样呈现可见的外部实际动作,所以对它难以根据动作单元做局部的分割。心智活动是一个从外部的物质活动到内部心智活动的转化过程,即内化的过程。据此,可把数学心智技能学习的过程分为四个阶段。

1. 认知阶段

在此阶段,学生要了解并记住与技能有关的知识及事项,了解活动的过程和结果,形成关于活动本身与活动结果的表象。实际上本阶段是知识法则的学习。例如学习 9 加几的运算技能,可以先让学生学习"9+2=",通过直观操作,直观探索计算结果与方法;交流操作过程;根据操作过程理解算理,得出计算方法(如将 2 分为 1 与 1,9+1=10,10+1=11)。学好这些知识,便为掌握 9 加几的运算技能准备了必要的前提条件。

2. 示范模仿阶段

在此阶段,教师进行教学活动的示范,在言语指导的同时,呈现数学活动的过程,学生根据教师的示范模仿着进行这项数学活动,以获得有关的经验。例如在学习 9 加几运算的过程中,教师通过题目"9+3="进行示范或指导:第一步将 3 分为 1 与 2;第二步计算 9+1=10;第三步计算 10+2=11。在这一阶段中,是教师示范还是让学生自主尝试,要根据学习内容的难度与学生的能力来确定。

3. 有意识的言语阶段

在此阶段中,学生离开教师的言语指导和示范,通过自己的言语指导来完成教学活动,或者说是由第二阶段的具体模式的模仿转入言语模仿。例如在算出"9+3=12"后,让学生说说计算步骤:第一步将 3 分为 1 与 2;第二步计算 9+1=10;第三步计算 10+2=12。如果是新题目,也可以边说边做。本阶段的特点是智力活动向言语方面转化,这不仅意味着用言语来表达活动,还意味着在言语中完成智力活动。从此转入心智活动形式。

4. 无意识的内部言语阶段

在此阶段中,心智活动简缩化、自动化,刺激与反应几乎同时发生,似乎不需要意识的参与便能顺利进行心智活动。在这一阶段,学生对于心智技能所涉及的数学活动达到非常熟练的程度。例如"9+4="计算的三个步骤中,可略去第二步,只需将 4 分为 1 与 3,即能立即写出"9+4=13"。

三、数学操作技能学习过程的分析

数学技能的形成过程就是将一连串外部操作方式或内部心智活动方式,经过反复练习而达到熟练的、自动化的反应过程。技能的形成是有阶段性的,外部操作技能和内部心智技能的形成过程有它们的共同点,也有它们各自的特点。外部操作技能的形成,可分为四个阶段。

1. 动作的定向阶段

在此阶段中,学生要了解与数学技能有关的知识,了解做什么和怎么做,了解操作的程序。在教学过程中,动作的定向往往是通过教师对活动方式的示范、讲解和学生的观察及思考来完成的。例如,教学用圆规按给定的半径画圆,教师可以先示范画一个圆,让学生直接感知而形成动作表象,再讲解,让学生在头脑中建立有关画圆的基本概念,知道画圆要领。

2. 动作的(分解)模仿阶段

在这一阶段中,教师先把整套动作分解成若干个局部的动作,指导学生逐个模仿学习,模仿是掌握外部操作技能的基本途径,是通过肌体运动尝试执行符合要领的动作,是把有关动作的认知表征转化为实际动作表征。例如,用圆规按给定的半径画圆可把操作程序分解成三个局部动作:① 根据半径确定圆规两脚距离;② 将圆规的一脚固定在圆心的位置;③ 将另一脚放在纸上,绕圆心一周。通过三个动作的依次练习,即可掌握画圆的要领。

3. 动作的整合阶段

即掌握整体动作的阶段。这一阶段是在掌握局部动作的基础上,再将整套动作按一定的顺序联系起来,通过练习、协调各局部动作,使之形成连锁,成为一个整体。

4. 动作的熟练阶段

即动作协调和完善的阶段。动作的熟练也就是动作的自动化,是通过多次练习获得的,它标志着外部操作技能已经达到了高级程度。外部操作技能达到自动化时,动作敏捷,具有高度的准确性、稳定性和灵活性,动作协调一致,各动作之间形成稳定的顺序性,视觉监督的作用大大下降,动觉的控制作用增强了,学生的注意力可以分配到其他活动中去。

【思考题】

1. 聋生的数学学习有哪些特点?
2. 举例说明概念形成的一般过程。
3. 用概念形成方式教学概念时,教师必须注意什么?
4. 举例说明数学概念同化的一般过程。
5. 举例说明数学心智技能的学习过程。
6. 聋生的数学概念的学习过程具有哪些特点?

【参考文献】

[1] 金成梁. 小学数学课程与教学论[M]. 南京:南京大学出版社,2013.
[2] 王志毅. 听力障碍儿童的心理与教育[M]. 天津:天津教育出版社,2007.

第四章　聋校数学教学目标

【内容提要】 教学目标是教学设计的依据,它不仅影响着教学方法的选择和教学活动的安排,而且制约着教学过程和教学评价。只有明确教学目标,才能有的放矢。本章分析了数学教学目标的概念,介绍了制定教学目标的技术,阐述了制定教学目标的要求,提出了制定教学目标的策略。

数学课堂教学设计是课堂教学实施前必需的准备工作,而教学目标设计又是其中的关键部分,它关系到课堂教学模式的选择、教学方法和教学手段与环境的合理组合和运用、对教学结果的评价,也关系到数学课程目标的实现和基础教育培养目标的落实,因此制定明确的教学目标,是课堂教学设计的中心任务。

第一节　教学目标概述

一、教学目标与教学目的

(一) 教学目标的含义

什么是教学目标?如何进行概念界定?其实质是什么?这是教学目标设计者首先必须明确的问题。一种观点认为教学目标是教学设计者希望通过数学教学活动达到的理想状态,是数学教学活动的结果,更是数学教学设计的起点。也有人认为教学目标是人们对教学结果的一种预先规定。这些定义在叙述上虽然略有不同,但是本质是一样的,都具有以下内涵:① 目标是指最终的结果,而不是指发展变化的过程和学生体验的过程;② 目标具有一定的阶段性,是指在一定时间内发生的变化结果;③ 教学设计者(通常是指教师)不是目标的对象,目标的对象是指学生。

这样来认识教学目标,是人们容易想到和接受的,很多数学教育书籍中就是这样表述的,但是随着课程改革的不断深入,它却引起了人们的质疑和争论。争论的焦点主要集中在两点:第一,目标的主体是谁?是教师?是学生?还是师生的共同体?上述概念的界定并没有正面回答。正因为如此,关于目标的主体是谁的问题仍没有取得一致的看法,学术界对此仍然有争论。第二,过程为什么不是目标?《基础教育课程改革纲要(试行)》(后简称

《纲要》)和《义务教育数学课程标准》(后简称《标准》)都明确了过程的定位：过程本身就是目标。可见，关于教学目标的本质及定义仍需进一步研究。

有学者把目标看成和规定为"预期的学习过程及其结果"，[①]把教学目标界定为在教师的主导下，对教学后学生学习过程及结果的预期。这是一种全新的表述，它一方面明确了目标的主体是学生，另一方面态度鲜明地指出：过程是目标。因此，笔者认为，这样界定教学目标，不仅与当前的教育课程改革相关概念相一致，而且把握了教学目标的本质，是对教学设计理论的发展和完善。对聋校课堂教学目标设计具有决定性的作用。

值得一提的是，这样界定的教学目标不是学生的学习目标，只有被学生接受或内化，才能转化为学生的学习目标。

(二)教学目标与教学目的

关于教学目标和教学目的两个概念在聋校目标设计中是混合使用，不加区分的。例如，聋校数学教学参考书的教案中一律使用的都是教学目的，而在各级特殊教育杂志上发表的相关文章中使用的大多又是教学目标。为了避免认识和使用上的混乱，需要对它们的内涵与外延加以界定和区分。目前的研究表明，教学目的和教学目标是一般和特殊的关系，同时前者具有稳定性，后者具有灵活性。首先，教学目的是教学领域里为实现教育目的而提出的一种概括性的、总体的要求，它对各级各类学校所有的教学活动都具有普遍的指导意义。而教学目标只是对特定的教学活动起指导作用。其次，教学目的体现了社会的意志和客观要求，是以指令性的形式表现出来的，更多地带有强制性。而教学目标则较多地体现了教学活动主体的要求，带有相当程度的自主性和自由度。从这个意义上说，教学目的是某一历史时期学校教学的规范，不容许随意变更；而教学目标则是一种策略，可以由教师根据需要加以调整、变更，具有较大的灵活性。

可见，教学目的和目标是两个不同的概念，目的概念内涵具有更强的终极性、原则性、抽象性和概括性以及更远大的理念性；而目标的内涵具有更强的阶段性、具体性、可操作性以及较大的近期理念性。目的的外延应大于目标的外延。因此，教师在进行课堂教学设计时，应该使用教学目标这一概念。

---

① 黄甫全.普通高中新课程培养目标变革的文献分析[J].课程·教材·教法，2004(10)：4.

二、教学目标的主要功能

(一) 导向功能

教学活动要经历什么样的过程,要达到什么结果,都要受教学目标指引和制约。射击要有靶标,行车要有方向,教学目标正是教学实践活动的方向标,它在教学过程中起着指示方向、引导轨迹、规定结果的重要作用。可以说,整个教学过程都受教学目标指引和支配,整个教学过程也是为了教学目标而展开。教学目标导向功能的发挥可以引导教师科学地备课,如选择合理的教学方法和教学手段;引导师生在教学活动中把主要精力集中到与目标相关的事情上,排除无关因素的干扰,从而提高教学的效率。

(二) 发展功能

聋校数学教学过程是一个有目的、有计划的育人的过程,在这一过程中,学生的数学知识、数学技能、数学思想与方法、数学能力、情感和态度等方面都会得到发展,而学生在这些方面的发展正是实现教学目标、完成教学任务的具体体现。从这一角度来看,教学目标又具有发展功能。聋校学生的发展是聋校教学目标实施的结果,重视知识技能而忽视情感态度范畴的目标,只能促进学生片面的发展;强调数学知识、数学技能、数学思想与方法、数学能力、情感和态度等方面有机整合的目标,能促进学生全面协调的发展。

(三) 激励功能

目标作为观念形态的价值意识反映了人的需要,当需要带有清晰而明确的目标和目的意识,并延伸到人的行为领域同行为相联系的时候,则形成动机。在聋校数学教学中,当学生知道教学目标以后,如果目标符合他们的需要,并且让他们认识到通过努力达到目标是有价值的,这样就可以引起学习的动机,激发学习兴趣和学习动力。可见,只有学生理解并认同教学目标,教学目标才能转化为学生的学习目标,才能极大限度地发挥激励功能。

(四) 评价功能

教学目标是对教学后学生学习过程及结果的预期,它体现的是国家和社会关于聋校数学学科教学的质量标准,这种标准全面规定了通过数学教学聋生在知识技能掌握、能力发展、情感和态度养成等方面应该达到的水准,它是教学活动的根本出发点和最终归宿。因此,教学目标达成状况是对教学活动进行评价的主要依据。聋校数学教学目标的评价功能主要体现在两个方面：一方面根据教学目标编制测试材料，为人们对教学过程和教学终点进行形成性评价和终结性评价提供科学的、客观的评价标准；另一方面，依据教学目标的对测试结果进行分析、判断，可以全面掌握教学活动的实施状态（教师教的状态、学生学的状态，以及教学方法和教学资源的利用状态等）。通过对这些状态形成原因的诊断，可以获得对教学活动具有重要指导意义的经验和教训，明确教学目标达成的状况以及今后努力的方向。

第二节 编制教学目标的技术

一、制定教学目标的要求

（一）系统性

数学教学目标本身也是一个系统，其教学目标体系可分为：数学课程总目标、学段课程目标、学期教学目标、单元教学目标、课时教学目标五个相互联系的层次。数学课程的总目标是国家义务教育阶段培养目标在数学学科课程中的具体体现，它反映了数学课程对未来公民在与数学相关的基本素养方面的要求，也反映了数学课程对学生可持续发展的价值；学段课程目标是依据不同学段的学生认知发展水平和学习内容制定的，它是总目标的分解，同总目标相比更加明确具体；依此类推，学期教学目标是学段课程目标的分解，单元教学目标是学期教学目标的分解，课时教学目标是单元教学目标的分解。不难看出，这五级目标之间首先是一种包含关系，即一个上一级目标包含了若干个下一层次的目标；其次又是一种递进关系，即通过若干个低层次目标的贯彻实施可以实现一个更高层次的目标。因此在制定课时教学目标时，教师要树立整体意识，结合具体教学内容深入分析上一级目标在本级教学目标中的分解，让不同层次的目标在有序的系统中形成合力，推进数学课程总目标的实现。

同级教学目标各条内容之间的设计也要相互谐调和相互配合，要注重知识技能、数学思考、问题解决、情感态度四个方面有机整合。

（二）全面性

教学目标的全面性应包含三层含义：一是教学目标要面向全体学生。每一个学生通过数学学科的学习，都能在原有的水平和基础上得到发展，获得提高。二是教学目标要有利于促进学生的全面发展。课堂教学目标不仅要重视学生知识技能的构建,更要关注学生的情感体验、能力提高、方法的掌握,使知识技能、数学思考、问题解决、情感态度四位一体的课程目标得到具体的体现。三是教学目标要涉及课程目标的四个维度的各个方面。

(三)具体性

课时教学目标是指用书面语言明确指出课堂教学学生具体的学习过程与结果,即对学生确定的学习行为作出具体说明。它是课程目标、学期教学目标、单元教学目标的进一步具体化,是指导、实施、评价教学的基本依据。这就要求课时教学目标在内容的表述上不仅要落实到具体的知识点,而且对知识、技能、方法的掌握和情感、态度、能力、过程发展的水平层次要作出明确而具体的规定。传统课时教学目标的陈述往往采用诸如"了解""知道""理解""掌握"等一些表示内部心理过程的动词,难以观察和测量,具有一定的抽象性和模糊性,很难对教师的课堂教学起具体的指导作用。因此,陈述教学目标时应尽量采用可操作、可观察和可测量的行为动词。如"能用数轴上的点表示有理数""会求数据的平均数,并解释结果的实际意义"等,使教学目标不仅具体、明确,也易于观察和测量,对教师的教与学生的学习都能够起到有效的指向作用。

(四)准确性

教师必须根据课程标准、教学内容的要求和学生的实际情况,准确地制定教学目标。目标的难度要接近学生认知结构的"最近发展区"。目标太高,学生经过努力而达不到,会使学生产生畏学心理,丧失信心;目标过低,学生的学习毫无压力,目标对学生的发展起不到激励作用。因此在制定目标时,教师要对学生的群体学习水平有一个科学的分析。

(五)灵活性

这里说的灵活性有两层意义:一是根据不同情况,设置具有弹性的教学目标。同一年龄不同班级的学生,其认知能力和原来的知识水平是不一样的;同一班级不同的学生,其思维习惯和认知水平也是有差异的。因此,在制定课堂教学目标时,既要兼顾全班学生,也要考虑到学生的个体差异,对不同层次的学生制定不同水平的教学目标,使"不同的人在数学上得到不同的发展"。二是根据具体情况,适时地调整教学目标。教学是有目的、有计划、有组织的师生交往活动,它的运行需要一定的程序,预设目标是课堂教学的基本要求;同时教学又是由教师、学生、教材和情境组成的动态系统,是充满变化的、富有个性的情景化场所,是师生在真实具体的教学情境中通过双方和多方的互动,主动创造和生成的过程。所以在具体的教学过程中,教师不能机械地、一成不变地执行教学目标,而应根据即时的教学内容、教学策略、教学情境、学生实际等调整教学目标,发挥教学机智,捕捉动态生成的教学资源,生成新的教学目标,使预设的目标和生成的目标相结合。

二、制定教学目标的动词

为了更好地体现《标准》对学生在知识技能、数学思考、问题解决以及情感态度等方面的要求,《标准》使用了"了解(认识)、理解、掌握、运用"等刻画知识技能的目标动词,使用了"经历(感受)、体验(体会)、探索"等刻画数学活动水平的过程性目标动词,这对教师制定教学目标具有导向与指导作用。

(一)刻画知识技能的目标动词

1. 了解(认识)

了解(认识)这一层次的目标是指能从具体事例中,知道或能举例说明对象的有关特征(或意义);能根据对象的特征,从具体情境中辨认出来这一对象。刻画这一层次的目标动词有:认识、了解、知道、认出、描述、回忆、复述、列举、记住、举例说明等。

2. 理解

理解这一层次的目标是指能描述对象的特征和由来;能明确地阐述此对象与有关对象之间的区别和联系。刻画这一层次的目标动词有:理解、解释、区分、区别、分辨、判断、弄清、表示、找出、把握、比较、读懂、归纳等。

3. 掌握

掌握这一层次的目标是指在理解的基础上,把对象运用到新的情境中。刻画这一层次的目标动词有:掌握、解决、运用、使用、解答、发现、预测、估计、检验等。

4. 运用

运用这一层次的目标是指能综合运用知识,灵活、合理地选择与运用有关的方法完成特定的数学任务。刻画这一层次的目标动词有:灵活运用、设计、创造、筹划、编写、编制、推测、提出等。

(二)刻画过程性目标的动词

1. 经历(感受)

经历(感受)这一层次的目标是指在特定的数学活动中,获得一些感性认识。刻画这一层次的目标动词有：经历、感受、参与、寻找、交流、分享、访问、考察等。

2. 体验（体会）

体验（体会）这一层次的目标是指参与特定的数学活动，在具体情境中初步认识对象的特征，获得一些经验。刻画这一层次的目标动词有：体验、体会、领悟等。

3. 探索

探索这一层次的目标是指独立或与他人合作参与特定的数学活动，理解或提出问题，寻求解决问题的思路，发现对象的特征及其与相关对象的区别和联系，获得一定的理性认识。刻画这一层次的目标动词有：探索、探究等。[①]

三、行为目标的 ABCD 表述方法

教学目标的表述是非常重要的，它直接为选择内容和经验提供依据，并为教师组织课程与教学实施，继而进行的课程与教学评价提供基本准则。教学目标表述正确、清晰和通俗易懂，就为教学目标的实现奠定了坚实的基础。下面介绍行为目标的 ABCD 表述方法。

（一）行为目标的 ABCD 表述方法

1. 主体

A(audience)，意指"学习者"，即教学目标的承担者，通俗表达为"谁"，是行为的主体。在新课程标准的理念下的教学目标是反映学生通过一段时间的学习后产生的行为变化的最低表现水准或学习水平，是指学生的学习过程与结果，是学生应该学到什么，学会什么，而不是教师打算做什么。因此目标的陈述必须从学生的角度出发，行为的主体必须是学生，而不是教师。过去许多教师在目标陈述时，常常采用"教给学生……"或"培养学生……"的范式，这种陈述方式描述的是教师的行为，但教师并不是学习行为的执行者，而是教学行为的实施者，因此这样描述教学目标是不妥的。规范的行为目标的开头应该是"学生……"的模式，如"学生能……""学生会……"等。当然，目标的主体可以省略，如"能写出……""能设计……""能解释……""对……作出评价""根据……对……进行分析"等，但要让别人能看出目标的主体是特定的学习者。

---

① 中华人民共和国教育部. 全日制义务教育数学课程标准[M]. 北京：北京师范大学出版社，2012：72-73.

2. 行为

B(behavior)，意为"行为"。要说明通过学习后，学习者表现出的行为和特征，通俗表达为"能够做什么"。行为表述具有可观察、可测量的特点，应使用外显的、明确的行为动词来描述。如写出、列出、认出、辨别、比较、对比、指明、绘制、解决、背诵等。

3. 条件

C(conditions)，意为"条件"。条件是对学习者完成行为时所处的环境、设备、信息、时间、人等因素的限定，通俗表达为"在什么条件下"。对条件的表述通常有四种类型：一是提供设备与辅助手段，如"可以带计算器""在不参考笔记或其他参考资料的情况下"；二是提供信息或提示，如"给出一张中国行政区划图，能标出……""给出10道一位数除两位数的除法题……"；三是时间的限制，如"在10分钟内，能做完……""在一个小时的测验中"；四是完成行为的情景，如"在课堂讨论时，能叙述……要点""通过合作学习小组的讨论，制定……""通过自行设计小实验，体验……"。在实际的目标表述时，有时条件要素可省略。

4. 标准

D(degree)，意为"标准"。指学生对目标所达到的最低表现水准，用以评价学习表现或学习结果所达到的程度，通俗表达为"能做到什么程度"。如"至少写出三种解题方案""百分之九十都对""完整无误"等。标准通常可以采用以下三种方式：① 用完成行为的时间来衡量行为的质量，例如"3分钟内完成""15分钟内"；② 用完成行为的准确性来衡量行为的质量，例如"能准确无误地说出……""指认8个当中的3个""没有错误地""详细地写出"；③ 用完成行为的成功特征来衡量行为的质量，例如"至少达到80分"。与条件要素一样，标准要素也可省略，比如"完全正确"可以省略，因为大多数时候它是约定俗成的。

(二) 例句与分析

1. 运用ABCD法表达的目标例句

(1) 在5分钟内(条件)，学生(主体)要解决(行为)至少10道题中8道分数加法问题(标准)。

(2) 在学完三角形后的测验中(条件)，每个学生(主体)要能(行为)正确解答其中80%的题目(标准)。

(3) 给出10道一位数除两位数的除法题(条件)，学生(主体)能(行为)在5分钟内给出正确答案(标准)。

2. 关于行为目标的 ABCD 表述方法的分析

行为目标是以具体的、可操作的行为的形式陈述的教学目标,是由行为主体、行为动作、行为条件、行为标准四部分构成,它指明了教学过程结束后学生身上所发生的行为变化。行为目标的基本特点是:精确性、具体性、可操作性。当教师将其教学目标以"行为目标"表述的时候,对教学的任务会更加明确,便于有效地控制教学过程。尽管用具体明确的行为方式表述教学目标有这些优点,多数人也乐于采用,但仍然有一些学者对此提出了批评。批评的理由归纳如下:① 教学只重视外显的行为目标,忽视不易测量的内隐的心理目标,如智力、情感、意志、人格、态度等。② 不重视人性化的目标,忽视创造性、想象性的目标。③ 过于重视机械性和琐碎性目标的完成。④ 教学只重视事先预设的目标,忽略了非预期的生成性目标的完成。⑤ 对教育界以外的人士来说,他们并不觉得使用行为目标比使用一般性目标更有价值。

可见,行为目标的表述方法适合于描述可以观察与测量的行为水平,有一些内隐的心理目标,如理解、欣赏、热爱、尊重等,不能直接进行观察和精确测量,用它来表述是十分困难的。究竟如何编制聋校数学教学目标,下面就来探讨制定教学目标的策略。

四、制定教学目标的策略

(一)既要全面,又要突出重点

教育的宗旨是促进学生的发展。聋校数学教学目标要反映全面发展的要求,注重知识技能、数学思考、问题解决、情感态度四个方面有机整合,突出思想启迪、精神感悟、人格塑造等人的发展目标。这就要求进行教学目标设计时,要把知识技能、能力方法、情感态度等目标都考虑到。但是课堂教学时间是有限的,目标设计也不可能将所有目标全部写出,面面俱到。因此,如何设计全面而又简洁的数学课堂教学目标就成为很多人研究的对象。有人认为,设计上位目标如学科目标和单元目标要全面,而课时教学目标只要关注知识和能力目标就可以了;也有人提出数学课堂教学目标"只要描述双基目标就可以了",认为"情感目标其实是附皮之毛",是渗透于其他目标之中的,"无需言传只要意会即可"。这些意见虽然片面偏激,但是有两点意见是可取的。第一,进行课堂教学目标设计应该确定基本目标,突出重点目标;第二,关注知识目标。知识是促进学生发展的载体,知识的学习过程与结果引领着学生发展的方向和程度,"知识技能目标是基础和前提,方法能力目标是工具和武器,情感态度目标是内驱力和政治立场。"因此,双基目标是最基础的目标。在进行数学课堂教学目标设计时,建议首先设计双基目标,再设计其他范畴的目标,在此基础上确定主要目标,形成课堂教学目标。以"简单数据整理"为例,首先设计它的知识技能目标,如知道数据与数据整理的含义,了解统计表与统计图的组成,初步会看简单的统计图表,明确条形图的意义,会填写统计表,能根据条形图回答问题等,其中课堂的主要目标是会看统计表和条形统计图。在此基础上再确定与双基目标相对应的其他范畴的目标,如初步掌握数据的整理方法,养成仔细观察和分析的习惯,体验统计图的简洁明了和条形图的形象直观,感受数学与生活的密切联系,在学习过程中有良好的情感体验,发展信息意识,形成初步的统计意识和能力等,其中基本目标为初步认识数据的整理方法,体验统计表的简洁明了和条形图的形象直观。最后将选定的目标整合在一起,并进行适当的处理就可以得出完整的课堂教学目标。如"初步经历收集、整理数据的过程,会看简单的统计表和条形统计图,初步掌握数据的整理方法,体验统计表的简洁明了和条形图的形象直观。"

这种以知识为载体,以学生全面发展为宗旨,以提高学生素质为主线制定的聋校数学课堂教学目标,前后相呼应,形成了一个整体,在表述上有取有舍,充分体现了目标既要全面,又要突出重点的要求。

(二)过程目标与终结目标相结合

过去,人们一直认为教学目标是教学预期的结果,因此教学目标一般描述的是知识和能力发展的终端结果,没有把学生获得知识和形成数学能力的过程纳入目标内容。在目标描述上基本都采用了"培养学生""掌握……知识"的方式。以"小数点位置移动引起小数大小的变化"为例,过去制定的目标是"使学生理解和掌握小数点位置的移动引起小数大小变化的规律。"这种只关注知识结果,不关注过程的教学目标对数学教学和学生学习没有多大的意义,形同虚设。新一轮数学课程改革认识到这一弊端带来的危害,突出强调学习过程的价值,认识到经历过程不单单是为了获得知识技能方法这些结果,它还会带给学生探索的体验、创新的尝试、实践的机会和发现的能力,这些比具体的结果更重要。但是这并不是说结果不重要,实际上新课程还提出了学习过程与学习结果并重的思想。根据这一思想在进行数学教学目标设计时,既要重视知识技能等结果的描述,更要重视这些结果形成过程的描述,可使用形成、养成、经历、体验、探索等刻画数学活动水平的过程性目标动词。

以"小数点位置移动引起小数大小的变化"的目标设计为例,根据过程目标与终结目标相结合的要求,可以将目标制定为"经历小数点位置移动引起小数大小变化规律的探究过程,理解并掌握规律,体验探究发现的乐趣,形成初步的探究意识和能力。"这样设计的教学目标,使目标从结果走向过程与结果的整合,从单一片面走向多层面立体的整合,由静态走向动态与静态的整合,不仅体现了过程目标与终结目标相结合的要求,而且赋予了教学目标以"生命"的活力和意义。

(三) 心理描述与行为描述相结合

教学目标既是教师在教学中调控教学和评价的依据,也是学生学习的标准,这就要求教学目标必须具体、准确,目标的描述一般也要采用行为描述,并使用能够观察与测量的行为动词,如写出、说出、指出、比较等。但是在研制目标的过程中,人们发现目标的行为描述并非十全十美,它存在以下不足:① 有些范畴(如情感、态度、审美、人格)的目标,用外显行为动词表述是很困难的;② 行为目标也很难准确地反映隐性目标。如"掌握分数的意义""体验数学学习的乐趣"等目标,改为行为描述不是一两句话能表述清楚的。因此,人们又开始关注目标的心理描述。心理描述通常使用一些能愿感官动词,如愿意、乐于、欣赏、了解等,它的优点是概括性和完备性较强,在一定程度上起着把握教与学总方向的作用;它的不足也很明显,即具体性和可操作性较差。为了使目标的完备性与可操作性都得以体现,在聋校数学课堂教学目标的描述上,应采用心理描述和行为描述相结合的思路。

关于目标的描述技术,近二十年来我国学者在借鉴布卢姆、克拉斯霍等外国专家的先进经验的基础上,做了较为深入的研究,形成了很多成果(如行为目标的 ABCD 表示法),这里就不再赘述。但有两点应该注意:第一,目标的主体是学生而不是教师。要改变采用"使学生""培养学生"等目标陈述模式,采用"学生能""学生具有"等表述方法,清楚地表明学生是目标实施的行为主体;当行为主体省略不写出时,从上下文要能看出行为主体是学生。第二,描述目标时使用的行为动词要准确。例如,《标准》将知识技能目标划分为"了解、理解、掌握、灵活运用"四个等级层次,在设计课堂教学目标时,要正确领会各层次目标的意义和要求,设计偏高或偏低层次的目标都会影响教与学效果。

(四) 多维分析与综合设计相结合

所谓多维分析就是依据义务教育阶段数学课程目标和目标分类理论的要求,从多个维度(如知识技能、过程方法、能力、情感态度)来分析课堂教学目标。所谓综合设计是指对教学目标的不同层面(如课程目标、单元目标、课时目标）和学生发展状况的不同层次进行通盘思考，并对不同维度的教学目标进行整合。多维分析与综合设计是制定教学目标两个很重要的方面，缺一不可。多维分析保证了教学目标多元性与均衡性，综合设计保证了目标的准确性与全面性，保证了不同层面的教学目标与不同维度的教学目标前后连贯、动态整合、形成合力。因此，聋校数学课堂教学目标设计既要进行多维分析，又要进行综合设计。

依据多维分析与综合设计相结合的思路进行课堂教学目标设计简便易行，教师只要做到"从宏观上把握，从微观上分析"的要领即可。例如，制定"长方体的认识"的教学目标，教师首先要从宏观上了解它所属的内容（图形与几何），知道上位目标（单元目标或课标中具体目标），了解学生的特点等；然后从微观上分析：从知识技能维度上分析，它的主要目标是掌握长方体的特征，从过程方法能力维度上分析，主要目标是经历探究规律的过程，形成初步空间观念和操作能力，从情感态度维度上分析，主要目标是获得探究经验和成功体验；在此基础上再进行综合，就可以得出教学目标："经历长方体特征的探究过程，掌握长方体的特征，获得数学探究的经验和成功体验，形成初步的空间观念和操作实践能力。"这种从整体—部分—整体的设计思想，符合人的认识规律。设计出的教学目标，维度全面，叙述简洁，前后连贯，有效解决了目标片面冗长、前后脱节等问题。

第三节　制定教学目标的案例与分析

案例："三角形面积"教学目标

（1）引导学生探索三角形面积计算的方法，准确理解三角形的面积计算公式。

（2）通过多媒体教学与实践活动，让学生能够运用所学知识解决基本的相关问题。

（3）让学生在探索学习的过程中，增强实践能力、探索意识、合作精神。

上面的案例，无论从目标设计理念上还是从设计技巧上看都是不错的。但对照教学目标的要求，它也存在一些问题。现将这些问题先呈现出来，进行仔细分析，再提出修改建议。

问题1：目标主体不准确。

分析：教学目标是在教师的主导下，对教学活动结束后学生学习过程与结果的预期。因此学生是目标实施的行为主体，在描写目标时，要写出学生的学习行为而不应是教师的教学行为。过去人们在表述目标时，经常采用

"培养学生""使学生""教给学生"等形式,主要描述的是教师的教学程序或活动安排,行为的主体是教师,这是不准确的。目前学术界的研究普遍认为,目标表述应采用"能认出""学生具有""学生能"等形式,要清楚地表明达成目标的行为主体是学生。

而案例中使用了"引导学生""让学生"等表述形式,虽然没有写明谁是行为主体,但隐含的行为主体是教师而不是学生,显然是不准确的。

建议:将"引导学生""让学生"删除就可以了。

问题2:目标表述不够简洁明了。

分析:所谓简洁是指目标表述上要突出重点,不要重复,不要面面俱到。所谓明确就是制定的教学目标不要含糊不清,要让人一看就知道教学中学生要掌握哪些数学知识技能,着重发展哪些能力,从哪些方面促进情感态度的发展及其水平。明确、简洁既是课堂教学目标的特点,又是制定课堂教学目标的要求。

而案例中"引导学生探索三角形面积计算的方法"和"让学生在探索学习的过程中"表达的是同一思想,重复写两次不仅不简洁,而且也是没必要的。此外,关于"让学生能够运用所学知识解决基本的相关问题"表述中,"所学知识""基本的""相关问题"的表述有些含糊不清,令人费解。

建议:① 将第一、第三两点目标合并为一点,突出目标的简洁性和整体性。② 将"让学生能够运用所学知识解决基本的相关问题"修改为"能运用三角形面积公式解决简单实际问题"。

问题3:目标不够具体。

分析:课堂教学目标是最具体,对教学指导最直接的一级教学目标,它不仅影响教学内容的呈现方式,教学过程的设计,教学方法和手段的选用,而且是教学评价的依据。因此在制定教学目标时,在内容的表述上要落实到具体的知识点,要尽量使用可观察、能测量的外显行为动词,如写出、说出、指出、列举出、挑选出等。

而案例中,"引导学生探索三角形面积计算的方法"的目标表述就不具体,不易检测。

建议:将"引导学生探索三角形面积计算的方法"修改为"学生能说出三角形面积公式的探索过程和方法"。

问题4:没有突出情感态度目标。

分析:教育的宗旨是促进人的全面和谐发展,促进人的全面发展必须落实到每一学科和每一节课的教学。课堂教学设计必须充分体现这一要求,设计出全面、多元、均衡的课堂教学目标。

案例中已经有了过程、方法、知识技能、能力目标,但是没有情感态度方面的目标,这是不完备的。

建议:增加"体验探索知识的乐趣"等目标,使目标更加全面均衡。

问题5:忽视数学学科内容的特点。

分析:制定数学课堂教学目标要求做好三件事情。第一,要认真研读、深刻领会数学课程标准提出的课程总目标和具体目标,充分考虑课程目标的体现和贯彻;第二,要分析了解学生的年龄特征,制定出适合学生特点的教学目标;第三,要依据数学具体内容的特点,制定出有针对性、有侧重点的教学目标。

"三角形面积"这一课题属于"图形与几何"范畴的内容,与之对应的,应该重视"进一步发展空间观念""能对简单图形进行变换""发展形象思维"等目标。这些目标既是数学课程育人的价值体现,更是数学学科的生命所在,案例中没有涉及这些目标是不应该的。

建议:将"让学生在探索学习的过程中,增强实践能力、探索意识、合作精神"修改为"进一步发展空间观念、探索意识和操作实践能力"。体现数学内容的特点。

综上所述,三角形面积的教学目标可以设计为:"经历三角形面积公式的探索过程,体验探索知识的乐趣,能说出公式的推导方法,理解并能运用公式,进一步发展空间观念、探索意识和操作实践能力。"

这样设计的教学目标主体明确、具体简洁、前后连贯、动静结合,体现了新课程对数学课堂教学目标设计的要求。

【思考题】

1. 制定数学课堂教学目标的要求是什么?
2. 制定数学课堂教学目标设计的策略有哪些?
3. 有人将有余数除法教学目标设计为"使学生初步理解有余数除法的意义,掌握有余数除法的计算方法。"试分析该教学目标存在的问题,并进行修改。
4. 试设计"长方形的认识"教学目标。

【参考文献】

[1] 中华人民共和国教育部. 全日制义务教育数学课程标准[M]. 北京:北京师范大学出版社,2012.

[2] 朱友涵. 新课程背景下聋校数学课堂教学目标的设计[J]. 中国特殊教育,2006(7):12.

第五章 聋校数学教学

【内容提要】 聋校数学教学过程既具有教学过程的一般属性,譬如认知性与实践性等,同时又由于领域与学科的具体化而具有自身独有的特征。了解和掌握聋校数学教学的过程特点及教学原则,有助于我们在聋校数学教学过程中更好地遵循聋校教学的规律,从而为聋生的数学学习提供全面的发展机会。聋校数学教学有一些基本的教学方法与手段,同时还有一些与聋校数学特点相适应的教学模式。聋校数学教学的组织形式可以是多样化的,教师做好精心的教学准备,选择合适的教学组织形式,对于教学过程的系统展开是非常重要的。本章主要针对聋校数学的教学,提出了教学的过程与原则、方法与模式、组织与准备等内容,以期为学习者深入地了解聋校数学教学,提高教学素养提供系统化的帮助与指导。

第一节 聋校数学教学原则和策略

一、聋校数学教学过程

教学过程是教学论研究中的核心课题之一。在教学论发展历史中,对教学过程的认识也经历了一个较长的过程。自1806年德国教育家赫尔巴特创立教育理论体系以来,理论界对教学过程的争论一直在进行着。[1] 归纳起来,主要有这样几种观点:认识说——教学过程是一种特殊的认识过程,是学生在教师指导下以教材为媒介认识客观世界的过程。发展说——教学过程是促进学生发展的过程,包括认知、情感、品德、个性的发展。实践说——教学过程是通过知识传授对学生进行塑造的实践过程。活动说——教学过程是教师的教和学生的学相结合的双边活动过程。"认识—发展"说——教学不仅要向学生传授知识技能,同时还要发展学生的智力和体力,培养学生的思想品德。"认识—实践"说——教学过程是学生在教师的指导下,进行对人类已有知识经验的认识过程和改造主观世界形成和谐发展个性的实践活动的统一。另外,还有多本质论等关于教学过程的其他观点。这些学说有各自的理论基础,它们的研究促进了人们关于教学过程更深层次的认识和理解。从各种学说的观点来看,大家都普遍认识到教学过程是

---

[1] 杨光岐. 教学过程"新五段论"[J]. 教育研究,2006(2):64-68.

一项系统工程,教学过程系统包括"教"的子系统和"学"的子系统,教学过程应该是"教"的子系统和"学"的子系统的统一。

(一)聋校数学教学过程的含义与特征

聋校数学教学过程是教学过程在具体领域——聋校,具体学科——数学学科中的体现。对聋校数学教学过程的思考,不能仅仅把教学过程定位于认识或实践过程,而应该充分考虑教学过程的全面发展功能,把教学过程定位于促进聋生数学知识、能力、情感、态度、语言与思维、人生观、价值观全面和谐发展的过程。因而我们认为,聋校数学教学过程是聋生在数学教学目标和教师的引领下,系统地学习和掌握数学知识,发展数学能力,形成思想品德,培养良好个性,促进缺陷补偿和潜能开发的过程。

聋校数学教学过程既具有教学过程的一般属性,譬如认知性与实践性等,同时又由于领域与学科的具体化而具有自身独有的特征。

1. 聋校数学教学过程是教师引领与学生知识建构相统一的过程

教学过程是由教的系统与学的系统共同构成的。教师在数学教学中居于引领者的地位,是学生数学学习活动的组织者、引导者与合作者。教师在课堂教学中始终起到主导作用。教师的引领作用主要体现为以下几个方面:首先,是对聋生数学学习积极性的激发与引导。教师要激发学生的学习动机,调动学生学习的积极性。在学生取得进步的时候,教师能给予及时、适当的鼓励,让他们建立学习数学的自信心。其次,教师的引领作用还体现在对聋生数学学习情境的创造上。教师要为学生的数学学习创设一个良好的课堂环境,包括心理环境、物质环境、人际交往等多个方面。再次,在教学过程中,教师还要善于把教学内容与学生已有的认知结构、知识经验相结合,与学生的生活实践相结合,使学生通过数学学习充分感受数学学习的意义,体验数学知识获得与能力形成的乐趣。同时,数学教学过程还是学生自我知识建构的过程,是教师的教学与学生的自我实现相统一的过程。现代教育理论认为,教学过程中学生的学习不是一个被动接受的过程,而是一种主动建构的活动。教学过程是教师引导聋生在已有经验的基础上,主动探索数学问题,尝试解决数学难题,充分体验数学,从而实现"数学化"的过程。在数学教学过程中,教师引领与学生主动发展是一个和谐统一的过程,对任何一方的倚重或忽视,都会导致教学结果的不完整,对学生发展产生不利影响。

2. 聋校数学教学过程是数量关系教学与空间形式教学相统一的过程

聋校数学的教学过程,是数量关系教学与空间形式教学相统一的过程。

一方面,数与形的结合是近代数学发展的必然要求,人们已经习惯于用数或式来分析几何问题,或者用几何图形来分解代数问题。另一方面,聋校的教学需要将数量关系与空间形式相结合,以推动学生对数学知识的理解和把握,从而增加学生的认识水平和数学知识应用技能。空间形式教学,特别是图形的教学通常会要求学生利用图形进行数学计算。除此之外,在教学过程中还要特别注意引导聋生充分熟悉和掌握利用图形来分析数量关系的技能。

3. 聋校数学教学过程是数学知识教学与思维能力培养相统一的过程

让聋生掌握系统的数学知识,建立数学概念,理解数学规则,是聋校数学教学过程的重要目标。同时,聋校数学教学还要培养学生的计算能力、空间观念能力、分析、综合、推理等能力,而这些能力的核心是学生的思维能力。聋校数学的教学过程应该是数学知识教学与思维能力培养相统一的过程。在注重让学生获取数学知识的同时,更要让学生掌握获取数学知识的方法和技巧,懂得使用已有数学知识进一步获得更多、更深层的数学知识。这些取决于学生思维能力的发展,特别是学生的抽象思维能力与创造思维能力的养成。就抽象思维能力而言,聋生多处于从具体形象思维向抽象逻辑思维过渡的长期过程中,数学教学要有意识地将知识传授与学生已有的认知结构相结合,同时创设情境提高学生的抽象和概括能力,从而使学生的数学学习尽快摆脱单纯依靠直观的学习方式,实现从直观向抽象的转变。创造思维能力的培养更是数学教学过程中的一个核心任务,所谓培养创造思维就是培养学生在掌握知识的基础上,多角度、全方位思考问题,创造性解决数学问题的能力。现代社会的发展需要创新型人才,创新型人才的培养需要教师通过课堂教学有意识地引领。聋生思维能力的发展,同时会带动他们更好、更快地理解数学知识,提高数学综合能力。数学知识的获得与数学思维的培养是一个相辅相成、共同提高的过程。

(二)聋校数学教学过程的矛盾与动力

教学过程是一个教的系统与学的系统相统一的过程。教学过程中包含着诸多影响因素,主要是教师、学生与教学内容。因而在教学过程中,必然存在着一些基本的矛盾,例如教与学之间的矛盾、学生与学习内容之间的矛盾,等等。矛盾是发展的动力,也正是由于教学过程中矛盾的存在,才促进了教学过程的展开和实现学生的全面发展教育。聋校数学教学过程的主要矛盾包括以下三点。

1. 数学学科抽象性与学生思维具体性的矛盾

数学学科具有抽象性的特点。数学学科的抽象性表现在运用了抽象的符号和程序,每个推理步骤都表现为符号操作,这些符号所表示的各种元素和关系已经舍弃了事物的具体内容而成为一种"思想的事物"。即使聋校数学学科内容的编排和设计已经尽量考虑到了直观与形象的特点,但数学内容的展开有其特定的规律,学科的抽象性充分体现于教学过程之中。例如聋校数学学习中,数与算术的学习是基本内容。但这个"数"已经不单纯地指代具体的数量,而是抽象化的数字。像"1"在数学学习中,不仅指1个苹果、1把椅子、1本书等具体概念,学生还需要进一步掌握和形成"1"这个数的抽象概念。而聋校学生的思维发展水平较长时间内仍停留在直观形象思维和从直观形象向抽象逻辑思维过渡的过程,学生思维的具体性特别明显。瑞士著名心理学家皮亚杰在他的认知发展阶段理论中指出,7—11岁的学生处于认知发展的具体运算阶段,这个阶段的学生思维发展最突出的特点就是根据具体经验思维解决问题,这点在聋生身上得到更为突出的体现。数学学科的抽象性与学生思维的具体性构成了聋校数学教学过程中的一个突出矛盾。

2. 聋生数学现有发展水平与数学目标要求之间的矛盾

聋生的数学发展水平与数学目标要求之间的矛盾构成了聋校数学教学过程中的基本矛盾。数学教学过程是一种有目的、有计划的过程,这个过程的目的是逐步实现数学课程标准所规定的教学目标和教学要求。数学教学目标是国家对学生数学学习能达到的要求的预先设定,包括知识的获得、技能的培养与思想品德教育等全方位的内容。而这种预先设定的发展水平必然要高于学生现有的发展水平,否则的话,学生就很难获得发展。换句话说,聋校数学教学目标和要求与聋生现有的数学发展水平之间必须始终存在一定的差异。聋校数学教学过程就是教师引领聋生不断实现预设发展目标,不断弥补目标要求与学生实际水平差距的过程。而事实上,这种对现有差异不断进行弥补的过程,是聋生数学学习的一种周而复始的运动。当学生达到预定目标要求时,新的目标和要求又同时出现,这种短暂的平衡立即会被打破,学生则重新进入一种新的目标学习之中。譬如,学生在学习了平行四边形的知识之后,达到了关于一般平行四边形性质的认识和应用目标,而接着就要进一步学习更具特殊性的平行四边形,包括矩形、菱形、正方形,新的教学目标不断出现;对于数的学习也是这样,学生在学习了10以内数的知识后,达到了预定的学习目标和要求,但随之而来的新的单元又提出了更高的要求。而恰恰是数学教学过程中的这种矛盾的不断出现与解决,促进了学生学习水平的提高和知识的获得。正如苏联教育家巴拉诺夫在《教育学》中所指出的,由认知任务和实践任务所推进的教学进程与学生知识、技能和智力发展的现有水平之间的矛盾是教学过程的动力。聋生的数学发展水平与数学目标要求之间的这一矛盾贯穿于整个聋校数学教学过程之中,既是聋校数学教学过程中的基本矛盾,也是推动数学教学过程发展的根本动力。

3. 教育者与数学学习者之间的矛盾

聋校数学教学过程中的两个核心因素是教师与学生,教学过程总体来说是教师与学生互动的过程。作为教学过程实施者的教师与作为教学过程中受教育者的学生构成了数学学习过程中的一组显著矛盾。事实上,教与学之间的矛盾是教育发展中的突出矛盾,教师与学生在教学过程中的关系问题是教育研究中的一个久远的话题。这个话题的核心在于教学过程中教师与学生的地位问题。回溯近代教育的发展史可以发现,人们对师生关系矛盾的认识长久在"教师中心"与"学生中心"两极之间徘徊。德国心理学家、教育家赫尔巴特认为教师是教学中的主导因素,在教学过程中居于中心地位,学生是知识被动的接受者。赫尔巴特代表了传统教育学对教学中师生关系的观点。美国教育家约翰·杜威则持相反观点,他认为在教学过程中,学生才是教学过程的中心,教师属于从属的地位,是学生发展的辅助者。杜威代表了现代教育学对教学中师生关系的认识。聋校数学教学之中,教师拥有教学知识和对教学语言、教学组织的话语权,教师的教往往会规定着学生的学,而聋生由于身心发展的规律,学生的学也必然限制和要求教师的教。同时,教师的教必须要通过学生的学才能真正体现作用与价值,学生的学与教师的教是一种对立的统一。这一方面告诉我们,教学过程中教与学的矛盾是教学中必然存在的矛盾,另一方面也提醒教师在教学过程中要正确认识师生关系,把教与学之间的矛盾统一作为促进聋生身心发展的动力和基础。

(三)聋校数学教学过程的基本规律

1. 聋校数学教学过程要顺应聋生身心发展的规律

学生对知识的学习要经历一个由浅入深、由表及里、由已知到未知、由具体到抽象的过程,这是由学生身心发展的规律所决定的。聋校数学教学作为一种特殊的认知实践活动,必须要遵循聋生身心发展的规律,顺应聋生认知的特点,才能在对学生进行数学知识传递的同时促进学生的身心发展。谈到聋生的身心发展特点时,有两点是必须要明确的:第一,聋生身心发展的基本规律与普通学生是一致的,听力损伤只能影响他们身心发展的速度和水平,而不能使其身心发展的过程停止。第二,听力损伤会给听力残疾学生的身心发展造成许多特殊之处,使其在不同方面、不同程度上偏离了学生正常发展的轨道。① 具体来说,在感知觉方面,聋生由于听力损伤破坏了其对客观事物认识的完整性和丰富性,学生的视觉、触觉、振动觉、嗅觉、味觉等健全感觉发挥着代偿听觉缺陷的作用;在注意的品质方面,学生的多种注意有时候不便进行分配,尤其是残存听觉与视觉的协调分配;在记忆力方面,聋生对直观形象的东西往往记得快,保持得好,也容易再现,他们通常还会把手势记忆作为一种有别于普通学生的记忆方式;在语言方面,聋生的口语与书面语较弱,还需学习手语,在感受口语的过程中要使用看话的方式;在思维方面,聋生的思维活动带有明显的形象性,抽象思维的深度和广度发展较为缓慢。聋生身心发展的这些特点决定了聋校数学的教学过程是一个顺应学生身心发展的过程,这是聋校数学教学的规律。如果违背了这一规律,在数学教学中不充分考虑到聋生身心的发展水平,那么数学教学极有可能不但不是一种有效促进聋生身心发展的手段,反而成为了限制和约束聋生有效成长的桎梏。

这个规律决定了在聋校数学教学中,教学内容的展开、教学方法的选择、教学模式的运用、教学组织形式的变化等方面必须要充分考虑聋生的认知特点和接受水平。例如,在教学过程中要有效增加直观教学的成分,让学生充分利用已有的知识表象进行建构学习;注意聋生概念的形成与规律的掌握,注意知识传递过程和顺序性,引导学生形成良好的复习习惯等。

2. 聋校数学教学过程要顺应数学学科特点的规律

数学教学过程必须要顺应数学学科的特点,这是聋校数学教学中不可违背的重要规律。数学学科的特点在于它的抽象性与严密的逻辑性等,数学教材的编排深刻地体现了数学学科由浅入深、由易到难、循序渐进、螺旋式上升的特点。在教材编排中,一方面体现了数学学科知识内容结构的完整性,把系统的知识呈现给学生;另一方面体现了数学学科呈现的顺序性、逻辑性。如有关数的学习,通常先是整数学习,然后是小数和分数的学习。在整数学习中,也是先学习较小的数,再学习较大的数。这种编排方式既符合数学学科自身的发展特点,也符合人类认识的一般规律和过程。因而,数学教学过程应该是顺应数学学科发展特点的过程。

事实上,聋校数学教学一方面要求教学要顺应聋生身心发展的规律,另一方面要求教学要顺应数学学科自身的规律,这是聋校数学教学中最基本

---

① 华国栋.残疾儿童随班就读师资培训用书[M].北京:华夏出版社,2006:12.

的两条规律。而这两点在本质上也是相一致的。因为数学教材是科学的数学知识结构与学生心理结构相结合的产物,教材的逻辑顺序实际上体现了学生的认知顺序。"遵循学生认知规律是按照数学学科特点实施教学的心理学依据,按照数学学科特点实施教学是教学过程遵循学生认知规律的具体体现。"成功的数学教学都是遵循这两条规律的结果,如果在聋校教学中违背或割裂了这两方面的基本规律,那么教学过程是很难成功的,也是不利于聋生顺利成长的。

二、聋校数学教学原则

在教育长期的发展历史和教学实践中,根据教学目标和教学规律逐渐会形成一些关于教育教学的基本要求或一般原理,我们通常称之为教学原则。教学原则从性质上来看,是依据教学规律而制定的,是客观的教学规律在主观教学中的反映,是主观性与客观性的统一,是沟通教学理论与教学实践的桥梁或中介。教学原则的性质与特点决定了教学原则是人们有效开展教学活动和设计教学方案时的重要依据和基本准则。同时,对教学原则的研究始终应该是开放的、发展的、变化的。

聋校数学原则是人们根据聋校数学学科教学目标和任务,遵循教学规律和聋生身心发展特征而制定的,指导聋校数学教学工作的基本要求和一般原理,是师生在教学活动中普遍要遵循的行为准则。依据数学学科特点和聋生身心发展的规律,聋校的数学教学要遵循以下几个基本原则。

(一)形象直观与抽象概括相结合的原则

直观性原则是古老而又最基本的教学原则之一。所谓直观性教学原则就是在教学中要通过直观教具和现代技术手段,引导学生形成对所学知识、概念的清晰表象,丰富学生感性认识,为形成科学概念、掌握理性知识、发展智力创设条件。直观教学原则由于充分运用了教学中的直观,注重与学习者已有知识经验的衔接,符合学习者的逻辑思维发展特点,因而在教学中有着广泛的应用。

直观教学对于聋校数学教学来说,更是具有特别重要的意义。因为聋生的思维发展长期处于直观形象思维阶段,从直观形象向抽象逻辑思维过渡对于他们来说是一个长期的阶段和任务。而数学最根本的一个特点就是它的抽象性与严密的逻辑性,正如前文所分析的,数学的学科特点与聋生的思维发展构成了聋校数学教学过程中的显著矛盾。强调直观的教学,合理地将抽象的数学符号与空间形式形象化、直观化,更容易契合学生的身心发展规律而被聋生所接受。如在聋校的低年级数学教学中,教师在讲解数的概念时,经常会使用一些直观器材,如火柴棒、苹果、长方形、正方形模型、计数器等,通过直观教具的演示和操作,学生会对相关概念和运算形成具体印象,便于理解和接受。

当然,直观从其形式上来说,并不是单纯地指代所有的直观材料。直观的手段主要包括三个方面:① 实物直观。是指在教学中出示各种实物、标本等为学生所熟知的物品。② 模像直观。是指在教学中出示各种实物的模型,或图片、视频、幻灯、电影。③ 语言直观。是指教师通过语言讲解来对事物或过程进行生动的叙述和描绘,使学生建立直观印象。聋校数学教学中,这三种直观方式经常被交替使用。通常情况下,年级越低,教师的实物直观应用越广泛,而随着聋生年级的增高和逻辑思维水平的提升,教师的语言直观要逐渐占主导地位,这样才有利于聋生抽象逻辑能力与空间想象能力的培养。

在强调形象直观对于聋校数学教学的重要意义的同时,我们必须要意识到直观是一种教学的手段,但不是教学的最终目的,聋校数学教学中对直观的运用是为了便于学生对抽象知识的理解与接受。但如果数学教学仅是从直观到直观,那么聋生的思维会长期停留在直观形象阶段,这对于聋生抽象逻辑思维能力的培养是无益的。直观教学的根本目的是在于逐步培养学生的概括、分析、想象等抽象逻辑思维水平。这就要求聋校数学教师在教学中一方面要善于使用各种直观手段,充分利用学生直观形象思维,培养学生形成对数学的认识和理解,另一方面,要有效地将学生形象直观的培养与抽象思维的锻炼相结合,使直观教学成为促进学生思维持续发展的手段。例如在讲到减法意义的时候,为了让学生理解 5－2＝3 这道题和减法的意义,教师可以通过多种直观方式进行教学。如摆上 5 根火柴棒,让学生拿走 2 根,再数一下还有几根;或者是通过幻灯、图片进行举例,如果树上有 5 只小鸟,飞走了 2 只,还有几只;通过这些直观教具,学生会很容易习得这些简单的数学减法运算。然后教师最重要的工作,是要对学生形成的数学直观形象进行抽象提升,使学生从具体的各种实例中的 5－2＝3 中归纳和形成的减法概念提升到抽象的减法概念,即要使聋生摆脱对直观事物的依赖,在头脑中逐步树立减法运算的过程,使学生从外部运算过渡到内部运算,这对于他们学习随之而来的更复杂的算术是相当有用的。

(二)生活化、数学化与实践性相统一原则

聋校数学生活化、数学化与实践性相统一原则包含三层含义。其一,聋校数学的教学要生活化。即抽象的数学符号与空间形式可以与生活中的实践相结合,以学生的直观经验和实践来获取对抽象知识的理解。例如,对于"多"与"少"这两个对立概念的理解是初入学的聋生很难把握的知识,因为他们原有知识经验的薄弱导致了他们很难对这类概念进行抽象,并建立准确的"多"与"少"的概念系统,这样他们很容易犯一些直观的错误。如"小王有7个苹果,小王比小李多2个,小李有几个?"聋生看到此类题目的时候,经常犯的错误是,看到了多,就用加法进行计算,即小李有7+2=9(个)。显然学生对"多"与"少"概念的理解是片面的。对于"多"与"少"这种概念类的教学,最好是引入生活中的实例,让学生通过生活中的实例寻求和探索概念的意义。可以给学生创设一种生活的情境,比如可以在教室创设一个虚拟的市场情境,让学生去市场购买物品,去体验"多"与"少"在生活实践中是如何具体运用的。经过这种生活情境练习,学生会在实践中习得正确的数学概念,并掌握概念在具体生活实践中的应用方法。这一点告诉教师,在聋校数学教学中要尽量地将抽象的数学学习生活化,以灵活的生活实践形式来表达抽象的概念或运算。其二,生活的知识要数学化。这是指在聋校数学教学中,教师要有意识地引导学生将生活中的已有知识经验数学化,即养成用数学的思维来总结和概括生活知识经验的习惯与方法。例如学生放学回家,基本上要走固定的路线。这时教师可启发学生思考:为什么我在上学和放学的时候会选择这条路线?为什么不绕道其他路线呢?学生应该会想到,这条经常走的路应该是最近的路。那么为什么最近呢?可以通过这样的一些例子启发学生,使其最终获得结论:对于两个点之间,走直线的距离会是最短的。这样就解释了为什么我们在生活中总是喜欢走直线道路,而不喜欢绕路的原因。生活中隐含着数学理论的例子举不胜举。教师要有意识地培养学生将生活经验数学化,这有助于聋生数学思维方式的发展。其三,要注重数学知识的应用。在运用数学知识解决问题的过程中,体会数学的价值,发展学生的解决实际问题的能力。

生活化、数学化与实践性相统一的原则符合聋生的认知规律,反映了新课程倡导的"生活—数学—应用"的教学过程。数学教学中坚持这一原则可以让学生充分体会数学学科的重要价值,树立学好数学的信心,增强用数学知识来解决实践问题的兴趣和热情。

(三)面向全体与尊重个别差异相结合的原则

面向全体的教育是教育在体现公平时的重要准则。面向全体的教育包含着广义和狭义两层含义。从广义的含义来说,教育必须是面向所有人的。

这是教育公平的体现,是社会公平在教育领域内的彰显。教育是面向全体的,意味着所有的人都有受教育的平等权利,所有人都应该受到公平、公正的教育。广义的面向全体的含义是从教育的价值观角度考虑的。我们所探讨的面向全体更多的是指在课堂教学中的面向全体,即其狭义的含义。它是指在课堂教学中,每个学生都要得到教师公平的对待和平等的发展机会,所有学生在数学学习上都要努力达到国家所规定的统一要求。

同时,还要考虑到学生之间的个体差异,要尊重学生之间的差异,照顾到个体差异,因材施教。如听力损失严重的聋生,在数学学习方式上会要求教师更多地通过手语与他们交流,他们的数学思维长久地停留在直观形象阶段,抽象逻辑思维发展较为缓慢。而对于一些存在残存听力的重听学生来说,他们具备一定的语言学习和交流能力,在课堂教学中,教师需要更多地通过口语和这类学生交流,以便于培养他们倾听的习惯,提高他们的语言表达水平。聋校数学教学活动的展开,必须要考虑到学生之间个体差异性的存在,在教学设计和课堂教学中要充分体现出来,使每一个学生都能得到最适合他发展的教育。

聋校数学教学是面向全体与尊重个别差异相结合的教学,这是聋校数学教学的基本原则之一。面向全体与尊重个别差异二者之间并不是矛盾的,它们恰恰是教育的全面发展功能的体现。全面发展的教育与人的全面发展,并不意味着每个个体都要得到毫无差别的、同样的教育,而是在个体得到平等教育机会的前提下,尊重聋生个体之间的差异,数学教学要适应这些差异,并力求在教学过程中为每个学生提供最适合的教育,促进学生的最佳发展。

这个原则的提出,要求聋校数学教师在教学中首先要树立正确的教育观念,认识到每个学生都要得到平等的受教育机会,同时教育又不能是千篇一律的,要理解学生之间的差异,尊重学生之间的差异。其次,要全面深入地了解学生。尊重差异的前提是了解差异。教师不仅要全面了解每个学生的数学基础知识与基本技能的掌握情况,了解他们的学习兴趣、学习习惯与学习方式,同时更要深入了解每个学生的残障类型和程度,以及这种残障程度在数学学习中所导致的不同教学需要,才能真正照顾到个别差异。最后,在课堂教学设计与教学过程中,教师的教学既要面向全体,使每个学生都得到普适性的知识,保证他们获得最起码的发展,又要实施照顾差异的教学,最大限度地弥补学生由于残疾所带来的学习障碍,并注重对学生的潜能开发,促进优秀学生的成长。最终是使每个学生都能通过数学学习,获得最适合他们的发展。

(四)兴趣性原则

兴趣是指一个人力求认识和探索某种事物,获得或接近某种事物的心理倾向。心理学研究表明,兴趣是激发学生学习动机和形成学习积极性、自觉性的最重要的动力。聋校数学教学中,兴趣性原则是一个重要的原则。它是指在聋校数学教学过程中,教师要有意识地激发学生的学习热情,引导学生数学学习的愿望与动机,使学生对数学学习保持一种持续的动力,养成自觉的学习习惯和探索精神。培养学生的学习兴趣是有效提高学习效果的重要保障,而养成对所学科目良好的学习兴趣本身也是聋校教育的重要内容和目标之一。

在聋校数学教学中贯彻兴趣性原则,要注意以下几点:第一,教师需要树立正确的观念,有意识地培养聋生的学习兴趣。学生兴趣的养成是一个长期的过程,数学学习兴趣一旦养成,又会对学生未来的数学学习产生深远的影响,甚至会影响学生的一生。因而,聋校数学教师除了要重视数学自身内容的传授之外,更要注重对学生数学学习兴趣的引导和激发。特别是对于初接触数学学科的聋生来说,是否能形成持久的学习兴趣至关重要。第二,聋校数学教学中要通过多种途径培养学生学习兴趣,使聋生形成学习的自觉性。例如,根据学生的好奇心,可以组织一些探究性学习,让学生通过探究主动去获取知识,获得成功的体验,享受数学学习的乐趣。比如,在乘法分配律的学习过程中,可以先给学生一道问题:$76 \times 13 + 24 \times 13$,询问学生,这道题除了咱们传统的计算方法(先算 $76 \times 13 = 988$,再算 $24 \times 13 = 312$,然后 $988 + 312 = 1300$),你还能想出更简单的计算方法吗?学生会意识到这种类型的题目应该会有简单的计算,开始动手进行尝试,或者同学之间进行讨论交流。然后就有学生可以想出,76 个 13 加上 24 个 13 应该是 100 个 13,那么这道就可以这样解决:$76 \times 13 + 24 \times 13 = (76 + 24) \times 13 = 1300$。当学生通过探究体验到这种方法更为简单快捷的时候,他们的数学学习兴趣一定在逐步提升。还可以组织一些数学比赛来引导学生的好奇心,或者通过设计一些情境性的数学游戏,让学生在游戏中潜移默化地学会知识,体验获得与应用数学知识的快乐。第三,教师要注重使用多种教学方法调动学生学习的积极性,激发学生学习的内驱力。特别要注重启发式的教学方法,数学的教学不能是单纯的知识灌输,那样只会湮灭学生的学习热情,形成对数学学习的畏惧之情。启发式的教学强调对聋生数学学习的引领,通过针对性的问答,或情境的创设激发学生探究的热情;尊重学生的发言,耐心对待学生的提问和困惑。通过这些系列措施,提升聋生数学学习的兴趣,使他们对数学的学习形成一种自觉、主动的态度和行为。

（五）巩固性原则

巩固性原则是指教学要引导学生在理解的基础上牢固地掌握知识和技能，长久地将其保持在记忆中，并能根据需要迅速再现出来，以利于知识技能的运用。及时巩固所学知识，是学科教学中的一个重要原则。古今中外的教育家都比较注重对知识的巩固，孔子曰："学而时习之，不亦说乎""温故而知新，可以为师矣"。这些深刻地揭示了对所学知识进行及时复习的重要性。这是因为人类知识的学习总是要受到遗忘这个自然规律的影响。德国心理学家艾宾浩斯（H. Ebbinghaus）研究发现，遗忘在学习之后立即开始，而且遗忘的进程并不是均匀的。最初遗忘速度很快，之后逐渐缓慢。他认为"保持和遗忘是时间的函数"，并根据他的实验结果绘成描述遗忘进程的曲线，即著名的艾宾浩斯记忆遗忘曲线。艾宾浩斯遗忘曲线告诉我们，人类总会受到遗忘的影响，遗忘是人类认知世界的自然规律之一。人类不可能完全克服遗忘，但可以通过各种途径最大限度地缓解遗忘对人类知识学习的影响。对所学知识进行及时复习和巩固，是克服遗忘的最好手段。而且，对知识进行及时巩固，不但有助于旧知识在个体认知结构中的系统化，更有助于促进个体对新知识的理解与同化，是新知识学习与建构的重要基础。故在学科教学中，巩固性原则始终是教育教学中的一个重要原则，因为它是对人类认知规律的认识与应对。

巩固性原则同样是聋校数学教学中的重要原则。一方面，聋生的数学记忆规律受遗忘曲线的影响，必然同样呈现出遗忘的特点，需要及时对已有的知识进行巩固和复习，以形成对知识长期的认知，使知识的保持由短时记忆延伸为长时记忆，成为学生头脑中知识体系的构成部分。另一方面，聋生的记忆特点也决定了巩固性原则的重要性。一般来说，聋生的形象记忆占主导，并与普通学生的形象记忆活动没有什么差别。[①] 但聋生对抽象事物的记忆能力很弱，特别是数学学习中的抽象符号和逻辑运算关系记忆是聋生数学学习中的弱项和难点。因而在数学课堂中，经常表现为聋生对教师讲课的语言听不全或听不清，在头脑中留下的是些支离破碎的表象；而对于教师讲话的口型、面部表情等则能在脑中留下较清晰表象。在数学知识记忆中，图形、方位、长度等具体形象方面的记忆相对较强，容易再现；而概念、规则等方面的内容很难再现，遗忘较快。数学学科的特点在于严密的逻辑性和知识体系性，新知识通常是建立在旧有知识获得与巩固的基础上，这些特点决定了聋生的数学学习必须要遵循巩固性原则，要通过及时的复习和

---

① 华国栋.残疾儿童随班就读师资培训用书[M].北京：华夏出版社，2006：14.

巩固使知识长久保持下来,以成为数学持续学习的基础。

巩固性原则在聋校数学中的应用要注意以下几点:其一,知识的巩固要建立在对数学知识充分理解的基础上。任何通过死记硬背来强化聋生数学记忆的方式,都只会适得其反,非但不能促进聋生对知识的巩固,反而会极大地影响学生对数学学习的兴趣和热情。教师在课堂教学中,要充分利用各种教学方式促进学生对知识的理解,这样学生才有可能对知识形成深刻的印象,为进一步的巩固奠定基础。例如,三角形的内角和等于180度。如果学生不理解为什么等于180度,那么他们就只会形成强制记忆的状态,这种记忆容易遗忘,而且也不利于三角形其他知识的学习和拓展。如果在教学中,教师引领学生通过动手操作的形式对三个角进行拼凑组合,学生就会知道,三角形的三个角可以组成180度。由此,对于关于三个角相互关系的计算,学生也就不会感觉到难了。其二,要指导学生掌握正确的记忆方法。对于聋生来说,掌握合理的记忆方法对其知识的巩固非常重要。教师在引导学生对数学进行形象记忆的同时,要教授学生将知识系统化、抽象化,并养成经常复习的良好习惯。其三,教师要有意识地创设各种知识应用的情境,提高学生将所学知识应用于实践的机会,通过应用进行知识的巩固是一种良好的知识保持方式。

三、聋校数学教学策略

教学策略是教师在教学过程中为实现教学目标而设计和采用的一系列教学方式和技巧。它既是解决一类教学实际的方法体系,又是一组可操作的规范化教学程序。研究新课程背景下的数学教学策略,对于提升教师对新课程的理解,提高教师解决教学问题的能力都有非常重要的意义。聋校数学教学策略有很多,如数形结合策略、多元化多形式沟通策略、问题引导策略、参与教学策略、互动教学策略、以旧引新策略,在此重点介绍外化与内化相结合、引导与发现相结合、独立思考与合作交流相结合、生活与科学相结合四种策略。

(一)外化与内化相结合的教学策略

心理学研究表明:儿童的认知过程的顺序规律是"动作、感知—表象—概念、符号"。外化与内化相结合的策略正是根据这一规律提出的,它是指儿童学习数学(尤其是那些高度抽象的数学知识),通常要从具体形象的外部操作开始,通过学具拼摆、实验操作等外显活动,把高度抽象概括的数学概念、规律和公式还原为学生看得见、摸得着的物化形式,让学生通过具体操作活动把教材上的数学知识结构内化为自己的数学认知结构。这一策略能帮助学生把抽象的数学知识转化为自己的活动过程,展现知识的发生、发展过程,让学生在"活动"中学,在"做"中学,在"玩"中学。

如教学"凑十法"时,可以设计如下教学步骤:① 摆一摆,看看9加2等于几? 想一想自己的操作过程;② 学生实际操作;③ 想一想:9加2等于几是怎么摆的? 如果不摆学具,你会算吗? ④ 讨论、交流。以上的教学步骤第一步是教师布置操作任务,提出操作要求,它具有定向、激趣、引导的作用,它能帮助学生把抽象的数学知识外化;第二步是学生按照操作要求进行实际操作,它既是知识外化的实施过程,又是知识内化的前提和依据,因此它是外化内化教学策略实施程序中最关键的一步;第三步是知识的内化过程,它是从外显活动中提炼出操作活动所反映的数学知识,形成学生自己的认知结构。在这种由外及里的教学活动中,学生不再觉得数学枯燥难学,不再觉得数学难以捉摸,而是能够理解数学,实施有意义学习。

(二) 引导与发现相结合的教学策略

引导与发现教学策略是指以问题为中心,学生在教师引导下积极主动探索,发现并解决问题的教学策略。它的主要特点是:① 重视知识的发生、发展过程,使数学教学过程真正成为学生进行数学活动的过程;② 充分发挥学生的主动性、积极性和创造性。通过创设情境,设计开放性和探索性的问题,为学生提供自主发现、自主探索的机会,使学生在自主发现过程中主动获取知识、获得发展。引导与发现教学策略中的"发现"是一个相对的概念,是在教师的提示与帮助下的发现;是学生对人类已有的知识的再发现。

例如探索勾股定理时,可以设计如下的教学程序。① 出示:直角三角形的两直角边分别为12 cm、5 cm,斜边为13 cm;引导:直角三角形三边有什么关系? ② 演示:三角形三边各作一个正方形;引导:正方形的面积是多少? 面积之间有什么关系? 计算发现:$12^2 + 5^2 = 13^2$;引导:直角三角形的三边有什么关系? 发现:这个直角三角形两直角边平方和等于斜边的平方。③ 引导:所有直角三角形都具有这样的规律吗? 画图、交流。发现:勾股定理。以上的教学程序中,第一步是创设情境,提出问题,具有激发兴趣和定向作用;第二步教学是创造条件,引导学生探索发现;第三步教学是验证答案,总结反思。在这样的教学中,学生经历了计算、观察、思考、归纳等过程,学生在发现中学习,在发现中发展。

(三)独立思考与合作交流相结合的教学策略

独立思考和合作交流是学习数学中的两种不同阶段和不同层次的学习方式,它们是相互依存和相互促进的对立统一关系。首先,学习是一个个体的行为,学习只有经过自己的独立思考,才能获得个体对问题的深刻理解,形成个体解决问题的方法策略,才能形成合作交流时的内容和观点,因此,独立思考是合作交流的前提和基础;其次,通过个体间的合作交流,在倾听、质疑、说服、推广、反思等活动中,又能进一步丰富个体的想象和思考,从而促进他们对知识的深刻理解,促进他们对知识的建构,并获得与他人交流思维的过程与方法,在合作中学会与人合作。

如,教学"异分母分数加法"时,可以设计如下教训程序。① 复习: $\frac{2}{7}+\frac{3}{7}$;② 出示: $\frac{1}{2}+\frac{1}{3}$,引导:能直接相加吗?为什么不能直接相加?怎么办?③ 思考;④ 合作交流;⑤ 总结。教例中,通过第一步复习同分母分数加法的算理及算法,旨在为学生提供"迁移"的支持;在此基础上,找出新旧知识的连接点设疑,并给学生留下足够的独立思考的时间,形成个体解决问题的方法和策略;然后再组织学生进行合作交流,在交流中通过阐述自己的观点,倾听别人的意见和建议,修正自己不成熟的想法,完善自己的认识,发展个体的责任感、合作观念和集体意识。

(四)生活与科学相结合的教学策略

数学是一门充满活力的科学,它具有抽象性、逻辑性、应用的广泛性等特点,这些特点是数学科学的实质,也是数学科学的生命所在。但是,如果数学课堂教学严格按照数学科学体现展开,采用"定义—定理—证明"的严格叙述方式和演绎方式,完全不考虑数学的实际意义,势必会造成数学不符合学生的认知规律,使学生产生厌学情绪。因此,数学教学要关注学生的个人知识和直接经验,把学生生活经验和实际问题作为重要的教学资源,不仅要考虑数学自身的特点,更应遵循学生学习数学的心理规律,使数学教学建立在学生的认知发展水平和已有的知识经验基础之上,体验数学的意义和价值,深化对数学的认识,获得自身的发展和提高。

如,教学"代数式"时,可以设计如下的教学程序。① 举例列式:我校一个班有 x 位学生,6 个班有多少位学生?($6x$)② 概括概念。③ 列举实例,深化认识。代数式"$6x,x+y,\cdots$"除了老师刚才说的事例外,还能表示其他的意思吗?(如 $6x$ 也可以表示一本书 x 元,6 本书是多少元;汽车 1 小时行

驶 x 千米,6小时行驶多少千米)以上教例中,第一步是从学生生活中已有的知识为出发点,从观察身边的数学开始,引导学生学习数学,形成对数学的感性认识,激发学生学习兴趣;第一步到第二步是让学生经历生活实际到数学的过程,经历数学化的过程,促进学生形成概念,实施有意义学习;第三步是数学知识的应用过程。让学生在生活中找实例,按照自己的生活经历和经验理解代数式"$6x,x+y,\cdots$"的意义,让学生有意识地到生活中去找数学、用数学,培养学生发散思维和使用语言的能力,提高他们解决实际问题的能力。

总之,生活与科学相结合的策略是让学生经历"生活—数学—生活"的过程,旨在引导学生在一个自己熟悉的、有意义的情境中学习数学,深化对数学的理解,加深对数学的认识,体验数学的意义和价值,获得必需的数学,获得自身的发展。

第二节 聋校数学教学方法和教学手段

聋校数学教学方法是构成聋校数学教学过程的重要因素,深入研究聋校数学教学方法,既是聋校数学教学理论的重要任务,又是教学实践的迫切要求。本节主要研讨教学方法的概念、基本教学方法、教学方法的选择和运用等方面的问题。

一、聋校数学教学的基本方法

(一)聋校数学教学方法的概念

什么是数学教学方法,人们对它的定义有多种形式的表述。有人认为数学教学方法是:为达到数学教学目的,实现教学内容,在教学原则指导下,通过一整套方式组成的并运用教学手段进行的师生相互作用的活动方式。[1] 也有人认为数学教学方法是指:为了实现教学目标,完成教学任务,在一定教学理念和教学原则指导下,根据特定的教学内容,师生共同实施的一种有序的活动方式。它既包括了教师教的方法,又包括了学生在教师指导下的学习方法,是教师教的方法和学生学的方法在教学活动中的高度融合和有机统一。[2] 还有人将聋校教学方法定义为:为达到教学目的,完成教

---

[1] 马云鹏.小学数学教学论[M].北京:人民教育出版社,2004:114.
[2] 李光树.小学数学教学论[M].北京:人民教育出版社,2003:307.

学任务而组织的教师工作方式和聋生学习活动方式的总和。[①] 上述定义从不同的角度揭示了教学方法的一些本质属性：① 教学方法是为了实现教学目标,完成教学任务所采用的活动方式；② 教学方法反映了教师和学生、学生和学生在教学过程中相互作用的多边互动关系；③ 教学方法反映了教与学的活动方式和一般步骤。

聋校数学教学方法是一个从属于一般教学方法的下位概念,它既有一般数学教学方法所具有的共同属性,同时又有聋校教学的特点。因此,聋校数学教学方法是指为了实现教学目标,完成教学任务,根据聋校数学教学规律和原则,以特定的数学教学内容为中介,师生共同实施的一种有序的教与学的活动方式。要理解聋校数学教学方法的概念,关键是要把握如下几个要点：① 聋校数学教学方法是与方式、手段等范畴密切联系的一个概念,教学方式是构成教学方法的要素,是多种教学方式的有机组合；② 教学方法主要是为实现教学目标,完成一定的数学教学任务服务的；③ 教学方法是一个结构性概念,它是由教师教的方式和学生学的方式的有机联系而构成,把教师教的方式和学生学的方式割裂开来,或片面强调一方是不恰当的。

（二）聋校数学教学的基本方法

在教学过程中,聋校教师必须采取一系列的手段才能完成教学任务。无论采用怎样的教学程序、组织形式,无论完成什么样的教学任务,都必然要用到的教学方法,这称为聋校数学教学的基本方法,它是广大教师长期教学实践经验的总结,是符合聋生的认识规律的。正确地掌握和运用这些方法,对提高聋校教学质量有着重要的意义。下面将介绍几种常用的、基本的教学方法。

1. 讲解法

（1）讲解法的概念

讲解法是聋校教师通过口语、手指语、手势语相结合的语言形式向学生说明、解释和论证数学概念、数学原理和规律的一种最基本的教学方法。从教师教的角度看,它是一种传授式的方法；从学生学的角度看,它是一种接受性的学习方法。教师在运用讲解法时,可以通过科学的分析、论证,生动的描绘、陈述,有启发意义的设置疑问等,使学生能够在较短的时间里获得较多、较为全面的知识,并能把传授知识、思想教育、发展智力有机地结合起来,因此,讲解法可广泛运用于各科教学中。

[①] 教育部师范教育司.聋童教育学(试用本)[M].北京:人民教育出版社,2000:143.

(2) 讲解法的优点及其局限性

讲解法在聋校数学教学中运用较多,特别是在中、高年级更是一种比较常用的教学方法,它的优点是:通过教师的讲解,学生能比较迅速地在单位时间内掌握更多的信息;有助于"双基"的掌握,有助于知识系统的形成;讲解法对教育设备、设施要求相对较低。

同时,它也有自身的不足,如过分强调老师的主导作用,忽视学生主体地位;不利于调动学生的积极性、主动性;不利于培养创新意识、探索精神和实践能力。因此,在运用讲解法时,要注意扬长避短,充分发挥讲解法的功效。

(3) 运用讲解法应注意的问题

案例:"被3整除数的特征"教学片段

师:能被3整除的数是3的约数还是3的倍数?

生1:是3的倍数。

师:你能找出一些被3整除的数吗?

生2:3,6,9,12,33,45。(板书)

生3:123,321,132,453。(板书)

师:把这些数各个数位上的数加起来,和是多少?

生4:3,6,9,12。

师:观察这些数,你发现了这些数与3的关系了吗?

生5:它们都能被3整除。

师:由此可以得出:"一个数的各个数位上的数的和能被3整除,这个数就能被3整除。"

……

从案例可以看出,运用讲解法不等于注入式、"满堂灌",它需要教师仔细地分析、论证、生动地描绘、陈述、耐心地引导、启发。

① 注意新旧联系,充分利用聋童已有的知识和经验

运用从已知到求知、从简单到复杂的策略,符合聋童的认知规律,有利于激发学生学习的积极性和主动性,提高教学效率。"被3整除数的特征"是在约数和倍数的基础上学习的,教师教学时先提问"能被3整除的数是3的约数还是3的倍数?"旨在激发学生已有的知识,利用已有的知识"倍数"来理解"被3整除的数"的含义,为后面"找出一些被3整除的数"提供支持和帮助。

② 讲解要有针对性

讲解的目的是为了帮助聋生克服学习上的困难,促进学生更好地学习,

提高教学效率。因此,讲解要条理清晰,层次分明,要有针对性。要针对教材中的重点内容进行讲解,要针对学习中的难点问题进行讲解,同时还要注意及时处理学生的疑难问题,一般来说,普遍问题在班级讲解,个别问题个别辅导。案例中,掌握能被3整除的数的特征是教学重点,发现能被3整除的数的特征是教学难点,教师在讲解时正是抓住这些重点、难点、疑点来进行讲解的。

③ 讲解要有启发性

数学教学过程是师生交往互动的过程,没有交往互动就没有真正意义上的教学。注入式的讲解视学生为知识的容器,一讲到底,不顾及学生的反应,而启发式的讲解注意挖掘学生学习的内在因素,注重调动学生学习的积极性和参与激情,两种讲解方式的教学效果自然是大相径庭的。案例中,教师并没有一味地讲解,而是让学生经历设疑解疑的过程,采用问题引导、点拨、讲解、互动等多种教学方式相互配合,"你能找出一些被3整除的数吗?""你发现了这些数与3的关系了吗?",这些问题提高了学生参与学习的积极性,启迪了学生的思维。

2. 讨论法

(1) 讨论法的概念

讨论法是在教师的指导下,在集体中,学生围绕中心问题相互交流个人的看法,相互启发,相互学习的一种教学方法。

(2) 讨论法的优点及其局限性

讨论法的优点在于,全体学生都参与思考、互动等学习活动,师生之间相互启发、互相学习、集思广益、取长补短,可以培养合作精神,加深对学习内容的理解;可以激发学生的学习兴趣,提高学习情绪,培养学生钻研问题的能力,提高学生学习的独立性。

讨论虽然可以使学生在相互发言中获得一些新知识,但所获得的知识往往是零碎的,缺乏系统性。讨论中有些发言比较粗糙,不够精确,甚至出现错误,有些学生缺乏鉴赏能力,容易是非不分。因此,讨论法常常是配合其他教学方法进行的,如在讲授、实验之后,或在这些活动的过程中进行。

(3) 运用讨论法应注意的问题

案例:"异分母分数加减法"教学片段

口算 1:36-15=

师:你是怎么想的?

生1:36分成3个十和6个一,15分成1个十和5个一,3个十减1个十是2个十,6个一减5个一是1个一,所以结果是21。

口算 2：36－1.5＝

师：6 能直接减 5 吗？为什么？

生 2：不能。因为 6 表示 6 个一，5 表示 5 个 0.1，计数单位不同，不能直接相减。

口算 3：$\frac{2}{9}+\frac{5}{9}=$

师生小结：只有计数单位相同，才能直接相减。

探究：$\frac{1}{2}+\frac{1}{4}=$

师：异分母分数能不能直接相加减？为什么？该怎么办？请同学们以小组为单位讨论这个问题。

……

案例抓住了"只有计数单位相同，才能直接相减"这条主线，在教学的关键点设置问题，促使了学生思考与讨论。运用讨论法应注意如下几个问题。

① 营造宽松的讨论氛围

罗杰斯认为：有利于创造活动的一般条件是心理的安全与心理的自由。当一个人在心理上感到安全时，他就不会害怕表现，会主动展示他的发散思维能力和求异思维，他在发表自己的意见时无须设防，从而保持心理自由。教学中要营造自由、安全、宽松的教学环境，让学生敢说、爱说、会说。案例在讨论之前，利用学生已有的知识经验，在互动交往的氛围中解决了"只有计数单位相同，才能直接相减"的难题，为学生后面的讨论作了充分的心理与知识的准备，教师教得轻松，学生学得愉快，这是值得借鉴的。

② 精心设计讨论点

教学不可能对每一个细小的问题都要展开讨论，因此教学前要精心设置讨论点。一般来说，讨论点要设在最近发展区，其难度略高于学生现有水平，让学生跳一跳能摘到果子；讨论点往往设置在教材的重点、教学的难点与问题的关键处，如解决问题的方法常常是教学重点，而易混易错的地方常常是教学难点，在这些地方可以设置讨论点。案例是关于异分母分数加减法的教学，教学重点是掌握异分母分数加减法法则，教学难点是理解通分的道理，教学关键是通分。"异分母分数能不能直接相加减？为什么？"解决的是教学的难点问题，"该怎么办？"抓住了教学的关键，可见，案例讨论点的设计是很恰当的。

③ 及时把握讨论时机

讨论时机应该是在学生产生疑虑的心理状态或提出有讨论价值的问题

时进行讨论。具体来说，思考出现困难时，意见发生分歧时，问题的解决方法不确定时，知识需要拓展时就是讨论的好时机。一位教师在教学"线段"时，突然一名学生问："电线杆之间的电线是不是线段？"老师意识到这是一个好的问题，他及时利用这一课程资源，组织学生讨论，这不仅活跃了课堂气氛，而且加深了学生对概念的理解。案例是在学生学习新知识的疑难处提出问题："异分母分数能不能直接相加减？为什么？该怎么办？"，选择在这个时候讨论，符合学生的需要和教学的需要。

④ 进行讨论方法指导

如何发言，如何倾听别人发言，如何评价别人意见，不同意见如何质疑辩论，小组长如何组织组员围绕问题讨论，如何集中意见向全班汇报……这些问题聋生有可能不是很清楚。因此，讨论时要针对学生的具体情况，学生的交往互动技能进行适当指导。

3. 操作实验法

（1）操作实验法的概念

操作实验法是指学生在教师指导下，利用一定的仪器设备或学具进行独立操作，找出对象的性质或问题的答案的方法。操作实验法符合聋生的个性心理与认知特点，在聋校数学教学中应用特别广泛。

（2）操作实验法的优点及其局限性

操作实验法不是由教师演示，而是学生亲自参加实验性的实践活动，强调在做中学，在实践中学，强调学生的多种感官参与学习，因此，它能充分体现学生的主体地位，激发学生参与学习的热情；能培养学生正确使用实验设备或学具的技能，养成严谨的科学态度和求实精神；能发展学生的观察力、思维力、实际操作能力和创造精神；学生在操作中手、脑、口并用，便于建构广泛的神经联系，有利于学生对知识的理解和记忆。但操作实验法也有不足之处，学生在操作实验过程中容易常常会偏离操作目的；操作活动是学生亲历亲为的实践活动，如果组织不力教学效果会受到影响；操作实验法主要是解决数学的抽象性与聋童的抽象思维不足之间的矛盾，因此，操作实验法更多地运用于聋校中低年级的数学教学，如有理数的认识一般不用操作法。

（3）运用操作实验法应注意的问题

案例："有余数的除法"教学片段

师：请同学们从学具袋里拿出 8 根小棒，每个人都用这 8 根小棒摆正方形，看一看可以摆几个正方形？

生1：我用 8 根小棒摆了两个正方形。（图略）

生2：我用 8 根小棒摆了一个大正方形。（图略）

师：谁能把摆的过程和结果用算式表示出来？

生3：8÷4＝2(个)；8÷8＝1(个)。

师：现在再请你们用这8根小棒摆出一个一个分开的三角形。

生4：我摆了2个三角形，多出2根小棒。(图略)

师：这多出来的2根可以说余2根。(板书余2根)

师：谁能把摆的过程和结果用算式表示出来？

生5：8÷3＝2(个)余2(根)(板书)

师：大家的摆法都一样吗？

生6：我用8根小棒摆了一个大三角形后也余2根。(图略)

师：你能不能把摆的过程和结果用算式表示出来？

生6：8÷6＝1(个)余2(根)(板书)

……

从案例可以看出，教师是运用操作实验法教学"有余数除法"的。学生通过动手操作，由没有剩余到有剩余，初步建立了余数概念。下面将结合这一案例研讨如何有效地运用操作实验法。

① 要有明确的操作实验目的

操作实验是有目的有计划的活动，教师在设计操作活动时，必须清楚为什么要设计操作实验环节，通过操作实验要达到什么样的教学效果；学生在操作实验之前，也要知道为什么要进行操作实验，操作实验要达到什么目的。案例中的操作活动是有目的的，第一步先让学生用8根小棒摆正方形，再把摆的过程和结果用算式表示出来。这一环节的教学目的是激活学生已有知识，为学生提供表现的机会，激发学生参与的热情，并为下一步提供教与学的模式与方法，即"一摆二说三列式计算"。第二步先让学生用8根小棒摆三角形，再把摆的过程和结果用算式表示出来。这一环节的教学目的是在学生已有的除法知识和学习经验的基础上，通过操作活动，利用操作结果写出有余数的除法的算式和结果，直观理解有余数的除法的意义，初步建立了余数概念，为进一步抽象概括提供支持。

② 要精心设计操作实验程序

操作实验过程是一个动态的过程，操作顺序的先后，操作是否流畅，操作是否准确，都直接影响到学生的思维和知识的获取。案例中的操作活动是精心设计的，为什么刚好选取"8根小棒"？为什么要先"摆正方形"，后"摆三角形"？每个环节中为什么都是先摆，再交流结果，然后用算式表示出来？为什么两个环节都能生成一些摆法？这就是精心准备的效果，它使教学思路更加清晰，教学环节更加紧凑，教学层次更加分明，教学目标更加明确,操作实验的过程更加流畅、效率更高。

③加强操作实验过程的指导

实验开始时,要向学生说明操作实验的目的和要求;操作实验进行时,教师要巡视检查学生实验操作情况,指导纠正实验操作中的错误,帮助实验中遇到困难的学生。

4. 演示法

(1)演示法的概念

演示法是教师在课堂上通过展示各种实物、直观教具,或进行示范性实验,让学生通过观察获得感性认识的教学方法。这种方法在聋校数学教学中被广泛采用,但它是一种辅助性的教学方法,常与讲解法等结合起来使用。

(2)演示法的优点及其局限性

演示法的优点是可以使学生获得丰富的感性材料,加深对事物的印象;教学中把理论与所展示的教具或实验演示结合起来,能使学生形成深刻正确的概念,确信所学的各种原理、法则的正确性;同时,可以激发学生的学习兴趣,集中注意力,使所学的知识易于巩固。演示法也存在着比较明显的不足之处,它更侧重于单向的接受知识,是接受性的学习,主要是老师活动为主,学生的自主性比较少,这样就有可能忽略了学生的个体差异;容易造成学生对数学的认识停留在表象上;它需要与其他方法配合使用,才能发挥更大的作用。

(3)运用演示法应注意的问题

案例:"梯形的面积"教学片段

准备两个形状和大小完全一样的梯形,上底、下底差异要大一点。将上底、下底、高(画一条)双面都分别涂上红色、黄色、蓝色,腰涂上绿色。

师演示:将重合的两个梯形用左手的拇指和食指拿好,让学生看清楚。

师:两个梯形有什么关系?

生:两个梯形是完全一样的。

师演示:将前面的梯形向右平移后旋转180°,再平移使之拼成平行四边形。

师:两个梯形拼成了什么图形?

生:拼成了平行四边形。

师:这个平行四边形的底和高与梯形的底和高有什么关系?

生:这个平行四边形的底是由梯形的上底与下底组成,高是原来梯形的高。

……

由于聋生的生活环境、语言基础、听力障碍等原因,其抽象思维能力和理解知识的能力较低,因此,演示法在聋教学中运用非常广泛。运用演示法应注意如下几个问题。

① 做好演示前的准备工作

要明确演示的目的。在选择演示法之前,要弄清为什么要选择演示法;选择演示法要解决什么问题,要达到什么目的。案例中梯形的面积教学选择演示法的目的是,将抽象的数学知识具体化、形象化,建立新旧知识之间的联系,达到运用已有的知识学习新知识的目的。

要根据演示的目的和学生的年龄特征选好教具。聋校数学教学演示的材料和教具有实物、模型、图画、图表等,还有多媒体、投影仪等演示工具。选择什么教具要根据演示的目的和学生的年龄特征等因素来确定。如"梯形的认识"的教学,教学目标是理解梯形的含义,这时演示的目的是为学生提供丰富的感性材料,因此可以用实物或多媒体课件把生活中的各种梯形展示给学生看,选择的教具就是"各种梯形";又如"梯形的面积"教学,它主要是解决怎样利用平行四边形的面积推导梯形面积的问题,案例选择了实物教具进行演示,促进了知识的转化,这里就不需要"各种梯形",而只需要"两个完全一样的梯形"。

要精心设计演示的过程。演示前要精心设计演示的内容、过程及方法。演示时要注意突出重点,如案例的重点是为了得出"这个平行四边形的底是由梯形的上底与下底组成,高是原来梯形的高。"

同时也要注意细节的设计,如需要几个手指拿教具,教具放在什么地方演示,是先平移还是先旋转等,细节问题不能忽视。

② 演示教具和必要的讲解结合起来

演示前要提出观察的目的要求,说明观察的方法;要配合演示重点讲解,提醒学生注意观察事物的主要特征及各种事物之间的联系,使学习在观察时能够抓住重点,直指目标;演示后要对现象进行分析综合,上升为理性知识,形成概念,掌握事物的本质。

5. 练习法

(1) 练习法的概念

练习法是指学生在教师指导下巩固与运用知识、掌握技能和技巧的方法,它是聋校数学教学常用的一种方法。

(2) 练习法的作用

通过练习这种学习实践活动,巩固和加深已学的知识,并在练习活动中初步学会运用知识的本领;在多次反复的练习过程中,掌握技能技巧;练习还有助于培养学生分析问题和解决问题的能力,发展学生创造能力,形成对工作认真的态度和勇于克服困难的良好品质。

(3)运用练习法应注意的问题

案例:"时分的认识"教学片断

(1)基本练习

① 说出钟面上所指的时间。(教师拨钟,全班抢答)

2:00,11:30,6:15,7:46

② 看卡片读时间。

12:00,7:35,11:55,3:43

③ 写出钟面上所示的时间。(教师拨钟,学生写时间)

(2)实践性练习

① 教师报时间,学生拨钟。

② 教师板书时间,学生拨钟。

③ 学生报时间,教师拨钟。

(3)综合对比练习

……

案例的练习设计,层次分明,重点突出,覆盖面广,符合聋生的认知特点。教师在运用练习法时应注意如下的问题。

① 练习的目的要明确

教师在练习之前要向学生说明练习的目的和要求,让学生知道他要做什么,要达到什么样的结果,以调动学生学习的积极性和主动性。

② 精心设计练习内容

练习设计要有针对性。练习设计要根据本班学生的情况,有针对性地围绕重点、难点、关键点来精心设计,要突出基本概念、基本原理和基本规律的重要地位。

练习要层次分明。练习一般经过模仿、掌握、熟练和创造几个阶段,在各个不同的阶段,练习设计要注意由易到难,由浅入深,有层次、有坡度。案例设计了基本练习、实践性练习、综合对比练习等题型,体现了练习的层次性,在每一个题型中的设计也注意了层次性,如"说出钟面上所指的时间"这道题中,有"2:00,11:30,6:15,7:46"几个小题,它们是按照"由易到难,由浅入深"规律编排的。

练习的方式要多样。聋生在从事单一的活动时注意力容易分散。因此,教师在设计练习时,要注意形成的多样化。可以采用填空、判断、选择、匹配、组合、游戏等形式多样的练习,让学生始终对学习充满热情,使课堂充满生机和活力。案例在实践性练习中设计了"教师报时间,学生拨钟""教师板书时间,学生拨钟""学生报时间,教师拨钟"等多种形式,能有效地激发学生学习的兴趣。

练习的分量和时间要适当。练习的数量不能太大,单调重复的"题海战术"只会是加重学生负担,降低练的兴趣。教师在设计练习时要适当安排练习的分量和时间,注重练习的实效。

③ 鼓励多样化的解决问题策略

由于学生的认识特征和思考角度不同,解决同一问题的方法必然是多种多样的,教师在练习中鼓励学生独立思考,尊重学生的差异,提倡解决问题策略的多样化。

④ 注意练习的反馈与反思

练习是有反馈的练习。只有练习而没有反馈,学生可能会习得错误的技能并一直保存下去。针对反馈信息教师不是作出简单的对与错的评价,而是要引导学生对反馈信息进行加工,引导学生进行自评和反思。在自评、互评和反思的活动中,促进学生对数学知识深层次理解。

6. 游戏法

(1) 游戏法的概念

游戏法是把数学教学的内容或方法与学生喜闻乐见的游戏有机地结合起来的一种教学方法。游戏法不是单纯的做游戏,而是通过游戏,达到一定的教学目标,是为实现教学目标服务的。游戏法一般包括如下教学环节:

① 明确游戏活动规则。数学游戏进行时,必须要交代游戏的具体规则,对参与者和不参与者,都要提出要求,要遵守规则,按照规则来进行活动,而且还要有意识地提出相应的教育要求。

② 组织游戏活动。教师应该积极参与游戏活动,对学生进行及时的、有针对性的指导。

③ 概括总结与评价反思。教学游戏活动结束后,必须对这个活动进行总结、评价,并抽象、概括出数学知识技能。

(2) 游戏法的优点及其局限性

数学游戏具有趣味性和娱乐性,因此,运用游戏教学法教学具有如下优点:能让学生们能够在愉悦的气氛中学习数学,激发学生学习数学的兴趣;能够激发学生积极参与数学学习活动,体现学生的主体性;能够引导学生用数学的眼光去观察世界,发现问题,从而培养学生的数学意识;引导学生在游戏活动中愉快地合作,从而提高学生的协作能力和合作精神。

由于数学原理、方法、知识是蕴涵在游戏之中,一些学生在游戏活动过程中会出现为游戏而游戏的现象,这会影响到数学知识的系统学习。

(3)运用游戏法应注意的问题

案例:"可能性"教学片段

师:刚才我们学习了用"可能""不可能""一定"来描述生活中的现象,老师想到了一个游戏。这个游戏是让你们根据老师的描述猜这个人是谁,并要求用今天学的几个词语中的一个来描述,谁说得好将可以得到一个书签。

师:这个人是我们班的一名学生;

生1:他一定是我。

生2:这太多了。

生3:他可能是我。

生4:他不可能是老师。

师:谁说得好?

生5:后面两人说得都好。

师:他是一位男生;

……

案例用游戏的方法,帮助学生运用、巩固了所学的知识,激发了学生学习的兴趣。下面将结合案例讨论教师在运用游戏法时应注意的问题。

① 要有明确的目的

我们提倡课堂中采取游戏教学,其目的在于更好、更有效地完成教学任务。因此,在运用游戏教学时,要将游戏目的与教学内容有机地结合起来,使游戏的每一步都围绕教学内容与教学目标展开。案例所设计的数学游戏,它的主要目的是用"可能""不可能""一定"来描述生活中的现象,体验确定与不确定现象,这既是这个数学游戏的目的,也是"可能性"这节课的教学目标之一,因此,做好这个游戏,就能完成部分教学任务。

② 要重视数学知识技能目标的实现

设计游戏的目的是为了让学生在游戏过程中获得知识,如果忽略了这一目的,游戏也就变成了玩,变得没有任何意义。要想获得数学知识技能,教师在游戏的过程中要注意加强引导与调控,使游戏活动不要偏离了数学学习的轨道,使游戏法真正成为学生学习数学的方法,为数学课堂教学服务;同时,要注意保护、保存、合理利用学生在游戏过程中产生的学习兴趣与能量,因势利导,及时迁移,使之成为知识学习动力,从而提高学习的效益。

7. 引导发现法

(1)引导发现法的概念

发现法是由美国当代著名的教育家、认知心理学家布鲁纳 50 年代末倡导的一种教学方法,它是指教师不是把现成的数学知识传授给学生,而是引导学生根据教师或教材提供的一些实事或问题,通过自主探索,对人类已有的数学知识进行再发现,从而获取数学知识的一种方法。它的基本教学过程可以概括为四个阶段。

第一阶段:创设问题的情境,使学生在这种情境中产生矛盾,提出要求解决或必须解决的问题。

第二阶段:促使学生利用教师所提供的某些材料、所提出的问题,提出解答的假设。

第三阶段:从理论上或实践上检验自己的假设。

第四阶段:根据实验获得的一定材料或结果,在仔细评价的基础上得出结论。

(2) 引导发现法的主要优点及其局限性

引导发现法的显著特点是把学生看成发现者,强调学生自己去探索,去发现,从而能充分发挥学生的主动性、积极性和创造性,发挥学生的潜力,培养学生提出问题和解决问题的能力,发展学生创新精神;学会探究的方法,提高独立学习的能力;在发现学习过程中,学生会对已有的知识结构进行内部改组,这样可以加强新旧知识之间的联系,形成系统化和结构化的知识,有助于深刻地理解知识,并能较好保持在记忆中。

引导发现法也有自身的局限性。学生学习的知识都要自己去探索去发现,这需要花费大量的时间,在我国现在的数学课堂教学中是很难做到的;况且有些约定俗成的内容,如概念的名称、符号、表示法、量的计数单位等,一般不用发现法,仍然需要教师来传授。

(3) 运用引导发现法应注意的问题

案例:"分数的基本性质"教学片段

师:刚才我们已经得出 $\frac{1}{2}=\frac{2}{4}=\frac{4}{8}$,这个等式中包含了什么规律呢?

师:从左向右看,分数的分子和分母是如何变化的?

生1:分数的分子和分母都同时乘以2。

生2:分数的分子和分母都同时乘以2,或都同时乘以4。

师:你还发现了什么?

生3:分数的分子和分母都同时乘以2,或都同时乘以4,分数大小不变。

师:由此可以得到什么结论?

生4：分数的分子和分母都同时乘以一个数，分数大小不变。

……

案例是建立在学生已有的知识基础之上，在教师的引导下的发现，学生经历了分数的基本性质的探索发现过程，概括并理解了分数的基本性质。下面将结合案例讨论教师在运用引导发现法时应注意的问题。

① 创设有利于学生探究发现的情境

数学问题情境不仅包含与数学知识有关的信息，还包括那些与问题联系在一起的生活背景。它是沟通现实生活与数学学习之间、具体问题与抽象概念之间联系的桥梁。新课程特别重视情景问题的创设，标准明确提出：数学教学要紧密联系学生的生活实际，从学生的生活经验和已有知识出发，创设生动有趣的情景，引导学生开展观察、操作、猜想、发现、交流等学习活动。引导发现法也要求教师要创设问题的情境，使学生在这种情境中产生矛盾，提出要求解决或必须解决的问题。案例创设了"$\frac{1}{2}=\frac{2}{4}=\frac{4}{8}$"的情境，提出了"这个等式中包含了什么规律呢？"这为学生的学习提供了探索发现的平台。

② 对学生的探究发现过程做必要的指导

纯发现法的教学自始至终是学生自己去发现知识，带有随机性，需要花费大量的时间，又不易获得系统完整的数学知识，因此，聋生在探究发现的过程中，教师可以作必要的指导，充分发挥教师的主导作用，引导学生去发现，帮助学生系统获得知识。案例中"从左向右看，分数的分子和分母是如何变化的？""你还发现了什么？""由此可以得到什么结论？"等问题，就是教师根据聋生的特点，引导学生逐步发现规律，总结性质的。

③ 要注意引导学生对发现的全过程进行总结与反思

反思不仅有利于学生理解知识，而且有利于学生回顾体验，树立探究的信心和能力，形成探究的方法。因此，学习后应该引导学生进行总结与反思。

二、选择数学教学方法的标准与程序

（一）选择聋校数学教学方法的标准

选择聋校数学教学方法时，要考虑到教学目标和任务，考虑到教材的编排与内容类型，考虑到学生和教师的特点及环境因素。

1. 依据教学目标选择教学方法

数学教学目标是影响教学方法选择的主要因素。数学教学目标包括知识技能、数学思考、问题解决、情感态度这四个领域,每个领域又分为若干个层次。不同领域或不同层次的教学目标必须要借助于相应的教学方法和教学技术来实现。例如,如果教学目标强调知识的接受,则可相应注重采取以语言传递信息为主的讲解的方法;如果以学生掌握动作技能为主要教学目标,可以采用以实际操作训练为主的教学方法。

2. 依据教学任务选择教学方法

数学教学任务也是影响教学方法选择的主要因素。不同的教学任务必须借助于相应的教学方法来完成,换言之,不同的教学任务可以选择不同的教学方法。如感知新内容时,常常选择演示法、操作法、游戏法等;理解新内容时,常常选择引导发现法、讨论法、讲解法等;巩固强化知识时,常常选择练习法。

3. 参考教材编排特点选择教学方法

教材的表述、编排形式对教学方法的选择有示范与导向作用。同样的教学内容采用不同的教材表述、编排方式,对于教师来说就蕴含着采用不同教学方法的导向因素。原来的教材常常采用"复习—例题—总结—练习"的模式编排,教师常常会选择以讲解法为主,以演示法、操作法为辅的教学策略,以完成知识传授任务;新教材常常采用"现实题材—提出数学问题—建立数学模型—研究运用数学方法—解决问题"的模式编排,教师常常会选择引导发现法、探究法、讨论法等教学方法,以实现全面发展的目标。

4. 依据知识类型选择教学方法

数学知识的类型是不同的,有的是概念教学,有的是技能教学,有的是规则教学,不同类型的知识认知心理是不一样的,所以在教学中采用的教学方法与策略也是有很大差异的。这就要求教师应该根据不同的教学内容特点,选择适当的教学方法。如操作技能学习常常采用示范—模仿法;心智技能学习常常采用范例教学法、讨论法、引导发现法;法则学习常常采用讨论法、引导发现法、探究法;概念学习常常使用能丰富学生感性认识的一些方法。

5. 依据学生差异和特点选择教学方法

选择教学方法要考虑对学生的适用性,符合学生的特点。教师应注意了解学生的年龄生理和心理特点、学习准备基础、对各种教学方法的适应程度、学习自觉性和学习态度、自我检查学习效果的发展水平以及班集体在学习方面的特点等。如果学生学习水平较高,学习准备基础较好,学习能力较强,可以多采用讲述、讨论、发现、探究、合作学习等教学方法;如果学生的学习水平较低,基础较差,学习能力较弱,则应多采用演示、操作、游戏、谈话等教学方法。

  6. 依据教师的素养条件选择教学方法

  教师素养在教学过程中主要表现在他的表达能力、思维品质、教学技能、个性特长、教学风格特征、组织能力等方面。任何一种教学方法的选用，只有适应教师的素养条件，为教师所领会和掌握，才能运用自如和充分地发挥作用。因此，教师在选择教学方法时，应当根据自己的实际优势，扬长避短，选择与自己实际情况相适应的教学方法。如语言表达清楚、启发性强、感情丰富的教师，可利用自己的优势，运用好讲述、讲解、谈话等教学方法；擅长绘画、手工，或长期收集各种图片、录像资料的教师，可充分利用自己的特长多采用直观教学的一些方法，以使学生累积丰富的表象；思维敏捷、组织能力强的，运用谈话法、讨论法效果较好。

  7. 根据学校的教学环境条件选择教学方法

  这里所说的教学环境，主要是指学校教学设备条件（实验仪器、教学设备、图书资料等）、教学空间条件（教室、实验室、活动室等）和教学时间条件等。教学环境条件对选择教学方法具有制约作用，特别是现代化教学手段的充分运用，会更进一步地开拓教学方法的功能和适用范围。讨论法、参观法、发现法等方法，比讲解法、谈话法等耗费的时间多，在选用时应考虑时间是否允许；选用操作实验法、多媒体演示等教学方法时应考虑是否有足够的设备；选择参观法时应考虑是否有符合要求的参观对象等。

  （二）选择聋校数学教学方法的程序

  1. 明确选择的标准。标准要具体化，切忌抽象。

  2. 尽可能广泛地了解有关的教学方法，掌握每种教学方法的优缺点与适用范围。

  3. 对各种可供选择的教学方法进行比较。包括比较各种具体教学方法的可能；比较各种供选择的教学方法的适用范围和条件。

  4. 在既定的教学任务、教学内容、师生特点、教学时间等条件下，对各种方法进行筛选，作出最后决定。

  三、选用教学手段的策略

  （一）教学手段的意义及其分类

  1. 教学手段的意义

  教学手段是构成教学活动的重要因素。所谓教学手段，是指师生为实现预期的教学目的，开展教学活动、相互传递信息的工具、媒体或设备。这一定义从三个方面表述了教学手段的内涵:一是教学手段表现为一些工具、媒体和设备,是教学活动中所使用的物质工具,这些工具随着社会的发展和进步,是不断变化和发展的。二是这些工具、媒体或设备的使用不是盲目的,是用来传递信息的,这些信息不是娱乐信息、也不是广告信息,而是具有教育意义的教学信息。教学手段受教学目标、教学任务制约,完成不同的教学任务,要使用不同的教学手段。三是教学手段既包含了教师教的手段,又包括了学生学的工具,教师和学生都是教学手段的使用者。

在教学实践中,教学方法与教学手段也是两个容易混淆的概念。教学手段是传递信息的工具、媒体或设备,它是教学活动中所使用的物质工具。教学方法不是某种实物,而是对教学手段的操作和运用。因此,教学方法与教学手段是两个不同的概念。

2. 教学手段的分类

了解教学手段的分类,可以帮助我们更好地把握各种教学手段的特性和功能。教学手段的分类是多种多样的,如果根据教学手段产生时间的先后,可将教学手段分为三类。

(1) 传统教学手段。如黑板、粉笔、实物、挂图、模型、表格等。

(2) 电化教学手段。如幻灯机、投影仪、录音机、电影机、电视机、录像机等。

(3) 现代化教学手段。主要是指以计算机为核心,并且运用网络技术和通讯技术的教学手段。

这种分类可使我们清楚地认识到教学手段体现的时代特点和技术水平,在提高运用传统教学手段水平的基础上,积极创造条件普及现代化教学手段,更好地提高教学质量和效率。

(二) 教学手段的作用

1. 把抽象的数学知识具体化

数学具有抽象性,这是数学的一个特点,而聋生的思维是以形象思维为主,处于直观形象思维向抽象思维的过渡时期,这就构成了聋学生思维的形象性与数学的抽象性之间的矛盾。这一矛盾,从客观上决定了聋生在数学学习中要依靠感性材料的支持,即对于数学知识的理解与掌握往往都需借助形象直观和具体操作实践。因此,在聋校数学教学中,教师应采用学具操作、实物演示、多媒体演示、游戏教学等教学手段与方式,创设情景,使抽象的数学问题具体化,以便捷的方式沟通书本知识与数学现实之间的联系,激发学生的学习兴趣,优化教学过程,增强教学效果。如圆柱的体积公式推导比较困难,但如果利用教具,将其分割成16等分、32等分、64等分,将圆柱"化圆为方",利用已有的知识就可以比较容易地解决其公式推导的难题。如"几分之一"是学生第一次学习分数,在生活中也很少接触分数,因此理解出现了困难,但如果采用分苹果、折纸、画圆等直观手段将其形象的反映出来,学生就比较容易理解分数的含义。

2. 能促进教与学活动方式的改变

今天的学习方式就是明天的生活方式,学生学习方式的改变对学生现在的学习和未来的生活至关重要。教学手段具有影响和改变教与学的活动方式的功能。学生通过学具操作和动手实践,自己主动的探索事物或现象的变化规律,经历数学知识的发生发展过程,促使学生在动态中观察,在操作中发现,在探求中学习,改变过去那种老师讲学生听、死记硬背的学习方式。

3. 有利于教师开展数学教学活动

在教学活动中,教师总是借助一定的教学手段作用于对象而实现预期目的。教学手段是教学活动不可缺少的一个必要的和重要的组成部分。教师如果掌握了教学手段,他就能更好地发挥引导者、组织者和参与者的作用。教学手段有助于教师更全面、更深入地揭示教学内容,有助于教师启发学生思考,有助于教师激发学生良好的学习动机,有助于教师优质高效地输送教学信息,使教师在课堂上摆脱大量的纯技术性工作,有更多时间同学生一起从事创造性劳动。

4. 有利于学生开展数学学习活动

学生是在教师指导下,借助于教学手段认识周围世界的。教学手段可以化静为动,启迪学生思维,发展学生的认识兴趣;教学手段可以化抽象为具体,使数学与学生的现实发生联系,帮助学生自己建构知识;教学手段可以化难为易,帮助学生获得成功经验,树立学好数学信心;教学手段沟通新旧知识的联系,促进知识与方法的迁移;教学手段可以改变信息传输通道,为学生提供更完整、更准确的信息,提高学习的速度和质量。

(三)选用教学手段的策略

1. 正确把握各种教学手段的特点,根据教学需要选择教学手段

不同的教学手段具有各自的优点和不足,完成不同的教学任务也需要选择不同的教学手段,因此,教师应该熟知各种教学手段的特点,根据教学需要选择恰当的教学手段。例如,长方形的面积的教学,需要学生经历长方形的面积的推导过程,发展操作能力和空间观念,为了完成这一任务,最好

采用实物类的教学手段,引导学生在做中学;又如圆柱体的体积教学,需要学生经历圆柱体的体积公式的推导过程,要完成这一任务就要将圆柱体"化圆为方",要将圆柱体"化圆为方"又要用到极限的思想,即将圆柱分割成16等分、32等分、64等分,拼成近似长方体,这时,如果采用多媒体手段来辅助教学,效果会比较好。

2. 重视传统教学手段与现代化教学手段的整合

有人认为现代化教学手段具有传统教学手段所不可比拟的优势,必将取代传统教学手段而使教学领域发生根本性的革命。其实,这种观点有它的偏激之处。现代化教学手段不是凭空产生的,它是在传统教学手段的基础上发展起来的。二者不是对立的,而是互补的,因为传统教学手段和现代化教学手段各具优缺点。传统的教学手段,如教师的言语表情、手势和板书在教学中所取得的效果是现代教学技术手段难以达到的,而现代技术所具有的功能,如计算功能和仿真实验也是传统的教学手段所望尘莫及的,故此两种手段具有良好的互补性。

3. 教学手段不仅要现代化,而且要"人性化"

首先,课件制作要更加"人性化"。① 投影底色柔和一些。可以冬天用暖色调夏天用冷色调。② 字体宜多用楷体,这是聋校教学的要求。③ 动画的放映速度要适当,色彩搭配要谐调,不要过于花俏,那种"光电感"的动画和与教学内容无关的动画会分散学生的注意力。④ 语句简练、条理清晰、表述准确。⑤ 每张幻灯片的文字不要过多。

其次,要注意教学速度和学生的思维速度保持一致。运用多媒体教学,往往容易造成教学速度过快,学生的思维速度跟不上的情况,有人形象的将这种现象称之为"电灌"。灌输式教学固然不对,但"电灌"更可怕。所以老师在运用多媒体教学时,要注意放映速度、语速和学生记录三者之间的配合协调,要给学生留有一定思考时间。

第三节　聋校数学教学模式

长期以来,研究者们不断寻求教学领域中沟通理论与实践的桥梁,探索它们之间得以联系的中介。教学理论研究的目的在于指导教学实践,而教学理论本身又具有抽象性的特点,这使得教学理论与具体的教学实践之间总是存在一定的差距。同时,教师的实践活动是复杂多样的,丰富的实践经验有待升华。教学中丰富的教学实践如何上升为教学理论?教学理论又如何指导具体的教学实践?对这些问题的思考促进了教学模式研究的开始与不断深入。

　　什么是教学模式？即教学模式的定义问题，自教学模式产生之初，这就一直存在着争议。张武升认为，教学模式是在教学实践中形成的一种设计和组织教学的理论，这种教学理论是以简化的形式表达出来的。吴也显认为教学模式是在一定教学思想或理论指导下建立起来的各类型教学活动的基本结构或框架。甄德山认为教学模式是在一定教学思想指导下建立起来的与一定任务相联系的教学程序及方法的策略体系。叶澜则提出，教学模式俗称大方法，它是从教学原理、内容、目标、过程直到教学形式的整体、系统的操作样式。这些定义虽然表述不尽相同，但对于教学模式的性质与功能却都有一些普遍的共识，即教学模式是具体化的教学理论，是概括化的教学经验，是教学理论联系教学实践的中介。

　　教学模式不同于教学方法。教学方法是具体运用于教学中、指导教学的方法，而教学模式是更深入层面上的教学操作的总结与概括，是对教学经验的高度提升和对教学理论的具体化。一种教学模式可能包含几种可供选择的教学方法，而一种教学方法也可能应用于不同的教学模式之中。教学模式通常有明确的指向性和一套实施的操作程序，具有可模仿性和可操作性。但这并不是说，人们可以照抄照搬、机械套用。教学模式是一种灵活的操作程序，是需要在实践中不断改进、发展与完善的。

　　当前形势下，聋校数学教学模式的探索同样是聋校数学研究中的一个重点课题。我们将重点分析以下三种聋校常用的数学教学模式：讲解接受教学模式、探究发现教学模式、小组合作教学模式。

一、讲解接受教学模式及其应用

　　讲解接受教学模式是数学教学中最为传统的教学模式，它是在传统课堂教学的基础上逐渐深化而来的。讲解接受教学模式强调教师是课堂教学的主导，教师要有步骤、有计划地组织整个课堂教学，以教师的知识传输为主要手段，通过演示、讲解等方法传递知识，学生通过聆听获取知识、理解教材、练习巩固、领会运用。

　　讲解接受教学模式的理论依据主要是苏联凯洛夫的教学思想以及奥苏贝尔的有意义学习理论。该模式源于赫尔巴特的四段教学法（明了—联想—系统—方法），后来由苏联凯洛夫等人传入中国。凯洛夫的教学思想强调以教师系统讲授知识为课堂教学的中心，重视基础知识、基本技能的教学。凯洛夫认为课堂教学中学生的学习应该是一个"感知—理解—巩固—运用"的过程，并以此为依据，建立了综合课的五个环节教学模式，即"组织教学、复习旧课、讲授新课、小结、布置作业"。凯洛夫的这种教学模式对我国的课堂教学产生了深远的影响,建国后很长时间以来这种教学模式几乎一直是课堂教学中唯一的教学模式。奥苏贝尔也认为,学校的主要任务是向学生传授学科中明确、稳定而又系统的知识。"大多数课堂学习,特别是在较年长的学生方面,都是有意义的接受学习。"①学生的主要任务是以有意义的接受学习方式获得有组织的知识,形成良好的认知结构。因而,讲解接受教学是一种有利于学生获得系统知识的良好模式。

从讲解接受教学模式的长期发展和使用来看,讲解接受教学模式形成了基本的实施程序,可以归结为:复习导入—新授—巩固—总结—作业。

复习导入:教师通过设计练习题、提问等方式,引领学生形成对旧有知识的回忆,为新知识的学习提供铺垫。"温故而知新",对旧知识的复习会有利于新知识传递时的知识同化与顺应。同时,复习导入环节也是教师创设学习情境,激发学生学习动机的过程。

新授:新授是讲解接受教学模式最核心的环节。教师通过讲解、讲述、谈话、例题演示等教学方法展开对新知识的传输,从而帮助学生建立概念、掌握知识。

巩固:巩固是讲解接受教学模式不可或缺的环节,在新知识讲授完之后,教师会及时组织一些相关练习内容,让学生进行练习。以使学生达到巩固新知识、举一反三、学以致用的能力。

总结:教师对课时内容进行简要概括,帮助学生建立完整的知识体系。

作业:在讲解接受教学模式中,布置作业在很多情况下是非常必要的。作业一方面可以检查学生对已有内容的掌握程度,另一方面可以进一步巩固新知识。作业可以分为课堂作业与课外作业,课堂作业是要求学生在课堂中完成的,这部分作业教师可以及时反馈,课外作业更多情况下是对课堂教学内容的延伸与拓宽,在题目选择上可以更加灵活。

通过对讲解接受教学模式的基本程序进行分析,我们可以看出,这种教学模式的主要特点是以教师为主导,以系统知识的传授为主要目的和手段。这种教学模式的优势在于能够充分发挥教师的主导作用,教师可以对课堂教学进行完整的设计与控制;可以在较短的时间内传授较多的知识;学生可以获取系统的知识,形成较完整的知识结构。另外,这种教学模式的程序较为简便、容易掌握和实施,因而长期以来,讲解接受教学模式可以成为课堂

---

① 奥苏贝尔,等.教育心理学——认知观点[M].余星南,等译.北京:人民教育出版社,1994:2.

教学中最为常用的教学模式。有研究者①曾对我国的数学课堂教学模式进行过调查,在595位被调查的数学老师中,有379位(63.7%)教师明确表示,在日常的教学活动中,主要采用的是以教师讲授为主的讲解接受教学模式。事实上,受我国长期讲授教学的习惯和凯洛夫教学思想的影响,这种教学模式的使用其实更为广泛。讲解接受教学模式是使用最广、影响最大的教学模式,但同时,这种教学模式也是教学研究发展到今天,最为受到质疑与广泛批评的对象。特别随着基础教育课程改革的深入,素质教育的展开,和对全面发展人才培养目标的诉求背景下,讲解接受教学模式固有的弊端凸显无疑,使得这种教学模式已不能完全适应新时代教学改革的要求。这种教学模式饱受批评的地方主要在于:其一,讲解接受模式在强调教师主导作用的同时,忽略了学生的主体地位,不利于学生主观能动性的发挥。学生是学习的主人,但在讲解接受教学模式中,学生普遍成为了知识的被动接受者,而不是主动探索者,学生的主体地位和能动作用很难得到施展和发挥,束缚了学生的学习积极性,使得课堂教学经常出现沉闷与压抑的氛围,不利于学生的创新精神和独立学习意识及能力的培养。基础教育课程改革也明确指出,教学改革要打破传统的单纯由教师完全讲授的模式,强调学生主体地位的发挥和塑造。其二,讲解接受教学模式侧重于对知识的传递,忽视了对学生全面发展素养的培养。时代发展需要全面发展的人才,在知识、能力、人文素养等方面要求全面提高。讲解接受教学模式在知识的系统传输方面颇具优势,但往往会造成学生其他素养的缺失,不利于学生的全面发展。故此,在素质教育改革的今天,讲解接受教学模式已不能完全适应时代对人才培养的要求,但这并不意味着我们要对这种教学模式完全抛弃。

  为了适应时代对人才培养的要求,许多学者对讲解接受教学模式的五个环节进行了改造,具有代表性的有两种。第一种将其修改为"情境设疑—新知探究—练习巩固—总结反思—布置作业"五个环节,其中第一环节除了"情境设疑"外,还可以是"以旧引新""激趣导入""创设情境,提出问题""复习铺垫"等,第二环节除了"新知探究"外,还可以是"合作探究""学习新知"等,第三环节除了"练习巩固"外,还可以是"练习达标"等,第四环节除了"总结反思"外,还可以是"总结提高""总结回顾"等。第二种修改建议是华师大张奠宙教授提出的,五环节为"创设情境—活动尝试—师生探究—巩固反思—作业质疑"。除此之外,还有人提出讲解接受教学模式可以修改为"创设情境,提出问题—自主探索,建立模型—巩固练习,应用拓展—总结反思,

---

① 曹一鸣. 数学教学模式的重构与超越[D]. 南京师范大学博士论文,2003:54.

完善结构—布置作业"五个环节。总之修改后的教学模式吸收了其他教学模式的优点,体现了新课程的理念,具有时代性和可操作性,深受一线教师的喜爱。

案例:"5的乘法口诀"教学设计

【教材分析】"5的乘法口诀"是全日制聋校实验教材第四册第18页的内容,属于数与代数领域的知识。学习5的乘法口诀之前,学生已经学习了乘法运算的意义,对乘法已有了初步的认识,并且已经有了1~4乘法口诀的基础,教材在这里不再出现连加式,而是结合实物图启发学生直接引出乘法算式,归纳出乘法口诀,为之后进一步学习6~9的乘法口诀打好基础。教材让学生参加编口诀的活动,体会编口诀的方法,逐步学会编乘法口诀,在编口诀的过程中体会探索知识的经验,提高学习数学的能力和积极性。

【教学目标】经历归纳5的乘法口诀的过程,知道5的乘法口诀的来历,并能理解每句口诀的含义。熟记5的乘法口诀,会用口诀正确地进行计算。通过找规律,归纳口诀,培养学生探索新知、自主学习的能力,形成数学学习的经验。

【教学重难点】重点:理解口诀的含义,会用口诀正确地进行计算。

难点:会用口诀正确地进行计算。

【教学方法】采用以讲解结合自主探究为主的综合教学方法。

【教学准备】练习本、课件。

【教学过程】

(一)复习导入

1. 指名让学生背1~4的乘法口诀。

2. 口算:

3×4 3×2 2×3 2×4 1×4 3×3 2×1 1×2 4×4

追问:在计算时,我们运用了哪句口诀?

3. 导入。今天我们学习5的乘法口诀,板书课题"5的乘法口诀"。

【设计意图】让学生在背、用等活动中熟记、运用已学口诀,为后面的学习做好准备。

(二)自主探究,构建新知

1. 创设情境,感知规律。

(1)谈话:同学们,认识这个字吗?(出示"正"字)你知道这个"正"字有几笔吗?

(2)提问:1个"正"字有5笔,现在请同学们数一数5个正字有多少笔呢?(25笔)

强调:一个正字有5笔。数的时候可以5个5个地数,5,10,15,20,25,一共有25笔。

(3) 学生填写5连续加5的表格,确认每次加得的结果。

(4) 从表格中你们发现了什么?根据生的回答,师板书:

1个5是5　2个5是10　3个5是15　4个5是20　5个5是25

【设计意图】学生通过直观与操作,在得出结果的同时,进一步理解了乘法的含义,并为编制相关的乘法口诀,打下了基础。

2. 编"一五、二五"口诀。

(1) 谈话:其实为了让乘法计算的结果更快、更准确,在很早以前我们的祖先就发明了乘法口诀。现在,我们就来研究"5的乘法口诀"。

(2) 一个正字有多少笔?(5笔)怎样列算式?

学生回答,教师板书:$5×1=5$　$1×5=5$

上面两个算式表示什么意思?学生回答,老师讲解:$5×1=5$ 或 $1×5=5$ 表示1乘5或5乘1等于5,编成口诀就是"一五得五"。

板书:一五得五。

追问:"一五得五"表示什么意思?

(3) 两个正字有多少笔?(10笔)

提问:2个5得10,谁能写出乘法算式?

根据学生回答,教师板书:$2×5=10$　$5×2=10$

$2×5=10$　$5×2=10$ 表示什么意思?学生回答,老师讲解:$2×5=10$ 或 $5×2=10$ 表示2乘5或5乘2等于10,编成口诀就是"二五一十"(板书口诀)。

追问:"二五一十"表示什么意思?

【设计意图】通过列算式、想意义,引导学生概括口诀,理解口诀含义。

3. 师生共同学习三五十五。

(1) 提问:3个正字有多少笔?(15笔)用乘法算式怎样写?($3×5=15$　$5×3=15$)

(2) $3×5=15$　$5×3=15$ 表示什么意思?(表示3乘5或5乘3等于15)

引导:仿照"二五"的口诀想想,这一句口诀该怎样说?(三五十五)

(3) 追问:"三五十五"表示什么意思?

【设计意图】教师在关键处启发、点拨,留给学生充分的时间和空间,让学生积极主动参与知识的形成过程,构建新知。

4. 自主探究其余口诀。

(1) 请同学们根据表格写出乘法算式,并编出其余口诀。

(2) 学生交流。学生板书。

(3) 说说其余口诀的含义。

【设计意图】遵循学生的认识规律,由"扶"到"放",使学生在编乘法口诀的过程中,初步培养学生学习能力,积累学习情感,享受成功的喜悦。

5. 齐读口诀。

(三) 多种形式,背诵口诀

1. 寻找规律,巧记口诀。

今天这节课,我们一起学习了有关5的乘法口诀,你看5的口诀共有几句?怎样才能更好更快地记住这些口诀呢?你有什么好办法?把你的好办法给你的同桌说一说。

2. 背诵口诀。

(1) 同桌互相背一背。(2) 开火车背口诀。(3) 顺着背口诀。

【设计意图】通过思考与讨论,理清口诀之间的关系,进一步沟通口诀之间的联系。

(四) 巩固练习

1. 根据口诀写出两个乘法算式。

二五一十　　三五十五　　四五二十　　一五得五

(　　　　)　(　　　　)　(　　　　)　(　　　　)

(　　　　)　(　　　　)　(　　　　)　(　　　　)

2. 在□里填上正确的数。

3＋3＋3＋3＝□×□　　　　5＋5＋5＋5＝□×□

4×5＝□＋□＋□＋□＋□＝□＋□＋□＋□

3. 游戏。老师说出口诀的半部分,学生补充口诀的后半部分。(先按照一定的顺序出现口诀,再打乱顺序)

4. 让学生做练习十的1～3题。

【设计意图】设计形式多种多样,生动有趣的练习符合二年级小朋友的心理特征,让他们在动中学,玩中学,游戏中学,使他们对新知的认识升华一步,进而形成技能。

(五) 总结反思

通过今天的学习你有什么收获?

教师:这节课我们学习了5的乘法口诀,我们不仅要熟记5的乘法口诀,还要会运用口诀计算乘法。

(六) 布置作业

二、探究发现教学模式及其应用

所谓探索发现教学模式,是一种以问题的解决为中心,以学生已有的知识经验为基础,学生在教师创设的情境引导下,积极主动地提出问题、分析问题、寻求答案、解决问题,通过自身的情感体验去实现知识的再创造的教学模式。

探究发展教学模式源于对探究学习与发现学习的系统研究。美国的施瓦布从方法论的角度出发对教学过程进行了剖析,主张学生按科学家从事教育科研的程序和方法进行学习,提出了探究学习的理论,认为学生的教材学习是一种在教师指导下对教材展开的探究性的学习活动。另外一位美国学者布鲁纳则大力倡导发现学习。所谓发现学习,就是学生不是从教师的讲述中得到一个概念或原则,而是在教师组织的学习情境中,学生通过自己的头脑亲自获得知识的一种方法。[①] 发现学习理论认为学科教学不能是灌输作为结果的知识,而是指导学生参与形成知识的过程,学生由于经历了这种知识发现过程,可以促进外部学习向内部学习动机的转换,促进知识迁移能力的形成。探究学习与发现学习都是问题解决式的学习,都主张以问题的形成为学习的起始阶段,重视学生的参与,重视知识的获得过程。因而,在教学模式发展过程中,通常将探究学习与发现学习合并起来,称之为探究发现教学模式。

探究发现教学模式的提出,不仅是发现学习与探究学习等理论发展的结果,它也契合了现代心理学与教育学发展的基本趋势与要求。如认知结构理论、先行组织者策略、建构主义理论以及教育学的主体教育论等。探究发现教学模式的本质在于突出学生的主体作用,具有注重知识的发生、发展过程,让学生自己去探究、发现并解决问题,主动获取知识等显著特点。它有利于调动学生学习的积极性和主动性,让学生在参与中学习,并在学习中塑造探究精神、创新意识与合作能力。

探究发现教学模式的基本程序可以归结为:情境创设—提出假设—探究发现—总结提升。

情境创设:教师要根据教学目标和学生已有认知结构设计出生动的学习情境,激发学生的探究意识和创新精神,使学生能够形成问题,并对问题产生浓厚的兴趣与热情。聋校数学教学中,创设有效的问题情境是第一步,也是相当重要的一步。教师可以通过数学原理展开、动手操作等方式,让学

[①] 唐瑞芬.数学教学理论选讲[M].上海:华东师范大学出版社,2001:109.

生形成一种探究的心向,从而为探究发展教学模式的展开奠定基础。

提出假设:问题的解决起源于对问题的假设,假设是一种系统的思维过程,是学生为了解决问题而对问题的诸多可能性进行的分析。数学课堂教学中,当教师创设了一种合适的教学情境,并提出了问题之后,要鼓励学生从多种角度对问题的解决展开设想,引导学生从已有经验与知识结构出发,发散性地思考问题。

探究发现:探究发现的过程是此种教学模式最核心的环节。在学生形成对问题的假设后,针对多种可能性,教师并不给出最后的答案,而是让学生通过自己动手、实践操作或收集资料、对比分析等方式对问题进行探索和解答,通过学生的探究和发现,来验证假设,寻求正确的解答方式。这个过程是学生运用已有知识,主动思考,体现知识获得的具体过程。

总结提升:在充分体验到问题解决与知识获取的过程后,教师要引导学生对获取的知识技能进行总结提升,使学生在探究中发现的经验与知识理性化。这种总结提升其实一方面是对具体问题与知识技能的总结提升,另一方面是对整个探索发现过程的总结和思考,学生通过探索发现学习不仅获得了知识,体验到了知识获得的过程与乐趣,同时形成了自觉的学习方法,培养了归纳、推理、概括能力,并锻造了探索精神和创新意识。

这是探索发现教学模式的基本程序与步骤,当然在总结提升之后,还可以补充一些系统练习,对学生的学习成果进行检查与反馈,以及布置一些拓展性的作业等。

案例:"三角形的面积"教学设计

(一)情境创设

1. 回忆方法。

(1)回忆平行四边形面积公式是怎样推导出来的。(根据学生的回答,演示割补的过程)

(2)数出两个底、高不同的三角形的面积是多少?

2. 情境设疑。

公园有一块三角形草地,我们不能用数方格的方法求它的面积,怎么办呢? 你有没有好的方法?

(二)提出假设

要解决三角形的面积计算问题,能从平行四边形公式推导的方法中得到启发吗?

(三)探索发现

以四个同学为一组进行探索、操作。教师进行观察或部分引导。

（四）总结提升

1. 小组汇报，交流，展示几种拼、剪、割、补的情况。
2. 用拼成的四边形探索、推导公式。
（1）说说你是怎样操作、转化的。
（2）小组交流：互相说说你发现了什么。
（3）让学生大胆尝试推导说理。

（五）反馈与拓展

1. 知道公园三角形草地的底是25米，高是12米，能计算它的面积吗？
2. 课后实践：测量一块三角形的实物，计算它的面积。

三、小组合作教学模式及其应用

小组合作教学模式源于合作学习理论。小组合作学习于20世纪70年代起源于美国，它对于培养学习者的合作精神与意识，促进学生多元智能发展有突出的作用，已经成为近些年来颇受关注的一种策略体系与教学模式。简单地说，所谓小组合作教学模式，就是在课堂教学中将学生分成不同的小组，通过小组内及小组间的学习、交流与合作，促进学生的知识学习与情感发展的一种教学模式。

小组合作教学模式的产生既是学生学习与发展的必然需要，也是现代社会发展对个体的素质要求之一。心理学的研究表明，在一定的群体内，不同层次的意见相互交流、相互启迪、相互吸收，对于个体思维的发展是大有好处的。在合作学习的氛围中，每一个学生对获得其他同学对其认可与肯定的心理需求会更强烈，追求成功的动机也会更强烈，从而使得学习的思维、智力、体力与情绪都处于饱满与紧张的状态之中。教师通过这种教学模式，可以引导学生进行小组合作，使每个成员都尽可能地实现相互学习、完善自我，同时在知识、能力、态度、情感等方面获得较全面的锻炼与发展。另外，通过小组合作学习学会合作、学会共处，本身也是现代社会对人们素质发展的基本要求之一。

小组合作学习的主要特征：一是小组合作学习教学是以小组活动为主体进行的一种教学活动，它的所有环节都必须以此为核心。小组的组建是为小组活动提供活动的形式与空间，教师的精讲是为提供活动的知识背景，小组奖励的实施是为活动提供取之不竭的动力源泉。二是小组合作学习是同伴间的互助合作活动。它通过创设"组间同质，组内异质"的小组形式来改变教学结构，其目的就是促进小组成员之间的互助与合作，并以此作为教学活动的动力。三是小组合作学习以小组目标的总体成绩作为评价和奖励的依据。它改变了传统班级教学中以学生个人为奖励对象的做法,从而改变了班级教学中学生成员间以竞争为主的交往方式,促进了组内成员的互助与合作,有利于培养学生的合作意识。

小组合作教学模式的基本操作程序如图5-1所示。

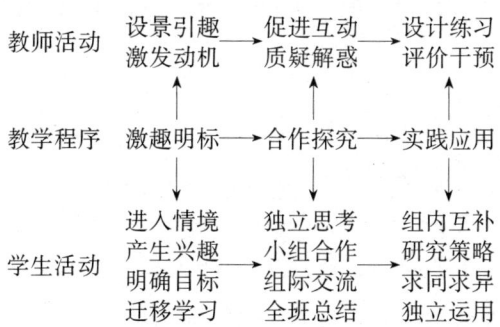

图5-1 小组合作教学模式的基本操作程序

激趣明标:这一步主要是创设问题情景,让学生明确合作目标。教师引导学生观察演示、动手操作或结合生活实际进行演绎推理等。通过创设恰当的教学情境,激发学生学习数学的兴趣,引起好奇心,让学生以积极的情感和态度进入学习状态。

合作探究:根据小组合作学习目标,设计数学学习活动过程(讨论、操作、自学、实践、应用),组织、引导学生探究问题,研究方法,概括总结,形成互动、多向交流,及时消除学习障碍,发现新的思路。学生在这一阶段根据小组合作学习目标,在独立思考的基础上,积极参与小组合作讨论,充分发表各自对问题的看法,大胆提出问题,相互交流,加深自己对数学问题的认识和理解。

实践应用:教师针对小组学习目标,设计各种练习(包括基本练习、独立练习、发展性练习以及综合性和开放性的练习等),让学生在情景中去发现问题和解决问题,在发现和解决问题的过程中感受、体验学习数学的乐趣。在学习过程中不断地进行鼓励性的评价,特别强调组内成员的相互评价,从听、说、讨论数学问题的专注情况,发言的次数和质量,关心同伴的情况,个人和小组存在的问题等方面进行评价,以此让学生顺利地建构与自己认知水平相适应的知识结构,不断地完善自身的认知结构。

案例:《统计》教学设计

【教学内容】义务教育课程标准苏教版实验教科书第68页的"统计的初步认识"。

【教学目标】

1. 通过自己喜爱的情境学习数据整理,激发学习数学的兴趣,感知数学在生活的作用。

2. 感受数据的整理过程,初步认识象形的统计图和统计表,能从中获得简单统计的结果。

3. 发展有序观察、有条理思考的习惯和应用的意识,培养学生的合作意识和探索能力。

【教学过程】

(一)创设情景,明确问题

师:小朋友,你们喜欢过生日吗?今天,森林里的大象家也举行了一个生日宴会。看,它来了……(电脑显示大象及录音与字幕:小朋友们好!今天是我的生日,我非常高兴。我邀请了许多客人来我家做客。瞧,他们来了……)

师:你们想知道什么?下面让我们看看大象家来了哪些客人呢?各有几只?你是怎么知道的?

【设计意图】由学生熟悉的生日宴会引入新课,让学生自主提出问题,让学生感受到数学就在我们身边。

(二)分组整理,探索方法

下面让我们来分一分、排一排,看哪个小组能一下就能清楚地知道来了哪些客人?各有几只?(每小组一幅图,图上小动物可以取下)

小组合作、讨论、操作。

将各小组的作品贴在黑板上,师:小朋友,你们觉得哪一小组排得最整齐、最漂亮?

教师奖励优秀小组五角星。

师:看了这张图,你能知道些什么?(如:小狗有4只;小猴有5只;小猴和小狗一共多少只?)

小结:小朋友这么多的发现,都是通过自己动手分一分、排一排得到的。我们把这样的过程叫作统计。(板书)

【设计意图】初步培养学生的小组合作意识。通过学生相互间的评价,提高学生的审美能力。并以开放的问题"你能知道些什么?"培养学生分析数据、收集信息的能力。

(三)巩固提高,拓展应用

1. 整理"鲜花"。

师:同学们,我们已经知道了大象家来客人的情况,下面我们来看看这些客人给大象带来的鲜花,你们能帮助大象统计一下吗?

学生将学具鲜花统计在课本第69页的图上。小组内交流。

师：从这张图，你又能知道些什么？

2. 完成"想想做做"。

同学们，大象为了感谢大家帮它统计小动物和鲜花的个数，准备了一些水果请小朋友们吃（出示装满水果的盘子图）。同学们，选择你最喜欢吃的一种水果，把它从书的附页上剪下来。

以小组为单位摆成象形统计图。

问：从统计图上，你知道了什么？填表（书第69页）。

3. 整理五角星。

同学们，下面我们共同来整理各组得到的五角星。请各组派一位同学将本组的五角星贴在黑板上。

生操作后，师问：同学们，从这张统计图，你又能知道些什么？说明哪个小组最出色？

4. 小结：今天学习了什么？课后你打算去统计什么？

【设计意图】通过故事，教师将整理"鲜花"、整理喜爱吃的水果、整理获得的五角星，寓知于趣，让学生在快乐中运用了知识，巩固了知识。同时，课尾将学生推向生活，让学生体会到了学习数学知识的价值。

第四节　聋校数学教学的组织与准备

一、聋校数学教学的基本组织形式

（一）教学组织形式的概念

数学教学中，为了完成一定的教学任务，实现教学目标，除了考虑到教学方法与手段、教学模式等教学因素外，还必须要凭借和运用一定的组织形式。因为任何一种教学活动，都是由教师和学生在一定的时间和空间内进行的。教学活动要有效展开，必须要涉及教师、学生、时间、空间等的组织和安排问题。教学组织和安排包括为了达到教学目的，怎样把特定的教学内容高效地传递给学生？如何组织教师与学生？如何妥善安排教学的时间和地点？如何根据不同的教学内容合理变换教学方式？这些问题如果不进行系统思考，教学活动就无法展开。而这些问题就是教学组织形式所要解决的问题。认识和了解教学组织形式，是教师必须具备的专业素养之一。所谓教学组织形式，就是根据一定的教学思想、教学目的和教学内容以及教学主客观条件，有效组织和安排师生活动的方式。

(二) 聋校数学教学的基本组织形式

聋校数学教学组织形式的选择要充分考虑到教学要面向全体和照顾差异的原则。从当前形式来看,聋校数学教学要坚持以班级授课制为主,以个别教学作为补充的基本组织形式。

1. 班级授课制是聋校数学教学的主要组织形式

班级授课制是聋校数学教学的主要组织形式,它的优点是:① 班级授课制有利于充分发挥聋校数学教师的教学能量,一个教师能同时面对很多聋生,有助于充分体现教师的教学主导作用。② 班级授课制有固定的时间、固定的班级,由教师对学生实施数学教学,并且以"课"作为活动单元,可使学生的学习循序渐进,促进学生数学知识体系的系统与完整。③ 班级授课使学生在班集体内学习,聋生可以有机会与教师和其他伙伴进行充分的交流,有利于培养聋生的集体意识、合作精神,有利于学生的社会化成长,形成健康的个性品质。

正因为班级授课有其优越性,它才被普遍接受和使用,是当前学校教学的基本组织形式。目前还没有一种教学组织形式能完全取代班级授课制,只能作为其辅助形式或补充形式。聋校数学教学要坚持以班级授课作为基本组织形式,并探讨其他的教学组织方式以作为有效补充或完善。

2. 个别教学是聋校数学教学的辅助组织形式

班级授课制虽然有其固有的优点,使其成为聋校数学教学的基本组织形式。但我们同时也要意识到,班级授课制同样存在固有的局限性,主要表现为:其一,教学活动多由教师做主,学生学习的主动性和独立性受到一定的影响。其二,学生的学习主要是接受性学习,不利于培养学生的探索精神、创造能力和实践能力。其三,班级授课的最大弊端就是教学是面向全体学生,步调统一,因而很难照顾到学生的个别差异,不利于因材施教。这是班级授课制最容易遭受批评的地方。

聋校数学教学不仅要考虑到学生群体的教学需要,实施以班级授课制为主的教学组织形式,更要考虑到聋生之间的个别差异,并充分尊重这些个别差异,实施有针对性、个别化的教学。因而,班级授课制不应成为聋校数学教学的唯一组织形式,而是要形成以班级授课为主、以个别教学为辅的教学组织形式,从而做到在面向全体进行教学的同时,兼顾不同聋生的个别需要,促进每个学生的发展。

个别教学是由教师与个别聋生发生联系而形成的教学组织形式。正如前文所提及的,个别教学发轫较早,是我国与西方传统的教学组织形式,其基本的特点在于个别化教育与个性化培养,是一种真正体现因材施教的组织形式。个别教学作为对聋校数学教学组织形式的补充,实施方式可以相当灵活。既可以发生在班级授课的课堂上,更可以充分体现于课堂之外的辅导与帮助上。教师可以充分利用个别教学的方式,弥补某些聋生在课堂教学中的缺陷与不足,或者可以对有特长的学生实施更加针对性地培养,促进学生潜能的开发。

二、聋校数学课堂教学设计

（一）备课

1. 备课的概念

备课是教师根据教学的需要,为完成教学任务、形成教学能力所做的一切准备工作。备课是教师教学工作全过程中的一个重要环节,是教师教学的重要准备,是教师能否上好一堂课的先决条件。

备课可以分为学期备课、单元备课与课时备课。学期备课是指聋校数学教师在新学期开始之前,在钻研课程标准和通览教材的基础上,制订本学期或本学年的教学计划。其主要内容包括:确定本学期数学教学的总体教学目标、教学重点与教学难点;安排本学期的数学教学进度;考虑总体教学方法;纵览全局,对本学期的教学内容进行合理编排,设计教学时数;做好教学前的各项准备工作,如教学具准备等。学期备课对整个聋校数学的学期教学起着统筹指导和规划的作用。单元备课是教师对数学课程中的教学内容按单元进行划分所实施的备课,它是在学期备课基础上的具体化。其主要内容包括:确定本单元的教学内容、教学重点及教学难点;安排本单元的授课计划;编排本单元的练习题;考虑本单元的教学方法等。课时备课是在学期备课和单元备课基础上的细化,它具体到对某一课时的设计,并要写出详细具体的授课方案。课时备课尤其重要,它是对每节具体课堂教学的预先设计,是教师在教学准备中特别需要下工夫的地方。其主要内容是:确定课时教学目标、教学方法、教学程序、板书计划和课内外练习题;准备好直观教具,做好课堂演示实验的一切准备工作;写出授课计划(教案)。

2. 教师备课方法

聋校数学教学中,教师必须重视备课在教学环节中的作用,并努力做好备课,这是一个将教师的教学理论和思想渗透、应用于具体课堂教学的关键环节。备课与写出课时教案的过程,是教师系统思考教学活动的过程,是教师将已有教学观念与教学内容相结合,追求最优化教学的过程。一般来说,聋校数学教学中,教师的备课包括这样几项核心内容:备学生、备教材、备教法、备自己。

(1) 备学生

教学过程中,教师首先必须要深入了解学生,了解学生的个别差异,才有可能对他们实施有针对性的教育。每一节课在教学目标上对学生的要求是不尽相同的,教师还需要根据教学内容和不同的教学目标,适时调整教学设计。这些都要建立在对学生的学习特点、学习方式和特殊需要充分了解的基础上。因而,在备课中数学教师首先要考虑到聋生的学习特点和接受方式,才能更有针对地完成教学设计。

(2) 备教材

教师要有效地实施课堂教学,必须要充分地理解教材、吃透教材,对教材中的教学内容、教学重点和难点等了然于心。同时,还要在理解教材的基础上超越教材,创造性地使用教材。特别是在新课程改革的理念下,教师要具备创造性使用教材的能力,不完全拘泥于教材,在充分理解教材的基础上进一步开发教材,从而为聋生的数学学习提供更好的素材。

(3) 备教法

"教无定法",备课过程中教师要灵活选用不同的教学方法。同时根据不同的教学内容和教学目标,选择不同的教学组织形式或教学模式。备教法的过程是教师认真思考教学内容展开的过程,是教师对即将到来的课堂教学所设计的具体蓝图。

(4) 备自己

所谓备自己,就是指教师要备课的过程中,要考虑自身的教学风格、教学优势与缺点,从而扬长避短,最大化地发挥教师在课堂教学中的引领作用。教师要充分认识到自己在课堂教学中的地位与作用,充分了解自己,才能在教学中发挥出更大功效。因而,教师备自己的过程也同样会成为教师自身专业成长的过程。

(二) 教学设计

案例:《认识厘米》教学设计

【教学内容】苏教版小学数学第三册第50~51页"认识厘米",想想做做的1~3。

【教学目标】

(1) 结合生活实际,经历用不同方式测量物体长度的过程,体会建立度量单位的必要性。

(2) 通过观察、操作等活动,初步认识长度单位厘米,初步建立1厘米的长度观念,初步学会用刻度尺量物体长度的方法。发展学生的动手操作能力和空间观念。

（3）密切联系学生生活，体验数学就在自己身边，树立学习数学信心。

【教学重点】初步建立1厘米的长度观念，初步学会用刻度尺量物体长度的方法。

【教学难点】建立1厘米的长度观念。

【教学方法】采用以讲解结合操作法为主的综合教学方法。

【教学准备】多媒体课件、米尺、学生尺以及可度量长度的物体若干。

【教学过程】

(一) 联系生活，导入新课

1. 量课桌

（1）量课桌边的长。让学生选择一个课前准备好的铅笔、小纸条、文具盒等物体，测量自己的课桌长。

（2）汇报每个人量得的课桌的长度。（答案不一。）

2. 思考

为什么所说的数不同呢？（因为我们测量课桌所用的东西是不一样的）

有什么办法可以使我们量的结果一样呢？（大家都用同样的工具去量）

3. 导入揭题

量同一个物体要想取得一致的结果，我们需要有统一的测量工具。今天，我们就学习国际上统一的长度单位—"厘米"。（板书课题：认识厘米）

【设计意图】这一环节密切联系生活，五花八门的答案让学生不由自主地体会到建立统一度量单位的必要性。同时，找原因、量课桌这样富有"挑战性"的活动也吸引学生对新知学习产生兴趣，对生活中的数学知识引起重视。

(二) 动手操作，认识厘米

1. 认识直尺

（1）找一找。

请小朋友拿出自己的尺或老师发给的米尺，仔细瞧瞧，你发现尺上有些什么？

（2）交流。

引导学生认识刻度数、刻度线、刻度0。

2. 认识1厘米

（1）看一看：1厘米到底有多长呢？

让我们来听一听电脑博士的介绍。（多媒体动态显示尺上1厘米的线段，并说明：从刻度0到刻度1，这中间的长度就是1厘米。板书：1厘米）

请大家拿出尺子,好好看看,1厘米有多长?

(2)比一比:你能用两个手指比划出1厘米大约有多长吗?

学生比一比。

同桌互相量一量,看看是否准确。

(3)记一记:请小朋友先看看1厘米长度,再闭上眼睛想一想,1厘米有多长?

(4)找一找:

你还能在尺上找到其他的1厘米吗?学生自由回答,要求说清"从刻度几到刻度几之间的长度也是1厘米"。

找找看,大家带来的物体中,还有你的周围,哪些物体的长度大约是1厘米?同桌交流后汇报。(手指的宽、牙齿的宽、扣子的"宽"等)

3. 认识几厘米

(1)在尺子上找一找,从哪儿到哪儿是2厘米长?(鼓励学生说出不同的答案。如:从刻度0到刻度2是2厘米;从刻度1到刻度3是2厘米;从刻度5到刻度7是2厘米……)

(2)请同桌的小朋友用手指相互比画一下2厘米大约有多长。

(3)小组活动:在尺子上找一找,从哪儿到哪儿是3厘米长?从哪儿到哪儿是5厘米长?你还能找出其他的厘米数吗?

(4)思考:通过在尺子上找这几个不同的长度,你们有什么发现?

小结:从刻度0到刻度几就是几厘米;用后面大的刻度数减去前面小的刻度数,得几就是几厘米;是几厘米,这几厘米里就有几个1厘米。

4. 用厘米量

(1)测量铅笔长度。

让学生各自用直尺测量铅笔长度。同桌互相说一说是怎么量的。

班级交流测量长度的方法。讨论得出正确量长度的方法。

(2)出示想想做做的第1题图,让学生判断哪种测量方法是正确的。

5. 画线段

(1)学生试着画出4厘米的线段,说一说是怎样画的。

(2)师示范并明确:画线段一般从0画起,画到几就是几厘米。

【设计意图】这一环节学生在操作实践、合作探究中认识厘米,形成表象。他们在丰富多彩的活动中,动手、动口、动脑,调动多种感官参与学习,体验了1厘米、几厘米的具体长度,形成了初步的估测能力。测量物体的长度时,先让学生动手试一试,然后讨论得出正确量长度的方法,变学生间接接受为积极发现,并在合作与交流过程中,学会肯定自己和倾听他人的意见,培养了学生主动探究的精神和合作意识。在画线段中放手让学生动手画,在交流中提高学生的自学能力。自始至终,学生都是知识的主动建构者。在这一系列的探究活动中,学生获得了知识,丰富了经验,培养了能力。

(三)练习巩固,实践运用

1. 估一估,量一量:橡皮的厚度大约是几厘米?

(1)先估不要量。

(2)再用尺量一量,看看你的估计准不准。

2. 剪一剪,估一估,量一量。

(1)每人剪一个长为1厘米的纸条。

(2)同桌互相讨论一下,看谁剪得准确。

(3)然后再量一量。

【设计意图】新课程改革,明确提出要重视估测,培养学生估计的意识。案例设计了估一估,量一量,剪一剪等活动。这样的设计,使估测与实际测量相互配合,有效地帮助学生发展长度的空间观念,形成厘米的表象。

(四)课堂小结,升华认识

引导学生回忆总结:通过这节课的学习,你有什么收获?他对你有什么帮助?这节课你表现得怎样?等等。

【设计意图】这样的小结有利于学生巩固新知,突出本节课的重点,激发学生的自信心,激励他们更好地学好数学知识。

(五)布置作业

1. 回家后,找一找,身边哪些东西的长度大约是1厘米。

2. 课后调查:生活中究竟有哪些物体的长度是以厘米作单位的。

【设计意图】这一环节与课的开始相互照应,使数学活动"从生活中来,到生活中去",再一次将数学学习与学生的生活实际紧密联系起来,让大社会成为小课堂的延伸,成为学生获取更多知识的大舞台。

1. 教材分析

教师在教学之前必须深入学习数学课程标准,认真分析和研究教材,领会教材的编写意图,在此基础上科学地组织教学内容,选用教法,精心编写教案,实施教学,以圆满实现教学目标,完成教学任务。因此,教材分析是教师的一项重要基本功,是教师备好课、上好课的前提。一般地说,分析数学教材应当包括以下几个方面的内容。

(1)分析知识之间的内在联系,确定教学内容在数学教材中的地位和作用。数学是一门系统性、逻辑性都很强的学科,各部分之间的内在联系十分密切。分析教材的编排体系和知识之间的内在联系,可以从整体上把握各类知识在数学教材中的分布,认清各类知识的来龙去脉与纵横联系,知道其知识基础是什么,为哪些后续知识的学习作铺垫,等等,从而确定教学内容在数学教材中的地位和作用。

(2)明确教材的编写及编写意图,教学内容的教育价值。

案例:"认识厘米"教材分析

"认识厘米"是苏教版小学数学第三册第50～51页的内容,属于数与代数部分的知识。"认识厘米"是长度单位教学的开始,学生在日常生活中,对尺子和厘米应该有一些感性认识;且已经对长、短的概念有了初步的认识,会直观比较一些物体的长短,这一课就是在此基础上教学计量长度的知识。教材首先让学生经历用不同方式测量物体长度的过程,用问题"为什么一样长的物体得数不同?"引导学生思考,体会建立统一度量单位的必要性;从而引入刻度尺,指出比较短的物品可以用厘米作单位,再通过看、猜、量等学习活动形成厘米的长度表象,学习估计一些物体的长度,并进行测量,为以后学习米、毫米、千米等长度单位的知识奠定基础。因此,学好本课内容是很重要的。

"认识厘米"教材分析包括了前后知识联系、知识的地位和作用、教材的编写及编写意图、教学内容的教育价值等内容,但它们的排序和语言组织具有一定的灵活性。其实,案例中的教材分析只是狭义的教材分析,完整的教材分析应该包含诸如教学重点等内容。

2. 学情分析

学情分析是教与学目标设定的基础,是编写有效学案的先行条件。没有学情分析的教学目标,往往是空中楼阁,没有学情分析的学案,就会无的放矢。学情分析是教与学内容分析(包括教材分析)的依据,只有针对具体学生才能界定内容的重点、难点和关键点。学情分析是教学策略选择和教学活动设计的落脚点。没有学情分析的教学策略,往往是教师一厢情愿的自我表演;因为没有学生的知识经验基础,任何讲解、操作、练习、合作都很可能难以落实。因此,学情分析是对"以学定教"的教学理念的具体落实。学情涉及的内容非常宽广,学生各方面情况都有可能影响学生的学习。为了方便通常将其分为两类。

(1)一般性分析:学习态度与习惯分析,学习兴趣与需求分析,学习风格与效果分析,年龄特征与学风分析,生活经验与学习环境分析。

(2)具体性分析:是否具备了学习新知识的准备知识,可能产生的困难和障碍,学习新知识的兴趣,学生的语言特征与能力。

案例:"认识几分之一"学情分析

(1) 平均分概念是学习分数的基础,学生在二年级已经学过此概念,但由于时间较长,同学们对它的认识比较模糊,因此可以将平均分概念的复习作为教学的起点。由于分数概念比较抽象,班级学生的抽象、理解能力比较差,因此有必要采用直观、操作等教学策略。

(2) 班组共有8名学生,有2名学生口语较好,抽象、理解能力较好,也有2名学生理解、接受能力较慢,针对学生的这些特点,教学时应遵循直观到抽象、先慢到快的教学原则,采用分层教学、分类指导、个别辅导的策略,让学生在观察、操作、思考、交流等数学学习活动中,逐步理解几分之一的含义,都获得发展。

3. 教学过程设计

教学过程设计通常包括教学时间、教学环节、内容呈现、教师活动、学生活动、设计意图、教学媒体使用、预期效果八个方面内容。在进行教学设计时,要注意如下几点:首先要明白有些内容不用显现出来,如教学时间;有些内容是一定要显现出来的,如教学环节、师生活动。其次,教学设计要重点突出,详略得当,即教学重点难点的地方要设计得详细一些。第三,教学设计要体现新的教学理念,符合教育规律。第四,教学设计要写清教师的活动方式和学生的活动方式。第五,要写清各操作步骤或教学环节;可以根据教学模式设计教学环节,如讲解接受有"复习导入—学习新知—练习巩固—总结提高—布置作业"五个环节,教学设计也可以用这五个大的环节。第六,教师要明确各环节设计意图。设计意图的设计是有一定规律的,如综合与实践活动的设计意图通常可以写作:综合运用知识,积累数学活动经验,感受数学与实际生活的密切联系,激发学习数学的兴趣,提高解决实际问题的能力,增强参与和合作意识。操作活动的设计意图通常可以写作:获得感性认识,积累经验,体现学生主体地位,加深对知识的体验与印象,调动多种感官参与学习活动,激发兴趣,提高学习效率。合作交流活动的设计意图通常可以写作:集思广益,加深对学习内容的理解,培养合作精神,激发兴趣,提高学生学习的主动性,培养学生钻研问题的能力。自主探索活动的设计意图通常可以写作:发挥学习主动性,获得探究知识的经验,提高独立学习的能力,发展创新意识和探究能力。复习导入的设计意图通常可以写作:激活学生已有知识,沟通新旧知识联系,提示学习目标,铺设桥梁。情境导入的设计意图通常可以写作:沟通生活与数学、形象与抽象、感性与理性之间联系,提供认知停靠点,诱发情感,激发学习心向,实施有意义学习。

4. 教学反思

教学反思就是教师自觉地把自己的课堂教学实践,作为认识对象进行全面而深入的冷静思考和总结,它是一种用来提高自身的业务,改进教学实践的学习方式。反思的主要内容有:① 教学目标实现了没有? ② 教育、教学理念转化为具体的教学行为了吗? 通过什么方式转化? ③ 有没有创造性地挖掘和利用教学资源,教学设计最突出的亮点是什么? 存在的问题和症结在哪里? ④ 针对存在的问题,提出改进的策略。教学反思,要对成功之处进行小结,又要对不足之处进行反思,因此,撰写教学反思通常是写成功之处、写不足之处、写教学机智和生成。

三、说课

案例:"认识几分之一"说课稿

各位评委老师,大家好。我是聋校数学组1号选手,我抽到的课题是"认识几分之一"。下面我将从说教材、说教学方法、说教学过程、说板书设计四个方面,进行我的说课汇报。

(一)说教材

1. 教学内容

"认识几分之一",它是全日制聋校实验教材数学第九册第96~97页的内容,属于数与代数领域的知识。

2. 教材简析

几分之一是在学生掌握一些整数知识的基础上学习的。从整数到分数是数的概念的一次扩展。无论在意义上还是在读写方法及计算方法上,都有很大的差异。几分之一是学生学习分数的开始,着重使学生理解一些简单的分数和含义,建立分数的初步概念,它是进一步学习分数和小数的基础,因此,它在教材中占有较重要的地位。

"几分之一"教材分为3课时进行教学,第一课时主要学习几分之一的概念,第二课时主要学习几分之一的分数大小比较,第三课时主要进行巩固练习。本次说课主要说第一课时——几分之一。教材中例1到例4分别让学生认识二分之一到五分之一,建立几分之一的表象;结合几分之一的认识,还让学生初步了解几分之一的读写法。例5专门讲解十分之一的含义,为以后学习小数打下基础。

3. 教学目标

根据聋生的认知特点以及本课的知识特点,根据数学课程标准的理念和基本要求,我预设了如下教学目标。

（1）知识与技能：结合具体的情境认识分数，理解几分之一的含义，会读会写几分之一，了解分数的组成。

（2）过程与方法：经历几分之一概念的形成过程，发展学生操作能力和抽象思维能力。

（3）情感、态度价值观：在动手操作、合作交流等活动中，体验成功的愉悦，树立学习数学的信心。

4. 教学重难点

由于几分之一的是学生第一次学习分数，分数又远离学生的生活，学生缺乏知识和经验的基础；且从整数到分数是数的认识的一次飞跃，即知识的跨度大。因此，理解几分之一的含义是本课的教学重点和难点。

（二）说教学方法

1. 教法

从学生已有的知识水平和认识规律出发，为了实现教学目标，我采用以讲解结合操作法为主的综合教学方法。

（1）在教学过程中将尽可能结合学生的生活经验，例如分饼、分苹果等。为学生创设生活和活动情景，为他们提供各种机会。

（2）结合分饼等具体情境，让学生经历动手实践、自主探索、合作交流的活动，体验探索的过程，体会做数学的乐趣。

2. 学法

新课程标准指出：学生学习应当是一个生动活泼、主动的和富有个性的过程。认真听讲、积极思考、动手实践、自主实践、合作交流等，都是学习数学的重要方式。根据新课标的这一理念，本节课在学生学习方法的引导上力求体现如下几点。

（1）通过直观演示和动手操作，让学生经历观察、操作、思考、讨论等活动，充分发挥聋生形象思维占优的特点，调动学生学习的积极性，体验数学学习的乐趣。

（2）通过师生、生生互动与合作交流，完善学生自己的想法，形成自己独特的学习方法。

（3）体验探究发现的过程与方法。先是实物演示分的过程，接着让学生自己动手折一折、涂一涂，表示出长方形纸的二分之一。然后让学生自由折纸、涂色、交流结果，自己用分数表示出来，进一步认识几分之一，学生在动手操作、自主探索中获得了成功的体验。

（三）说教学过程

为了突出重点、分散难点、实现教学目标，我对这一节课设计和构思如下。

在分析教材、选择教法与学法的基础上,我预设的教学程序分四大环节进行:第一创设情景,导入新知;第二探索交流,发展思维;第三实践应用,深化提高;第四归纳总结,课外延伸。(下面就以上四大环节做具体的阐述)

1. 创设情景,导入新知

这一个环节我准备分两个层次引导学生学习。

(1)多媒体出示主题图,设问"把4个苹果分给小强和小芳,怎样分公平?"学生在观察、交流的基础上,得出每人分2个苹果公平,即分得的数量是相等的,从而直观感受和体悟平均分的含义。教师结合学生的分析,板书:平均分。

(2)教师再根据情境设问"把4个苹果平均分给小强和小芳,每人分到几个?"(2个)"把2个苹果平均分给小强和小芳,每人分到几个?"(1个)"把1个苹果平均分给小强和小芳,每人分到几个?"(未知或半个)"半个苹果用什么数表示呢?"板书课题:几分之一。

设计理念:这两个层次的设计,主要是创设学生熟悉的情境,直观感受和体悟平均分的含义,为下面探究新知做知识铺垫,同时通过从已知到未知的设问,使学生产生认知冲突,唤起学生强烈的求知欲。

2. 探索交流,发展思维

这一环节是达成本节课教学目标的关键环节,为了突出重点,分散难点,便于学生掌握,我分成了三个层次进行教学,逐步递进。

(1)认识$\frac{1}{2}$。教师先讲解"把1个苹果平均分给小强和小芳,每人分到这个苹果的二分之一,写作$\frac{1}{2}$",再出示图片并设问"把1个饼平均2份,每份是这个饼的( )",让学生尝试说一说,然后让学生用长方形的纸折$\frac{1}{2}$,说$\frac{1}{2}$,最后做一组变式练习题。

(2)认识几分之一。在学生认识了$\frac{1}{2}$之后,教师引导学生通过观察、操作、思考、合作、交流,自主探索$\frac{1}{3}$、$\frac{1}{4}$、$\frac{1}{10}$含义。

(3)归纳小结:教师组织学生观察和思考$\frac{1}{2}$、$\frac{1}{3}$、$\frac{1}{4}$、$\frac{1}{10}$含义,发现分数表示数的规律,即把一个东西平均分成几份,其中一份都可以用几分之一来表示。

设计理念:借助感性材料,联系生活实际,通过动手实践、合作交流、自主学习等实践活动,引导学生在学中做、在做中悟,从而获取了数学活动的经验,初步体会到把一个东西平均分成几份,这样的一份也可以用几分之一来表示,从而加深了对几分之一的认识;从教师演示到学生操作,从教师讲解到学生思考、小组讨论、交流、辨析,由扶到放,让学生经历几分之一概念的形成过程,培养了学生的抽象思维能力,促使学生在获取知识的同时,获得全面发展。

3. 实践应用,深化提高

我准备安排三个层次的练习,通过层层深入,帮助学生进一步掌握本课知识,形成技能,并激发他们的创新思维,让学生感受解决问题的乐趣,体会数学与生活的联系。

(1) 基本练习

我准备安排如书本"做一做"这样的练习,先让学生自己当一回小法官,判断图中的阴影表示是否正确,设计让学生抢答,把课堂推向高潮,要让学生说出1、4小题错误的原因是没有平均分。

安排读一读,写一写练习,先让学生读一读,写一写教材练习中的三个分数,再让学生说一说每个分数的意义。以加深对分数的认识,会认、读、写简单的分数。

(2) 综合练习

首先我准备安排看图写分数练习,先让学生自己独立完成,再让学生展示自己的结果,并组织学生说说把图形平均分成了几份,每份是谁的几分之一。通过练习,加深学生对分数含义的理解,体验成功的快乐。

其次我准备安排涂色练习,完成练一练第2题。让学生看清楚每个分数,再结合图涂上准确的格子。做完后,指名回答,有错让学生纠错。通过动手涂色,强化所学知识,让学生在具体的操作情境中,进一步巩固对几分之一的理解。

(3) 拓展与应用

首先安排了一个创造分数的游戏:在分数王国里有没有其他的分数?有你喜欢的吗?让学生说出自己喜欢的分数,并用长方形纸折出,让学生边折边说。通过自己创造,在创作中拓宽知识,认识新的分数。

其次安排了折一折、说一说的游戏:用一张正方形的纸平均折成八份,指出其中一份,问有几种折法;并全班进行反馈交流。在开放的情景中使学生进一步认识几分之一。

这两个拓展性练习,目的是全面巩固本课知识,在合作学习中,体会解决实际问题的乐趣,激发学生的创新思维,使学生感受数学与生活的联系,体会数学的价值。

第三,举例生活中的分数:我们班级9个人,其中一人就是这个班级的( ),然后让学生举例。教师适时补充有关环境问题的分数,如我们人均水资源约为世界水平的$\frac{1}{4}$,我们森林面积占全国总面积的$\frac{1}{5}$等。让学生看到其生活中的分数到处存在,生活中处处有数学,又是对分数的巩固。

设计意图:在这些多层次的练习中,运用学到的知识来解决学生学习生活中的实际问题,既是对知识的巩固,又是对思维的又一次拓展,让他们在解决问题的同时,体验数学学习的快乐,体验学习数学的价值。

4. 归纳总结,课外延伸

这一环节我安排如下几个环节:

(1)今天我们主要学习了什么?

(2)请学生说说本节课的收获,评价一下自己或同学老师的表现。

(3)在此基础上,教师围绕重点进行归纳。

设计意图:引导学生对本课学习的内容进行归纳总结,有助于学生从整体上把握所学的知识,同时也有利于培养学生的抽象概括能力。课的最后通过让学生寻找身边的分数原型,初步培养学生应用数学的意识,让学生体会数学与现实生活的密切联系。

(四)说板书设计

出示板书:

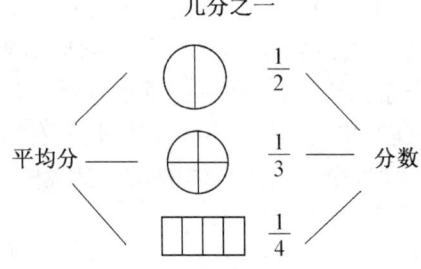

设计意图:本板书要点清晰,层次分明,突出重点,具体与抽象相对照,给学生以感性的支持与帮助;布局合理,给人以美感,激发学生学习兴趣,集中学生精力;反映教学过程,易于巩固记忆。

以上是我的说课汇报,不足之处敬请各位评委指正,谢谢!

1. 什么是说课

说课是一种新兴的教研形式,指执教者在特定的场合,在精心备课的基础上,面对同行或教研人员讲述某节课(或某单元)的教学设计及其理论依据,然后由听者评议,说者答辩,相互切磋,从而使教学设计趋于完善的一种教研活动。它要回答的问题是:做什么?怎样做?为什么这样做?

说课是基于教学活动系统化特点的一种教学教研活动,它具有较强的参与性和合作性,能很好地解决教学与研究、实践与理论相脱节的矛盾。说课是从教材分析、教学方法、教学指导、教学程序等方面展现教师备课的思维过程,也显示了教师对课标、教材、学生的理解和把握。

说课与备课既有联系,又有区别。备课是教师在课堂教学之前进行的设计准备工作,它是课堂教学的起点和基础,是教师教学前的构思设计与准备文案。备课解决的是"做什么""怎么做"的问题。说课不仅要说清"怎样教",而且要说清"为什么这样做"。

教师具备优良的说课能力和素养,可以有效地促进课堂教学,这是因为说课一方面是在备课的基础上对教学内容、教学过程、教学方法等教学设计的重新梳理,另一方面是课堂教学的预演,它有助于教师更加系统地了解自己在课堂教学中要做什么,怎样去做,让教师进一步思考为什么要这样做这个富有教学哲学思考的问题。通过说课,教师的备课会更加充分,教师的理论水平与教学素养在说课的过程中会得到进一步提炼与升华。

2. 说课的特点

(1) 说理精辟,突出理论性

说课不是宣讲教案,不是浓缩课堂教学过程。说课的核心在于说理,这是说课区别于其他教育活动最突出的一个特征。说课不但要求教师说出"做什么"和"怎么做",更要说清楚"为什么这样做"。回答这个"为什么",就是要说理,这也是说课活动能被迅速推广,受到普遍欢迎的一个根本原因。没有理论指导的教学实践,只知道做什么,不了解为什么这样做,永远是经验型的教学,只能是高耗低效的。这要求教师必须运用教育学、心理学、现代教育思想理念等教育教学理论,努力提高理论水平,经常注意理论对实践的指导以及实践寻求理论的支持,养成运用教育教学理论的习惯,提高教育教学水平。这同备课、上课写教案相比,要求更高,难度更大,教研效果也就更明显、更突出。

那么从哪些方面说理?说的基本内容有哪些呢?

① 理论依据(教育学、心理学、教学论)。

② 结合班级学习实际的最佳选择(选择的合理性)。

③ 三维课程目标的落实和学科课程标准的具体化以及新课程理念的贯彻需要(包括当今先进教学流派的真知灼见)。

④ 教学经验的积累(自己对教学的理解:可以对比以往教学的成败及以往经验的吸取和完善)。

(2) 隐性内容外显化

说课呈现教师备课过程中的隐性因素,将教师备课过程中关于教学整体或局部的设计思维过程物化于同行或专家面前,或合适或不合适、或可行或不可行,以供评判和品头论足,同行或可从中受到启发,或可吸收其中合理的精彩之处,或从中感悟教学失败的原因。它以备课为基础和前提,反过来作用于备课,可以有效地克服为备课而备课,备课与上课脱节的盲目备课现象。

说课时呈现的备课隐性因素,应该不仅仅是备课中隐性思维的本身,而应高于之,是在它的基础上的进一步理性化、条理化,甚至是外显化过程中的再调整的结果。

(3) 不拘形式,富有灵活性

说课可以针对某一节课的内容进行,也可围绕某一单元、某一章节展开;可以同时说出目标的确定、教法的选择、学法的指导、教学程序的全部内容,也可以只说其中的一项内容,还可以只说某一概念的如何引出,或某一规律的如何得出,或某个技能的如何使用等。要做到说主不说次、说大不说小、说精不说粗、说难不说易;要坚持有话则长、无话则短、不拘形式、自由研讨的原则,防止成规的教条式的倾向。同时,在说课中要体现教学设计的特色,展示自己的教学特长。

3. 说课的内容

一次完整的说课一般包括四个部分:说教材、说教法、说学法、说教学过程。有的时候说课稿的前面还有引言,后面还有小结。

(1) 引言

引言部分应该说清课题,教材的版本及所在册数、单元。如"各位评委,今天我说课的课题是"时分的认识",这是九年义务教育人教版聋校数学课本第五册第四单元的内容,属于数与代数领域的知识。"

(2) 说教材

① 分析教材地位。首先需要讲清所教内容在整个单元、在这一册,甚至是在全套教材中的地位、作用及其意义,主要是说明白它与前面有什么联系,对后面有哪些作用,而不是孤立地去看待教学内容。一定要理解教材编排的基本思路、基本理念(一般讲,这一部分都可以借鉴教学参考书中的教材说明一栏)。

② 学生情况分析。正确说明学生已有认知结构与新内容之间的关系,

明确学生可能遇到的难点。

③ 确定教学目标。教学目标的确定,要力求做到全面、具体,不可笼统。确定教学目标的依据,一是课程标准的规定,二是教学对象的实际,三是教学内容实际。要把这几点结合在一起通盘考虑,确定教学的起点和终点。

④ 确定教学重难点。

(3) 说教法

教学方法的选择、教学手段的运用直接关系到教学质量的提高,教师对此必须能够作出明确、肯定的回答。说教法可以理解为说教学方法,或者教学方法中某个具体的教学方式和手段的选择及应用。说教法需要教师首先熟悉各种教学方法,同时要吃透教材内容,掌握学生实际。

(4) 说学法

说学法不能停留在介绍学习方法这一层面上,要把主要精力放在解说如何实施学法指导上。特别在当今的新课程改革中,转变学生的学习方式,倡导以"动手实践、自主探索、合作交流"为主要特征的学习方式,是本次新课程改革的重中之重。

在说学法时必须说明三个问题。一是在这节课中要让学生掌握什么样的学习方法,二是为什么要掌握这样的学习方法,三是要说明白是怎样指导学生掌握这种学习方法。学法指导一般包括两个内容:一是指导学生自学课本的方法;二是组织学生发现问题、分析问题、解决问题的方法。

同时需要注意,教法和学法往往联系比较紧密,所以又可以结合起来写。

(5) 说教学过程

说教学过程是说课的中心环节。它的内容包括:课堂结构要有过渡自然的教学环节,有清晰的教学思路,有一脉相承的线索,有逐步推进的层次。要说清楚教师突出重点的主要环节设计、化解教学难点的具体步骤,说清楚师生双边活动的具体安排及学情依据,说清楚课题的板书设计和设计意图,说清楚课后作业的布置和训练意图。

3. 说课的环节

说课一般包括备、说、评、验四个环节。

(1) 备

说课人按照说课的内容和要求写好说课稿。"备"是说好课的基础。要求说课人深入钻研标准和教材,分析研究学生实际,进一步学习掌握有关的教育理论,吸收消化他人的优秀教研成果,然后写出高质量的说课稿。

（2）说

说课过程中可以看说课稿,但不能照稿宣读,要尽可能脱稿演讲,做到语言流畅。

（3）评

评是研讨的过程,就是大家对说课人所说的内容、观点、方法、设计思路等进行评议讨论。这一环节对提高教师的备课水平、教研能力是大有裨益的,忽视这一环节,说课就失去了教学研讨的实际意义。

（4）验

就是用课堂教学实践来检验"说课"。在具体实施过程中,说课的程序可以是备、说、评（省去"验"的环节）,也可以是备、说、教、评,或备、教、说、评。

【思 考 题】

1. 聋校数学教学过程有哪些基本特征?

2. 聋校数学主要的教学方法有哪些?教学方法的选择要注意哪些问题?

3. 引导发现法有哪些优点与不足?

4. 运用游戏法时应注意什么问题?

5. 选用教学手段要注意什么问题?

6. 什么是讲解接受教学模式?它的优点和弊端是什么?

7. 什么是探究发现教学模式和小组合作教学模式?它们的基本操作程序是什么?

8. 请任选数学课本中的一课内容,写出说课稿。

【参考文献】

[1] 马云鹏.小学数学教学论(第四版)[M].北京:人民教育出版社,2013.

[2] 华国栋.残疾学生随班就读师资培训用书[M].北京:华夏出版社,2006.

第六章 数与代数的教学

【内容提要】 数与代数是研究现实生活中的数量关系及其运动变化规律的数学模型,数与代数是数学学科的基石,在聋校教学内容中,占有很大比重。本章介绍了数与代数的教学意义与要求,重点研讨了在新课程背景下,数的概念与运算、量、式与方程及比和比例等知识的教学要点与方法。

第一节 数与代数的教学意义和要求

一、数与代数的教学意义

数与代数是研究现实生活中的数量关系及其运动变化规律的数学模型,在聋校教学内容中,占有很大比重。其教学意义主要体现在以下几个方面。

（一）数与代数是数学学科的基石

从知识技能的角度看,数与代数的内容一直是聋校数学的重要组成部分,它是数学知识体系的基础。在图形与几何中,认识图形的特征、测量、变换、确定位置等内容中,离不开数与计算,在统计与概率中,数据的收集、整理、分析与绘制统计图表时,都需要具有数与代数的基础。从数学思想方法的角度看,数与代数所蕴含的思想方法对后继的学习具有十分重要的作用。例如"转化的思想"是数与代数的基本思想,它在图形与几何中也有广泛的应用；"分类讨论的思想""数形结合的思想"是数与代数的基本思想,它也是学习图形与几何、统计与概率的基础。

（二）能使学生体会到数学与现实生活的联系

在数与代数内容中,数、符号是刻画现实世界数量关系的重要语言,方程、不等式与函数是现实世界的数学模型,它们都是现实世界的抽象与概括。因此,数与代数的教学能引导学生联系自己身边丰富的现实原型学习,体会数学与现实生活的联系,感受数与代数的意义,从而树立学习数学的信心。

（三）能促进学生的发展

从知识角度来看，数和代数是逐步扩张的知识系列，从整数到分数，到百分数与小数，从有理数到无理数，从数到式，相关概念比较多，其间的转化关系也就比较多，其层层递进并形成新知识的逻辑思维过程也大量蕴含于比，这对培养学生的思维能力有重要的价值。从动态的教学过程来看，通过对现实世界中数量关系及其变化规律的探索，数的概念的建立与扩充，公式的建立和推导，方程的建立和求解等活动，有助于促进学生数学学习的兴趣，提高解决问题的能力和自信心，发展学生的创新意识和实践能力。

（四）有利于学生用科学的观点认识现实世界

数与代数中有许多对立统一的概念，如正与负、分与合、加法与减法、乘方与开方、常量和变量；存在一些相互依存的概念，如倍数与约数、除数与被除数；在研究过程中也充满了对立与统一，例如已知与未知、特殊与一般、具体与抽象等。这些内容的学习，有助于渗透辩证唯物主义观点，促进学生用科学的观点认识现实世界。

二、数与代数的教学内容与要求

（一）数与代数的教学内容与要求

数与代数的内容主要包括数的认识、数的运算、常见的量、探索规律、数与式、方程与等式等内容，它们都是研究数量关系和变化规律的数学模型，可以帮助人们从数量关系的角度更准确、清晰地认识、描述和把握现实世界。在义务教育阶段，数与代数的具体的目标和教学要求有以下几个方面。

第一学段，在现实情境中理解万以内数的意义，能认、读、写万以内的数；知道各数位的名称，了解各数位上数字表示的意义；理解符号<，=，>的含义；在生活情境中感受大数的意义，并能进行估计；能结合具体情境体会整数四则运算的意义；能熟练地口算20以内的加减法和表内乘除法，能口算百以内的加减法和一位数乘除两位数；能计算两位数和三位数的加减法，一位数乘两位数、三位数的乘法，两位数、三位数除以一位数的除法；认识小括号，能进行简单的整数四则混合运算（两步）；能结合具体情境进行估算，体会估算在生活中的应用；认识元、角、分；能认识钟表；能在现实情境中，感受并认识克、千克、吨，能进行简单的单位换算；能结合生活实际，解决与常量有关的简单问题。

第二学段，在具体情境中，认识万以上的数，了解十进制计数法，结合现实情境感受大数的意义,能会进行估计;知道2,3,5的倍数的特征,了解公倍数和最小公倍数;了解公因数和最大公因数;能找出一个自然数的所有因数,能找出两个自然数的公因数和最大公因数;了解自然数、整数、奇数、偶数、质(素)数和合数;能结合具体情境认识小数并理解小数的意义,会比较两个小数的大小;能结合具体情境初步认识分数并能比较两个同分母分数的大小,会读、写分数;能计算两位数乘两位数、三位数的乘法,三位数除以两位数的除法;认识中括号,能进行简单的整数四则混合运算(以两步为主,不超过三步);探索并了解运算律,会应用运算律进行一些简便运算;会进行小数的加、减、乘、除运算及混合运算(以两步为主,不超过三步);能解决小数的简单实际问题;会进行同分母分数(分母小于10)的加减运算;在具体情境中,了解常见的数量关系,并能解决简单的实际问题;在解决问题的过程中,能选择合适的方法进行估算;能借助计算器运算,解决简单的实际问题,探索简单的规律;了解24时记时法;认识年、月、日,了解它们之间的关系;在具体情境中能用字母表示数;能用方程表示简单情境中的等量关系,了解方程的作用;了解等式的性质,会用等式的性质解简单的方程;探索给定情境中隐含的规律。

第三学段,结合具体情境,理解分数的意义,理解百分数的意义;会进行小数、分数和百分数的转化;能比较分数的大小;能进行简单的分数的加、减、乘、除运算及混合运算;能解决分数和百分数的简单实际问题;理解有理数的意义;理解乘方的意义;理解有理数的运算律,会运用运算律简化运算;了解代数式,会求代数式的值;了解整数指数幂的意义和基本性质;了解整式的概念,掌握合并同类项的法则,会进行简单的整式加法和减法运算;能根据具体问题中的数量关系列出方程;掌握等式的基本性质,能解一元一次方程;掌握代入消元法和加减消元法,能解二元一次方程组;会用方程解决简单的实际问题;结合具体问题,了解不等式的意义,探索不等式的基本性质;能解数字系数的一元一次不等式;能够根据具体问题中的数量关系,列出一元一次不等式,解决简单的问题;在实际情境中理解比及按比例分配的含义,认识成正比例的量和成反比例的量;了解函数的概念和三种表示法,能举出函数的实例;能确定简单实际问题中函数自变量的取值范围,并会求出函数值;会用适当的函数表示法刻画简单实际问题中变量之间的关系;结合具体情境体会一次函数的意义,能根据已知条件确定一次函数的表达式;会画出一次函数的图像;理解正比例函数;会用一次函数解决简单实际问题。

(二) 数感和符号意识

1. 数感

数感主要是指关于数与数量、数量关系、运算结果估计等方面的感悟。它是一种主动地、自觉地或自动化地理解数和运用数的态度与意识。数感主要表现在：理解数的意义；能用多种方法来表示数；能在具体的情境中把握数的相对大小关系；能用数来表达和交流信息；能为解决问题而选择适当的算法；能估计运算的结果，并对结果的合理性作出解释。例如，"要买1斤鸡蛋，我们通常会想拿几个呢？""到一个新教室上课，我们常常会考虑这个教室的座位够不够？""参加英语四级考试，考前我们常常会根据情况估计通过的可能性是多少？"把这些实际问题与数联系起来，就是一种数感。

数感强的人，在遇到与数学有关的具体问题时，能主动地与数学联系起来，用数学的思想、方法、知识进行思考、解释和交流。数感要在数学教学的过程中逐步发展，尤其要从小培养。数的认识、数的计算和应用的教学，是培养学生数感的重要途径。

2. 符号意识

建立符号意识有助于学生理解符号的使用是数学表达和进行数学思考的重要形式。符号是数学的语言，是人们进行表示、计算、推理、交流和解决问题的工具。它是人类文明的标志之一，数学课程的一个重要任务就是使学生感受和拥有使用符号的能力。符号意识就是一种自觉地感受和拥有使用符号的能力。它主要表现在：能从具体情境中抽象出数量关系和变化规律，并用符号来表示；理解符号所代表的数量关系和变化规律；会进行符号间的转换；能选择适当的程序和方法解决用符号所表达的问题。聋校数学教学中应该鼓励学生用符号来表示具体的情境中的数量关系和变化规律，体会用数、形将实际问题"符号化"的优越性。如用字母表示运算法则、运算定律以及计算公式，可以使数学命题变得简洁，便于理解和记忆。又如进行变量之间关系的表格法、关系式法、图像法和语言表示之间的转换，也能促进符号意识的形成。

第二节 数与量的概念教学分析

一、数的概念教学

(一) 整数概念的教学

整数概念的教学内容主要包括：数的意义、计数单位名称，数的顺序和大小，数的组成，读数和写数的法则和规律等。在聋校常常将数分为10以内、20以内、100以内、万以内与万以上几个阶段，循序渐进地进行教学。

1. 10以内数的认识

10以内数的认识的教学主要包括数数，理解数的实际意义，认数，理解数的顺序，了解数的组成，会区分几个和第几个，会写数字等。其中理解数的意义，了解数的组成，会正确的写数是教学的重点。教学时，要注意如下几点。

(1) 通过数数，逐步把数从具体事物中抽象出来

学生开始学习数数可以从数具体实物开始，逐步过渡到数主题图上的各种人或物体。主题图中有人和许多物体，数量各不相同。让学生仔细看图，分别数出各种物体的个数，一方面获得认数的感性材料，另一方面感受数产生于数，体会数能反映物体的量的属性。一类等价集合的元素个数，可以用算珠表示，可以用点表示，还能用自然数表示，自然数是表示一切等价集合的共同标记。教学时，先通过数物体的个数，得出有5个人、5支铅笔、5把牙刷、5本练习本，这里人、铅笔、牙刷、练习本的数量都用"5"表示，这样，由具体到抽象，引导学生初步形成数的概念，体会数是有意义的符号；在此基础上，让学生思考：在生活中，"5"还可以表示什么物体的数量？这一问题的讨论与交流，可以加深学生对数的概念的内涵和外延的认识，帮助学生理解数的实际意义，建立数的概念。

(2) 理解数的顺序，会比较数的大小

数数可以帮助学生理解数的顺序。在数实物时，要使学生知道一个数添上1，就可以得到另一个数。如4个物体添上1个，就是5个，因此，4在5的前面，5在4的后面，4比5小，5比4大。为了加深学生对数序的理解，能够按照数序来理解数的大小，可以让学生观察直尺上的数，或做一些有关数序的练习，如根据数序填数(图6-1)。

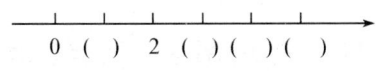

图 6-1 数序填空

这些练习,不仅有助于理解数的顺序,而且能帮助学生理解数的大小。

这部分内容的教学,不仅要让学生理解数的顺序,会比较数的大小,还要结合具体实例,认识=、<、>的含义,能用这些符号来描述 10 以内数的大小,体会数之间的关系。如图 6-2 所示,学生很容易从图中看出谁大谁小,教学时要特别注意引导学生用符号表示和描述数的大小。

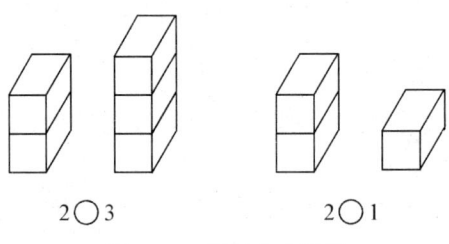

2○3   2○1

图 6-2 数的大小比较

(3) 模仿口形读数,认识字形写数

聋童在认识 10 以内数时,一般是按照从数数到理解数的意义再到读音和字形的顺序进行的。聋童虽然有听觉障碍,但是他们能发音,教学 10 以内数的读法时,不必根据语文上的发音教学的要求来进行,只要求学生根据老师的口形模仿读数。字形的教学,可以让学生经历示范、描红、独立书写的教学过程,引导学生规范、工整地在"日"字格上写数。初入学的聋童要求整齐、匀称地书写数字常常有一定困难,教师要加强指导,分析字形,指出数字的结构和笔顺,做好写数的示范。

(4) 认识数的结构,了解数的组成

认识数的结构,了解数的组成不仅能加深对 10 以内数的理解,而且可以为学习加减法做好准备。在教学时,可以通过直观教具,操作演示来学习数的组成。例如,教学数 5 的组成,可以提问:把 5 分成两组,怎样分?学生在分的基础上,现提问:5 可以由哪两个数组成?数的组成的教学也可以采用数形结合的方式教学,如图 6-3,2 个三角形与 2 个三角形合成 4 个三角形,因此,2 与 2 组成 4。

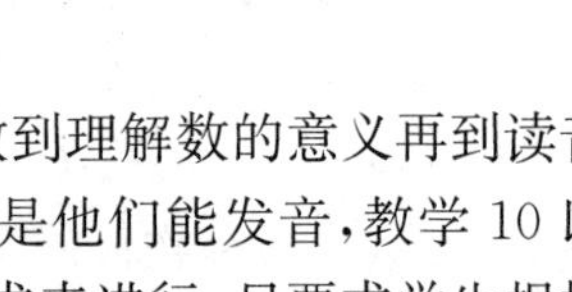

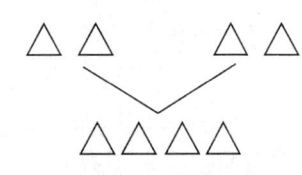

图 6-3 数的组成

(5) 初步理解基数和序数的含义,会区分几个和第几个學生都在生活中接觸過有關幾和第幾的現象與問題。因此，教學幾和第幾時，要從學生已有的經驗出發，引導學生從數學的角度研究、理解基數和序數。比如，有幾個人排隊買票，要讓學生說說怎樣數出一共有幾個人（基數）排隊，怎樣數出戴帽子的男孩排在第幾（序數）。讓學生明白前者要數隊伍裡所有的人，後者只要數到戴帽子的男孩為止；體會"5 個人"表示隊伍的總人數，"第 5 個"表示戴帽子的男孩在隊伍裡的位置。

教學序數時，正確表述或判斷第幾要聯繫方位，離開方位講的第幾往往是不確定的。有時，教師規定了方位，如"從左邊起"塗第 6 個，"5 號車前面"是幾號車；有時方位雖然沒有規定，但能根據生活習慣判斷，如在隊伍裡的位置，一般"從前往後"數，樓房的層數一般是"從下往上"數。教學時，除已經約定俗成的外，講第幾的同時應該講方位。

(6) 會用所學的數交流與表達信息

讓學生用學過的數說一句話，體會生活中有許多事情可以用數描述。如"昨天我和媽媽去新街口購物，我買了 1 支鋼筆、2 本練習本和 3 本參考書，媽媽買了 1 雙皮鞋、2 件上衣和 3 個髮夾。"用數交流與表達信息，是新課程的目標之一，它能讓學生從中體驗到生活離不開數，如果缺少數，交流就不清楚，表達就不準確。

2. 11～20 各數的認識

11～20 各數的認識是計算 20 以內進位加法和退位減法的基礎，也是認識多位數的基礎。這部分內容要求學生能正確的數出數量在 11～20 的物品的個數，直觀理解 11～20 各數的意義，掌握 20 以內數的順序和大小，初步認識計數單位"十"與數位，理解 11～20 各數的組成，並掌握讀寫法。其中，直觀理解 11～20 各數的意義，初步認識計數單位"十"是教學重點。

(1) 初步認識計數單位"一"和"十"，直觀理解 20 以內數的意義和組成

展示了"一"和"十"的關係：10 個一是 1 個十。10 根小棒一根根的數，邊數邊說："1 個一，2 個一，……，10 個一。""10 個一捆成一捆形是多少根？"（10 根）"10 根是幾個十？"（1 個十），因此，"10 個一是 1 個十"。教學時，要引導學生一邊捆小棒一邊說"10 個一是 1 個十"，把動手、思考和表達有機地結合起來，並反覆進行幾次，逐漸建立"十"的概念。

教學十幾時，要讓學生體會十幾都是 1 個"十"和若干個"一"合成的數。可以通過擺小棒的方法教學，"1 捆是多少根？"（10 根）"再添 1 根是多少根？"（11 根）"再添 1 根呢？"……數到 20 時，把另外 10 根也捆成一捆，看著實物（或圖）讓學生回答："幾個十是 20？"初步理解 20 的意義。

(2) 初步認識數位，學會讀寫 20 以內的數

整数采用十进制计数法,计数单位、数位和位值都是计数法的要素,也是聋生学习的重要的基础知识。计数器是根据十进制计数原理设计制作的教具,在它上面能表示数位,表达位值思想,能帮助学生在理解数的组成基础上写数和读数。

如图6-4,左边1捆小棒的下面是计数器的一根杆,1捆小棒表示1个十,在这根杆上拨1粒珠也表示1个十;右边的小棒下面是计数器的另一根杆,几根小棒表示几个一,在这根杆上拨几粒珠也表示几个一。把小棒表示的数过渡到计数器上,让学生体会计数器上的"个"和"十"的含义,体会不同位上的数有不同的计数单位。

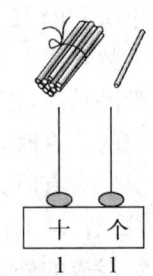

图6-4 数位与位值

学习对照计数器写数。1个十,在左边(十位上)写1;个位上有几个就在右边(个位上)写几。要让学生明白,在不同的数位上表示的数值是不同的,防止学生把11写成了101。关于20的写法的教学,着重说明2个十,左边(十位上)先写2;个位上"一个也没有",写0;读作二十。

利用计数器还可以引导学生比较形象地体会数的组成,如"1个十和1个一合起来是11""1个十和6个一合起来是16"等,从而进一步理解数的意义和数的组成。

(3) 通过估一估、比一比等活动,体会数的作用

如可以开展如下的游戏活动:先抓一把小棒,猜一猜它的根数,再数一数,然后再把这些小棒抓住,仔细体会手的感觉。如此反复多次。这项活动可以让学生体验十几,发展学生的数感。

3. 100以内数的认识

100以内数的教学,是在认识了11~20各数的基础上安排的,它主要包括认识整十数、认识非整十数、比较数的大小等内容。认识整十数这部分内容主要包括教学计数单位与数位,整十数与一百的意义;认识非整十数这部分内容主要包括教学数的组成,比较数的大小和读、写方法;通过实践活动体会100以内的数在日常生活中的应用。

(1) 通过数数,进一步认识计数单位"一"和"十",初步认识"百",初步理解整十数与一百的意义

先一根一根地数,数完十根捆成一捆,是一个十;然后一十一十地数,一个十是十,二个十是二十……十个十是一百;在此基础上,让学生做一些形式多样的练习,如:2个十是(20),80里有(8)个十,100里有(　)个十。进

一步认识计数单位"一"和"十",初步认识"百",体会几个十就是几十,初步理解整十数与一百的意义。

（2）利用小棒、计数器等教具,帮助学生了解数的组成,掌握数的读、写方法

通过数数,让学生体会2捆和3根小棒是23根;通过图形直观,让学生知道3捆添上4根小棒是34根,3捆添上9根小棒是39根,体会几捆和几根小棒合成几十几根。从而直观了解数的组成,初步理解非整十数的意义。

利用计数器,引导学生进一步理解非整十数的意义和读写方法。它的一般教学步骤是:首先是看计数器上的算珠说出它表示的数。如图6-5所示,计数器上十位上有2个算珠,表示二十,个位上有4个算珠,表示四个。其次,对照计数器写出相应的数,写的时候要注意按从高到低位的顺序写。如二十四要先写十位上的2,再写个位上的4。第三,读读写出的数,说说各个数的组成。如2个十和4个一合起来是24。从而进一步理解非整十数的意义和数的组成。

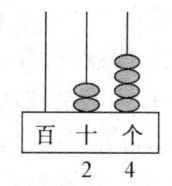

图6-5 非整十数的学习

（3）通过直观,让学生初步感受十进制计数法

在数数时,39根小棒添上1根是40根,教师要抓住10根小棒可以捆成一捆,实现3捆10根向4捆的转化,形象展示这两个数的相邻关系,渗透个位满10向十位进1的道理。

（4）注重数在生活中的应用

可以设计一些活动,让学生感受数的意义。如可以设计猜一猜活动:先抓一把蚕豆数数有几粒,再分别抓一把花生米和一把黄豆,估计有几粒,并数一数粒数,评价自己的估计。

4. 万以内数的认识

学生在生活中接触万以内数的机会比较少,缺乏感性材料和直接经验,因此认识万以内数时有困难。苏教版教材将万以内数分为千以内的数和万以内的数两个阶段进行教学,这样安排能适当缩小认数范围扩展的跨度,增加了教学的循环,延长了认数教学的时间,能降低教学的难度。

万以内数的教学主要要求学生理解万以内数的意义,认识计数单位百、千、万,知道相邻计数单位间的十进关系,掌握万以内数的数位顺序,会读写数,会比较大小。其中,万以内数的读写法是教学重点。

（1）利用直观,认识计数单位"千"和"万",理解万以内数的意义

教学万以内数时,一般选用小方块为教具、学具。通过演示,学生能看

到：1个小方块表示"一"，10个小方块连成一条表示"十"，10条方块拼成一片表示"一百"，10片方块合成一个长方体表示"一千"，10个长方体合在一起表示"一万"。三片合进来是三百，四片与五条合起来是四百五十，这样教学学生不仅加深了对计数单位和数的意义的理解，而且了解了数的组成。

计数器也是认数教学的用具。学生已经认识了计数器上的个位、十位和百位，能够用计数器的算珠表示两位数。教学时要引导学生认识千位、万位，并能在计数器上表示几百、几千和一万，为读数、写数做好准备。

(2) 读数、写数的教学

万以内数的读法和写法是教学重点。一般是先教学千以内的数的读写法，再学习万以内的数的读写法。教学时先利用计数器，通过拨珠子，利用数位写数，看着数位读数。再拓展数位顺序表，利用数位顺序表读数和写数。

读数时，从最高位起，按数位顺序往下读；每一位上先读数位上的数，再读位名。如328，先读最高位上的三，再读位名百，读作三百；接着读十位上的二和位名十，个位上的八，个位上的位名不读，因此328读作三百二十八。中间有一个0或连续有几个0的数，读数时只读一个0。如，3005读作三千零五。末尾有一个或几个0的数，读数时0不读。如，3500读作三千五百。

学生在学习中间或末尾有0的数的写法时容易发生错误。如三千零五，会写成305。因此，教学写数时，首先可以通过实例，联系数的组成，对照数位顺序表来写，感受写数的基本方法；其次，强调写数时，要先想一想是几位数，写完后要检查数位够不够，哪一位上没有就用0补上。

5. 大数的认识

大数的认识是在认识了个级数的基础上，教学万级和亿级的数。主要包括"万"、"十万""百万"、"千万"等计数单位，十进制计数法，亿以内数的认、读、写、整亿的数，求多位数的近似数等内容。此部分内容多，难度大，教学时应注意如下几点。

(1) 结合现实的情境或实例，引发学习大数的内在动机

大数的数目大、位数多，学生接触机会少，因此，缺乏对大数的感性认识。为了弥补这点不足，教学时应该在现实情境中引出较大的数，引发学习大数的内在动机。如我国2003年甘蔗的总产量是九千零二十四万吨，甜菜的总产量是一千一百四十二万吨，从这两种农产品的总产量引出亿以内的数，学生从中可以初步感知大数的读法，感受大数在生活和生产中的作用，知道为什么要学习大数，从而产生学习的动机。

（2）利用计数器等工具，了解十进制计数法

十进制计数法的主要内容有两点：一是计数单位及其关系，知道相邻两个计数单位间的进率是 10；二是计数法的位值原则，即哪一个数位上的数是几，就表示有几个这样的单位。

为了帮助学生了解计数单位及其关系，可以在计数器上，一个单位、一个单位地数，逐步建立新的计数单位。如在学习"十万"的时候，可以在计数器上万位上拨珠子，边拨边数，一万、二万、……、九万，数到十万时，将万位上的珠子取下，在十万拨一个珠子。让学生看到 10 个万是十万，万位满十要向相邻的高位进一。这样教学学生不仅认识了新的计数单位，而且懂得了满十进一的道理。

计数法的位值原则常常采用比较的方法教学。如 9 万与 9 亿这两个数里都有一个"9"，但它们在不同的数位上，所以表示不同的数。

（3）多位数的读写

多位数的读写需要用到数位、数值、数级等知识，还要知道一些规定与习惯。因此，多位数的读写是教学难点，特别是中间有 0 的数的读写更为突出。为了克服这些难点，常常采用分解难点的做法。可以先读写整万的数，再读写若干个万与若干个一组成的数；先读写整亿的数，再教学几个亿与几个万合成的数；先读写各位数字不为 0 的数，再教学两级中间或末尾有 0 的数。

教学多位数的读写要突出分级读写，逐级读写的方法。如 10261234 的读法，可以先分级：1026，1234；1234 表示多少个一，1026 表示多少个万；先读万级再读个级，所以读作一千零二十六万一千二百三十四。

（4）在数的改写活动中体会大数的简便写法

为了方便读数与写数，常常把整万整亿的数改写成用万或亿作单位的数。例如，要求学生写出九百六十万和十三亿这两个数，可以写成 9600000 和 1300000000，也可以写作 960 万和 13 亿。教学时要注意三个问题：一是要让学生明白这两种写法都是可以的；二是要通过比较，让学生体验后一种写法的简便性；三是要会把整万数、整亿数改写成以"万"或"亿"作单位的数。

（二）分数、小数和百分数概念的教学

1. 分数概念的教学

分数意义教学分为两个阶段。第一阶段教学分数的初步认识，包括几分之一，几分之几（分母小于 10），分数大小比较等内容，教学的重点是结合

具体情境初步理解分数的意义;第二阶段教学分数的意义,分数单位,分数的大小比较,带分数,分数的基本性质等内容。

(1) 分数的初步认识

分数的初步认识主要是结合具体情境初步理解几分之一,几分之几(分母小于 10)的意义。教学一般采用直观演示或实物操作的方法,让学生把一个东西、一个计量单位平均分成若干份,其中的一份就是它的几分之一,几份就是它的几分之几。教学时要注意如下几点。

首先,要注意创设情境,引发学生认数的需要。从整数到分数是数的一次重要扩展,聋生在生活中关于分数的了解很少,学习分数缺乏感性认识和经验,因此,他们认识分数有一定困难。教学时应注意创设情境,调动学生已有的经验,激发学生学习的动机。如几分之一的教学可以这样来导入:4 个苹果平均分成 2 份,每份是几个? 2 个苹果平均分成 2 份,每份是几个?(这样设计是为了调动学生已有的经验)1 个苹果平均分成 2 份,每份是几个?(半个)半个用数怎样表示呢? 这个问题使学生产生认知冲突,能激发学生产生学习的欲望。

其次,教学时要注意突出重点,抓住关键。如几分之一的教学重点是初步理解几分之一的意义,教学的每个环节都要围绕这个重点展开。教学的关键是二分之一的认识,因此,二分之一的教学应重点设计,如设计分一分、折一折、辨别肯否等活动,使学生理解把一个物体平均分成两份,每份是它的二分之一。理解了二分之一,三分之一、四分之一就不难理解了。

(2) 分数的意义

这一阶段的教学主要是在感性认识的基础上,进行扩展、抽象与概括,进一步理解分数的意义。从一个物体的几分之几到一个整体的几分之几,是认识分数的一次发展。理解一个物体的几分之几并不难,理解一个整体的几分之几就不那么容易了。为了突破这一难点,教师可以准备一盘桃和一块红布,用红布把桃盖住,露出一点点。问:这是一盘什么?(桃)把这盘桃平均分给 2 只猴,每只猴分得其中的一份,一份是这盘桃的几分之几?(二分之一)教师把布拿掉,再问:把这盘桃平均分给 4 只猴,每只猴分得其中的一份,一份是这盘桃的几分之几?(四分之一)类似的教学可以引导学生把若干个物体或人看成是一个整体,理解这个整体的几分之几。

2. 小数概念的教学

小数概念的教学分为两个阶段。第一阶段主要教学小数的初步认识,包括一位小数,一位小数与十分之几的分数间的联系等内容。这些都是继续教学小数知识的必要基础。第二阶段教学小数的意义、小数的性质、比较小数的大小等内容。

(1) 小数的初步认识

小数的初步认识要求学生结合具体情境初步理解一位小数的意义,能比较两个一位小数的大小。

教学一位小数的意义时,要注意突出重点,抓住关键。在具体情境初步理解一位小数的意义是教学重点,教学时要突出这一重点,关键是要抓住一位小数与十分之几的分数间的联系,即让学生体会一位小数表示十分之几,几点几是几和十分之几合起来的数。例如,让学生把2角、5角、8角先分别写成以元为单位的分数,再写成以元为单位的小数。这样教学,实质上是让学生体会一位小数是十分之几的分数改写出来的,一位小数表示十分之几。

(2) 小数的意义

小数意义的教学是在学生初步理解一位小数的意义的基础上进行教学的,它的教学重点是理解两位、三位小数的意义,逐渐形成比较完整的小数概念和计数方法。具体地说,就是要让学生理解:分母是10的分数还可以写成一位小数,一位小数表示十分之几;分母是100的分数还可以写成两位小数,两位小数表示百分之几;分母是1000的分数还可以写成三位小数,三位小数表示千分之几……逐步建立小数概念。

小数概念比较抽象,教学时要与学生已有的知识和经验建立联系,促进学生实施有意义的学习。首先,可以从学生已有的货币单位入手,重点教学两位小数的意义。如 1 分 $=\frac{1}{100}$ 元,还可以写成小数是 0.01 元,读作零点零一,让学生理解 0.01 元是 1 元的百分之一,同样的,5 分是 $\frac{5}{100}$ 元,写成小数是 0.05 元,读作零点零五,让学生理解 0.05 元是 1 元的百分之五。这种联系学生的已有经验的教学,能让学生在具体的情境中初步理解两位小数。在此基础上,可以利用直观教学两位、三位小数的意义。如借助米尺教学,1 厘米 $=\frac{1}{100}$ 米,写成小数是 0.01 米,读作零点零一,要让学生看到 0.01 米是 1 厘米,是 1 米的百分之一;1 毫米 $=\frac{1}{1000}$ 米,写成小数是 0.001 米,读作零点零零一,要让学生看到 0.001 米是 1 毫米,是 1 米的千分之一。利用直观教具——米尺辅助教学,能让学生在直观的情境中理解两位、三位小数的意义,为学生形成小数的概念奠定了坚实的基础。

关于小数的计数单位,要注意它有两种表示方式。如 0.05 的计数单位是 0.01,或千分之一。

(3) 小数的性质

小数的性质是小数学习的重要内容之一。小数的性质有两条,它们是小数四则运算的基础。

性质1:在小数的末尾添上"0"或去掉"0",小数的大小不变。

性质2:把小数点向右(或向左)移动一位、两位、三位……小数的值分别扩大(或缩小)10倍、100倍、1000倍……

聋校教材把性质1作为小数的性质,性质2作为小数点移位引起小数大小的变化规律。小数性质的教学,首先是要注意创设情境,让学生在情境中提出问题。如橡皮的单价为0.3元,铅笔的单价为0.30元,它们的单价相等吗?由于0.3元与0.30元都是3角,所以0.3元=0.30元。同样,从米尺上可以得到0.1米=0.10米=0.100米。其次,要引导学生在数学现象中体验并发现小数的性质,突出学生的主体地位,培养学生的探究意识和发现能力。

(4) 小数大小的比较

比较小数的大小,可以加深学生对小数意义的理解,使学生对小数的大小和相等有正确的认识。它的教学重点是小数大小比较的方法。比较大小的一般方法是:先看小数的整数部分,整数部分大的小数就大,再看小数的十分位,十分位大的小数就大……

小数大小比较的教学,要注意联系学生的生活和已有的知识经验。如比较0.3与0.4的大小,可以将它们转化为整数来比较大小,如0.3有3个0.1,0.4有4个0.1,所以0.3<0.4;也可以用计量单位来帮助学生理解小数的大小,如从三角尺上可以看出0.3米<0.4米,从已有的知识与经验中知道0.3元<0.4元,所以0.3<0.4。这两种教学方法各有所长,前者采用的是逻辑推理,且与小数相关的知识联系更加紧密;后者采用的是归纳推理,且与学生的经验联系更加紧密,便于学生对知识的理解。在聋校教学中常常采用后面一种方法。

3. 百分数概念的教学

百分数在生产、工作和生活中有着广泛的应用,是聋校数学教学中的重要内容之一。它是在分数的意义、性质和实际应用的基础上进行教学的,主要包括教学百分数的意义、表示方法以及简单应用,教学百分数与小数、百分数与分数的互化等内容。其中,百分数的意义和实际应用是教学的重点。

分数和百分数是两个有联系的概念,教学时可以利用它们的共同属性,从分数引出百分数,初步揭示百分数的意义。如,一次投篮比赛中,小明投中的概率为$\frac{16}{25}$,小华投中的概率为$\frac{13}{20}$,小明投中的概率为$\frac{3}{5}$,问谁投中的概率高些?先让学生在小组里交流比较的方法;然后教师引导学生把分母化成100,即把分数化成一百分之几来比较。这样教学,能让学生体验到一百分之几的分数之间比较大小非常简便,为概括百分数的意义积累比较充实的感性认识。

要理解百分数的概念,还要让学生弄清百分数与分数的联系和区别。即当分数具有一个数与另一个数"倍比"(是几倍或是几分之几)的意义时,它与百分数在意义上是一致的,可以写成百分数的形式;当分数不表示两个数量的倍数关系时,不能把它视为百分数。教学百分数与分数的联系和区别可以采用举例的方法让学生辨别。

(三)负数概念的教学

负数在日常生活中的应用还是比较多的,学生经常有机会在生活中看到负数。学习一些负数的知识,有助于他们理解生活中遇到的负数的具体含义,从而拓宽数学视野。这部分内容教学时要求学生在熟悉的生活情境中,理解负数的意义,初步能认、读、写负数,会用负数表示一些日常生活中的问题。其中,在熟悉的生活情境中,理解负数的意义是教学重点。

负数概念的教学可以先从温度的表示方法入手,感知负数的意义。电台每天都有城市天气预报,天气预报员播报城市的气温时是用零上多少度和零下多少度表示,如南京的最低气温是0摄氏度,上海的最低气温是零上4摄氏度,北京的最低气温是零下4摄氏度。零上4度和零下4度,它们都是4度,它们的意义相同吗?它们分别怎样书写?从这些问题中引出正数和负数的概念和书写方式。其次,可以用正数或负数表示海拔高度,丰富对负数的感性认识。第三,可以在盈与亏、收与支、升与降、增与减以及朝两个相反方向运动等现实的情境中应用负数,进一步理解负数的意义。

二、**常见的量的教学**

(一)货币单位的教学

货币单位包括小面值的人民币的认识,大面值的人民币的认识等内容。小面值的人民币的认识包括货币单位元、角、分和相邻单位间的进率,小面值人民币(1元、1角、5角),小面值换币,小金额付钱与找钱等内容;大面值的人民币的认识包括大面值人民币(5元、10元、20元、50元、100元),大面值换币,较大金额的付钱与找钱等内容。

货币单位的教学要求学生在现实情境中,认识元、角、分和各种面值的人民币,掌握相邻单位间的进率,会进行简单的计算,掌握简单的购物技能。

教学时要注意如下几点。

(1) 要注意设计多种活动,引导学生逐步认识各种面值的人民币,感受了人民币的面值。如教学小面值人民币(1元、1角、5角)时,可以让学生观察1元、1角、5角的各种钱币的特征,意在从外表上认识钱币(观察活动);并把三类人民币放在一起让学生辨别,意在加深对各种钱币的认识(辨别活动);再根据价钱把物品与相应面值的人民币用线连一连,不仅再次认识人民币,而且联系物品的价钱,让学生感受人民币的面值。同时,要告诉学生元、角、分是人民币的单位。

学习人民币的单位之间的进率时,可以根据购物情境图中,买笔记本要1元钱,"付10角也是可以的",从生活经验中提炼出1元=10角,帮助学生理解单位之间的进率。

(2) 要注意设计购物情境,先让学生讨论、设计多种付钱的方案,再让每位学生根据自己手中的人民币,灵活选择比较简便的方案。

(3) 要让学生在购物活动中经历买东西的过程,积累购物经验。

(二) 长度单位的教学

常见的长度单位有千米、米、分米、厘米、毫米,聋校教材是根据由近到远、由易到难的原则编排的,即按厘米、米、分米、毫米和千米的顺序编排。长度单位的教学要求学生在测量活动中,体会建立统一度量单位的重要性;在实践活动中体会千米、米、厘米的含义,知道分米、毫米,会进行简单的单位换算,会恰当选择长度单位;能估计一些物体的长度,并能进行测量。

1. 在测量活动中,体会建立统一度量单位的重要性

测量同一个物体的长度,可以选择多种工具来度量。如量课桌的长,可以选用文具盒、铅笔等工具进行度量。由于各人选择的工具长短不一,导致量数不一致,这会给人们带来诸多的不便。通过这样的活动,让学生体会建立统一度量单位的必要性和重要性。

2. 通过多种活动,建立长度单位的观念

如教学厘米时,可以通过看尺上的1厘米,知道1厘米是多长;用两个手指在尺上比一比,体会1厘米的长度;先估一估哪些物体的长度是1厘米,再量一量,加深对1厘米的长度的印象;看看想想这些长度大约为1厘米的物体,把1厘米的长度保存在记忆中。学生在这些活动中反复感受1厘米的实际长度,逐步形成1厘米的长度观念。

3. 引导学生认识长度单位间的进率

在教学中,要让学生直观理解长度单位间的进率。如教学毫米时,可以引导学生观察直尺上的刻度,或用较小的长度单位去量较大的长度单位等方法,引导学生认识长度单位间的进率。

4. 能估计一些物体的长度,并能进行测量

在教学物体或线段长度度量时,要抓住用直尺量长度的方法。用尺量长度的时候,尺的边和物体的边应靠近着平行摆放,尺的0刻度线要对齐物体的边或线段的一端,眼睛要正对着端点看,如果斜视,就会产生误差。

学生在学会测量物体的方法后,可以让学生量一量自己的1拃、1步、1庹的长。学生知道了自己的步距,就可以进行步测,知道了自己1庹的长,还可以估测曲线的长,如树干的周长。

(三) 质量单位的教学

常见的质量单位主要是吨、千克(公斤)、克。质量单位的教学要求学生在具体的生活情境中,感受并认识克、千克、吨,初步建立克、千克、吨的质量观念;结合实际问题,初步掌握用秤称物体的方法,能根据实际情况选择合适的质量单位;知道质量单位之间的进率,会进行简单的换算;能合理估计物体的质量,逐步形成估计的能力。

1. 运用多种手段,帮助学生形成质量单位的观念

形成质量单位的观念是教学的重点和难点。教学时,要在具体的生活情境中,通过多种活动让学生感受并认识克、千克、吨。

教学质量单位千克与克时,可以让学生先称出1千克、1克的重量,再让学生亲手掂一掂,通过肌肉感受体验1千克、1克的质量;可以列举一些生活中常见物品的质量,如16个草鸡蛋大约1千克,1袋盐水鸭重约1千克,一枚2分硬币重约1克,使这些质量单位与学生的生活建立联系,为学生形成牢固的重量单位的观念提供直观、具体的支柱。

吨是较大的质量单位,教学时一般不能称出1吨的东西,学生也拎不动1吨的物品,因此,学生形成质量单位的观念比较困难。可以让学生抬一抬10千克的物品,并告诉学生100个10千克是1吨;如果学生的体重大约是25千克,那么这样的40名学生大约重1吨;还可以根据具体条件,让学生看一看多少袋大米、面粉或水泥是1吨。在类似的活动中,间接地认识质量单位吨。

2. 适当说明衡器的使用方法

聋生在生活中会接触到有关质量的问题,但很少自己使用工具来称物

体的质量。在教学质量单位时,可以首先介绍生活中常见的磅秤、台秤、弹簧秤、电子秤以及天平等,让学生知道这些都是称物体有多重的工具。其次,可以选择一种衡器,介绍它的使用方法,如介绍台秤及其使用方法,并在介绍台秤的过程中,引出计量单位。

3. 认识质量单位之间的进率,会进行简单的换算

质量单位间的进率没有长度单位间的那么直观,比较抽象。教学时可以让学生称两包盐的质量,正好等于1千克,而一包盐的质量是500克,两包盐的质量是1000克,从而得出1千克=1000克。

(四) 时间单位的教学

时间单位主要包括时、分、秒、年、月、日等。时间单位的教学主要要求学生认识钟面,能认读钟面上的时刻;认识时间单位时、分、秒,及相邻单位间的进率,初步形成1时、1分的观念;了解24时计时法,会用24时计时法表示一天中的某一时刻,能进行两种计时法之间的换算;了解年、月、日以及相邻单位间的联系;知道平年和闰年,掌握判断平年、闰年的一般方法。

1. 看看、数数、算算,认识钟面

首先,通过教具或实物,让学生认识钟面。教学时可以先让学生观察钟面,说一说钟面上有什么?然后整理出如下内容:

钟面 { 针: 时针短,分针长,秒针细
数: 12个数
格: 有12个大格,每相邻数字间5小格,共60个小格

其次,让学生搞清时、分、秒之间的关系。通过操作,让学生知道时针走一大格是1小时,分针走一小格是1分,秒针走一小格是1秒。然后通过教具钟的具体演示,引导学生看出时针、分针、秒针的运行关系,发现并得出单位间的进率。

2. 通过实际活动,初步形成1时、1分、1秒的观念

形成1时、1分、1秒的观念必须体验它们的长短。如教学"分"时,可以让学生数1分钟脉搏大约跳动的次数、做眼保健操的节数、跳绳的次数,1分钟能完成口算的题数,静默1分钟。在这些活动中,学生亲身体验1分钟的持续时间,初步形成1分的时间观念。教学"秒"时,可以设计根据1秒一次的节奏拍手或数数等活动,也可以让学生摸一摸钟面的振动,体验1秒钟的持续时间,初步形成1秒的时间观念。1小时比较长,在一节课上无法直接体验。可以联系学生已有的生活实际,如早晨6时起床到7时就餐是1小时,让学生间接地体会1小时有多长。

3. 会正确迅速地看钟报时,学会用24时计时法表示时刻

教学怎样看时间以及怎样读、写钟面上的时间,一般要经历"整时"→"几时刚过"→"几时过多少分"→规范地读、写时间的过程,要循序渐进地教学。如让学生认读写6时零5分,可以先引导学生看时针的指向(6时偏左),6时偏左是表示6时多还是少?(6时刚过)再看分针指向,6时过几分?(6时过5分)6时过5分规范的读法是"6时零5分",写作"6:05"。教学时,可以根据学生的基础省略一些环节。

聋生在生活中接触过24时计时法,但很少有人知道这种计时法。教学时,首先可以通过钟面复习普通计时法,让学生知道一天里时针正好走两圈,一日有24小时。然后可以从生活情境导入,如早晚的新闻联播,电视上早上显示的时刻是"8:00",晚上显示的时刻是"19:00",由此提出问题"19:00"表示的是什么时候?为什么这样表示?从而引入24时计时法。在此基础上,可以介绍24时计时法,并与12时计时法(普通计时法)做比较。如"15:00"是"下午几时","19:05"是"晚上几时几分"。

第三节 数的运算的教学分析

数的运算在聋校数学中占的比例较大,是数学教学的重点内容,也是新课程改革的焦点。新课程提出要重视口算,淡化笔算,加强估算,提倡算法多样化。

一是要重视口算,加强估算。口算是笔算与估算的基础,它不仅在日常生活中具有广泛的应用,而且也是发展学生数感的一条重要途径,因此,教学中要重视口算。

估算是根据具体条件及有关知识对事物的数量或计算的结果作出的大概推断或估计,其主要思想是把握数的大致范围。估算在日常生活与数学学习中有着十分广泛的应用,如估算一个房间的面积有多大,估计外出旅游的费用,一个大礼堂能容纳多少名学生,2千克鸡蛋大约能称几个,上街买菜,知道了单价和数量,就可以估算出大致多少钱,等等。不仅如此,估算对于培养学生的估算意识,发展学生的估算能力,让学生拥有良好的数感,具有重要的价值。因此,要加强估算的教学。

二是要重视计算器和计算机的使用。随着现代技术的发展,特别是计算器和计算机逐步普及到学校和家庭,对数学教育产生了深刻的影响。在义务教育阶段,在数学教学中,特别是在数与代数的教学中,加强计算器的使用显得特别重要。因此,新课程特别强调"把现代信息技术作为学生学习

数学和解决问题的强有力工具,致力于改变学生的学习方式,使学生乐意并有更多的精力投入到现实的、探索性的数学活动中去。"

三是要鼓励算法多样化。传统数学教学,往往是规定学生使用某种算法,把成人认为最好的算法教给学生,教学常常采用"精讲多练"的策略,这样虽然能使学生具有很强的计算技能,但是对学生个性发展、探索精神、创新意识的培养是明显不足的。新课程从培养学生解决问题的能力出发,鼓励他们联系已有的知识经验,构建新的算法,提倡算法多样化。算法多样化能促使学生群体积极主动地思维,个性得到充分的发展。它体现了个性差异和因材施教的原则。当然,在提倡算法多样,允许学生选择算法的同时,要引导他们优化算法,提高思维水平和计算能力。

四是降低了运算的复杂性、技巧和熟练程度的要求。如笔算加减法以三位数的为主,一般不超过四位数;笔算乘法一个乘数不超过两位数,另一个乘数一般不超过三位数;笔算除法除数不超过两位数。四则混合运算以两步的为主,一般不超过三步。这些与以往的大纲相比,在运算的复杂性等方面降低了要求。

一、整数四则运算的教学

(一) 整数加减法的教学

1. 20以内加减法的教学

20以内加减法主要要求学生结合具体情境,体会四则运算的意义;能熟练地口算20以内加减法。

(1) 加法和减法概念的建立

加法是把两个数合并成一个数的运算。教学时,可以用动态操作或演示法,让学生初步理解加法的意义,认识加法各部分的名称。例如,可以利用多媒体动态演示,画面上有3个小朋友,又来了2个小朋友,合起来一共有多少个小朋友?这里的"合"是加法概念的生长点,也是加法意义的核心成分。教学时要强调由3人和2人"合"起来可以用3"加"2计算,从而引出加法运算,让学生初步感受加法的意义。在此基础上,通过变换情境,让学生在变化的情境里继续感受加法运算的意义。如树上有3只小鸟,又飞来了1只,合起来有4只小鸟,因此,3加1等于4。

减法概念的教学与加法类似,它是通过直观演示或操作,让学生体会从一个数里去掉一部分,求还剩多少,用减法计算。如荷叶上原来是4只青蛙,跳走了1只青蛙,还有3只青蛙。要突出4只里去掉1只,就是计算4减1是多少,从而引出减法运算。在此基础上,通过变换情境,让学生在变化的情境里继续感受加法运算的意义。

为了让学生对加法和减法有进一步的认识,通常采用"一图两式"的策略。即根据一幅图中"合起来"的数量关系写两道加法算式,或根据一幅图里总数的构成,从中去掉一部分,剩下另一部分的数量关系,写两道减法算式。从"一图一式"到"一图两式"不是算式数量的变化,是对加法和减法运算意义认识的发展。

为了让学生感受加法和减法的联系,通常采用"一图四式"的策略。即根据一幅图的数量关系写两道加法算式和两道减法算式。"一图四式"能够让学生感受加法和减法的联系,加深对加法和减法运算意义的认识。

（2）10以内加减法的教学

10以内数的加减法计算是聋生必须掌握的基本技能,它们是学生进一步学习的基础,它主要要求学生能熟练地进行口算。教学时,学生已经认识了10以内的数,掌握了这些数的分与合,很多学生还在生活中进行过简单的加、减法计算,这些都是教学10以内加、减法的重要基础。

10以内数的加减法计算的教学,可以利用数的组成与分成（分解）来教学。如教学5＋2时,可以引导学生想:5和2组成7,所以5＋2＝7;教学7－2时,可以引导学生想:7分成2和（ ）,所以7－2＝5。当然,如果有部分学生能凭直觉说出得数,甚至通过数数得到结果,对这些学生,在不否定他们算法的同时,可以引导他们改变思考方法,避免把算法强加给学生。

（3）20以内加减法的教学

20以内数的进位加法和退位减法是多位数计算的基础,也是聋生必须掌握的基本技能,要求学生能熟练地进行口算。

在教学9加几时,首先要注意创设情境,提出问题,发展学生提出问题的意识和能力。如可以先出示情境图,问:从图中看到了什么？有一个盒子,盒子里有10个方格,方格中放有9个桃,盒外有4个桃。（为了让学生熟悉情境）再问:你能提出什么数学问题？当学生提出我想知道它们一共有几个桃时,老师进一步引导:怎么列式呢？如何计算呢？其次,要注意算法多样化。如学习9＋4时,要注意几点:一是要给学生充足的思考时间,鼓励学生用自己的方法计算;二是要组织学生交流,并引导其他学生理解同伴的算法;三是要鼓励学生评价自己的算法,改进自己的方法。特别要注意的是凑十法是计算的基本方法,最好让学生都能掌握这种方法。

十几减9的教学,教学的重点不是算出得数,而是计算的过程与方法。如教学13－9,可以为学生提供盒子或小棒等学具,让学生自己操作并交流方法。学生也许会先从盒子里拿掉9个桃子,再把剩下的相加,这时,教师要引导学生根据操作过程说计算方法(实质上是破十法)。破十法对后面进一步学习退位减法很有帮助。

在计算退位减法的方法中,"算减想加"也是一种很好的方法。因为它既能凸显出减法的意义,很快算出退位减法的差,又能促进学生将其与进位加法建立联系。如计算 13－9 时,可以利用情境图,引导学生想:9＋(　)＝13,所以 13－9＝4。

2. 100 以内加减法的教学

这部分内容是在熟练地掌握了 20 以内加减法和百以内数的认识的基础上进行教学的。主要学习两位数加减整十数、两位数加减一位数的口算,两位数加两位数、两位数减两位数的笔算等内容。

(1) 不进位加法和不退位减法(口算)的教学

这部分内容的教学,可以为学生提供学具,让学生通过摆小棒和拨算珠的方法计算。操作学具进行计算的目的不限于得到结果,更要从中体会计算的步骤和方法。因此,教学时可以让学生先操作,再让学生自己说一说自己的操作过程,想一想自己的计算方法,然后在全班交流自己的算法。操作是知识的外化过程,它是符合学生的认知特点,也是学生理解、概括算法所必需的;通过学

图 6-6　不进(退)位加(减)法计算

生说一说、想一想等活动,促进知识的内化,建构知识的意义。这种外化与内化的学习策略,在后面的学习中还会用到。如图 6-6 所示,计算 45＋30,可以让学生先摆小棒,算出结果;再说一说摆的过程:先摆 4 捆与 5 根小棒,再摆 3 捆小棒,合起来是 7 捆加 5 根小棒;在此基础上,引导学生想一想计算思路与方法:先算 40＋30＝70,再算 70＋5＝75。

(2) 进位加法和退位减法(口算)的教学

在计算不进位加法和不退位减法(口算)的基础上教学进位加法和退位减法(口算),它们的教学思路与前者相似,也是让学生通过摆小棒和拨算珠的方法计算,从中体会计算的步骤和方法。但教学进位和退位时,要突出进位与退位的基本原理是"10 个一是十",让学生根据直观学具与已有的数学知识经验理解"满 10 进一"和"退一作 10"的思想。如计算 24＋6,按两位数加一位数的计算思路,先算 4 加 6 得 10,怎么办?这时摆小棒能激活 10 根捆成一捆的经验,形象地展示出再算 20＋10＝30,初步理解"满 10 进一"的道理。

（3）100 以内加减法（笔算）的教学

两位数加两位数（笔算），是学生第一次学习笔算。教学时，要利用直观手段，让学生理解相同数位上的数要对齐，知道从个位加起。如图 6-7 所示，计算 43+31，通过摆小棒和拨算珠让学生理解两个加数中的 40 和 30 相加、3 和 1 相加。摆小棒的口算计算过程是 40+30=70，3+1=4，70+4=74；拨算珠的口算计算过程是 43+30=73，73+1=74。在此基础上，可以介绍竖式，为了便于个位上的数分别相加和十位上的数分别相加，竖式应把两个加数的个位与十位分别对齐，且规定从个位加起。

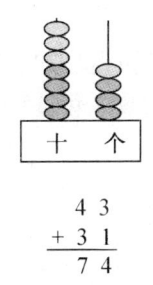

图 6-7 两位数加法笔算

在介绍了竖式计算之后，可以让学生比较口算与笔算，不难发现，用竖式计算加法具有计算简洁、准确等优点。如果学生体会到了用竖式计算两位数加法的优点，就会自觉迁移到两位数减法中去。

在用竖式计算教学进加和退位减时，可以通过摆小棒或拨算珠让学生理解"满 10 进一"和"退一作 10"的道理。同时要通过进位和退位的过程，体会竖式上从个位算起的步骤是合理的。为了防止初学者遗忘进位与退位，在教学笔算之初，要允许学生在竖式上标进位与退位的记号。当然，不在竖式上做记号也是可以的。

3. 万以内加减法的教学

万以内加减法主要是教学三位数的加减法，包括加减法的笔算、口算、估算、验算和解决实际问题等几方面的内容。这部分内容主要要求学生经历探索三位数加减三位数计算方法的过程，掌握三位数加减三位数的笔算方法，能正确地笔算；初步理解加减法的验算方法，会进行加减法的验算。

三位数的加减法与两位数加法相比，有许多相同的地方，教学时可以让学生尝试运用已有的计算经验主动学习三位数加减法笔算。让学生主动探索三位数加减法笔算，并不是说学生不能运用直观教具。根据聋生的学习特点，教学时可以先选择计数器拨珠计算，再列竖式计算，让学生理解相同数位要对齐，从个位算起；理解"满 10 进一"和"退一作 10"的道理。

连续退位的减法和被减数中间或末尾有 0 的退位减法，这部分知识比较抽象，各位上的数字变化又比较多，思维过程也比较复杂，对聋生来说比较困难，是教学的难点。教学时，可以利用计数器演示计算的过程，让学生理解计算的道理，然后再进行竖式的计算。如图 6-8 所示，教学 204-108 的计算时，首先可以通过情境设疑，引发认知冲突。个位不够减，要从十位退1,但是,被减数十位上是0,无法直接退1,怎么办? 再引导学生从计数器上寻找解决问题的办法,让学生想出可以从百位退,并通过拨珠计算,体会隔位退位的原理;在此基础上,把拨珠计算提升成竖式计算,经历比较深刻的数学化过程。

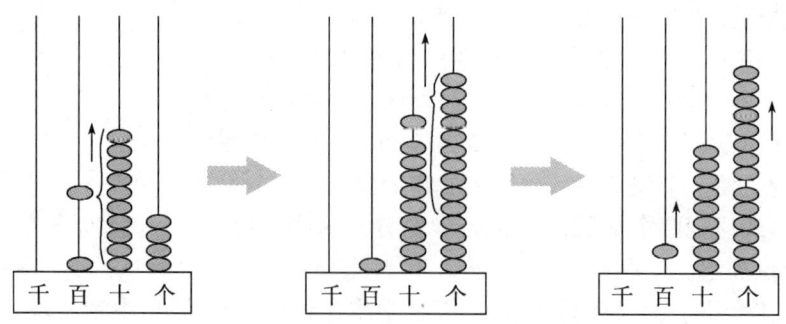

图6-8 连续退位减法计算

验算教学时,首先要注意验算的方法可以是多样的,学生可以自由选择。如加法验算可以选择不改变竖式再算一遍的方法,也可以选择交换加数的位置再算一遍的方法,还可以选择其他的验算方法,如估算。其次,要注意让学生体验验算的必要性和重要性,培养学生验算的习惯与态度。

(二) 整数的乘除法

1. 乘除法概念的建立

(1) 乘法概念的建立

乘法是相同加数连加的简便运算,相同加数连加是乘法的生长点。因此,在教学乘法意义之前,先教学相同加数的连加,引导学生在现实的情境中理解这样的连加算式的含义。如情境图里的兔每2只在一起,有3个2只,列出2+2+2=6(只),表示3个2相加得6。像这样在生动的情境里,隐含了"几个几相加"的数量关系,有利于学生列出算式,理解相同加数连加算式的具体含义。

在此基础上,可以利用实例,把相同加数连加的数学问题与乘法准确地联系起来,初步教学乘法的含义。如每张桌上有2台电脑,4张桌上一共有多少台?可以用相同加数连加解决这样的问题,还可以用乘法计算,即4个2相加可以写成4×2=8。像这样在解决同一问题中,通过先写加法算式,再写乘法算式,能让学生感受相同加数连加的问题可以用乘法计算,并从中体会乘法的意义。

乘法是相同加数连加的简便运算,它的简便主要体现在两个方面:一是乘法算式简便,二是计算简便。由于乘法口诀还没有教学,在此只能让学生从算式的比较中体验乘法的简便。

(2) 除法概念的建立

除法的教学要求学生初步理解除法的意义,能读、写除法算式,知道除法算式各部分的名称。其中初步理解除法的意义是教学的重点。

认识除法需要先建立平均分的概念。可以通过具体操作,让学生初步认识平均分。如把6个桃分成两份,可以怎样分?在学生分的基础上可以进行比较,得出"每份分得同样多"就是平均分。

平均分的教学可以联系生活情境,让学生感受数量间的因果关系。如把12枝铅笔平均分,你想怎样分?这是一个开放性的问题,有两类分法,一是把12枝铅笔平均分,每份( )枝,分成( )份,二是把12枝铅笔平均分成( )份,每份( )枝。在教学这两种情况时,要注意引导学生学会用数学语言表达平均分的现象,体会两种分法的区别和联系,感受数量间的因果关系。这样教学不仅有助于清晰地认识平均分的概念,而且对后面认识除法也十分有益。

由于学生已经建立了平均分的概念,掌握了平均分的两种情况,因此具有有意义地接受除法的基础。教学时,可以联系生活情境和已有的经验,初步认识除法。如有6个小朋友坐过山车,每辆坐2人,要坐( )辆。这个问题富有挑战性,因为过山车不能直接操作。学生可以用6根小棒来操作,得出结果;也可以用推理的策略来解决问题:3个2人是6人,要坐3辆车。前一种方法是运用平均分的概念,为学生学习提供直观支持,在此基础上引入除法,可以让学生体会平均分的问题可以用除法计算,除法是解决平均分问题的一种运算;后一种方法实质上是想乘算除的思想,在此基础上引入除法,能让学生初步体会乘法与除法是有联系的,从而进一步理解除法。

2. 表内乘除法的教学

(1) 乘法口诀的教学

乘法口诀的教学主要要求学生经历编口诀的过程,理解并熟记乘法口诀,能用口诀计算乘法和解决实际问题。让学生经历编口诀的过程,不仅有利于学生理解和记忆口诀,发展抽象、概括等数学思维能力,而且能培养学生的探索精神和创新意识,增强学习数学的自信心。理解乘法口诀的意义主要是指理解每一句口诀的具体意思,它表示哪两个数相乘,积是多少,并体会口诀的作用。

乘法口诀的教学一般分为2~6的乘法口诀、7~9的乘法口诀两个阶段教学。2~6的乘法口诀教学时要经历由扶到放的过程,如5的乘法口诀教学时,编一五与二五的口诀是师生共同完成,而编三五、四五、五五的口诀是由学生自主完成。7~9的乘法口诀的教学则可以让学生编乘法口诀,旨在给学生留出了更大的主动学习的空间。

教学乘法口诀时要注意帮助记忆口诀。要记住口诀,一是要理解口诀的意义,二是要引导学生沟通相邻口诀之间的联系,三是要求学生背口诀,四是利用一些特殊的规律记忆。如利用"几个9相加的和比几十少几"的规律,记忆9的乘法口诀。

乘法的竖式是编排在"表内乘法"的单元教学的,其主要目的是让学生进一步熟练地计算表内乘法,为后面教学乘法笔算做准备。乘法竖式的结构和加、减法的竖式比较相近,学生接受乘法竖式的难度不大。教学时,要注意指导学生学习乘法竖式的书写格式,特别是乘数与积的书写位置。

(2) 用乘法口诀求商的教学

开始教学用乘法口诀求商时,可以用平均分的实际问题作过渡,引导学生进行知识的迁移。如通过主题图展示问题:10个小朋友打球,每2人一组,平均分成了几组?学生碰到了平均分的实际问题,会很自然地想到操作学具。可以用10个圆片替代10个小朋友,分圆片不仅得出了答案,还从中看到5个2人是10人(即二五一十),从而感觉除法计算可能和乘法口诀有关。在此基础上,引导学生直接用乘法口诀计算,这使口诀求商的教学成为有意义地接受。

用乘法口诀求商应着重教学用口诀求商的思考方法。如计算 $12 \div 3$,怎么想?有些学生能直接找到那句口诀,而且想得很快,"三(四)十二,商是4。"也有些学生暂时达不到这样的程度,需要依次背口诀才能找到适宜的口诀。依次背口诀也是可以的,教师应指导学生从"一几得几"开始,按先"横"后"竖"中间"拐弯"的次序背口诀。

除法的竖式是编排在"表内除法"的单元教学的,其主要目的是让学生进一步熟练地计算表内除法,为后面教学除法笔算做准备。除法竖式与加、减、乘法竖式相比显得很特殊,学生较难接受。教学时,要注意结合实际问题,指导学生学习除法竖式的书写格式,理解竖式除法计算的道理。具体教学可以采用如下步骤:① 出示6个人平均分成2组,每组是几个人的情境图;列式 $6 \div 2 =$;想:$2 \times (3) = 6$,所以 $6 \div 2 = 3$。② 还可以用竖式计算。列式 $2\sqrt{6}$;想:$2 \times (3) = 6$。3是商,写在上面,要和被除数对齐;"6"写到被除数的下面,与被除数相减得0。③ 在此基础上,还可以联系情境图里,展示平均分的过程帮助理解:平均分成2组,每组3人,是不是把6人都分完了呢？需要检查一下。检查的办法是把每组3人，2组分掉6人的"6"写到被除数的下面，被除数减这个数得0，表示都分完了。

3. 有余数的除法的教学

有余数的除法的教学主要要求学生经历把平均分后有剩余的现象抽象为有余数除法的过程，初步理解有余数除法和余数的含义，掌握有余数除法的求商方法，知道余数要比除数小，会用竖式计算，会用有余数除法解决简单的实际问题。

教学时，首先可以让学生在分东西的活动中先形成有"剩余"的表象，在此基础上逐步建立余数、有余数除法的概念。其次，要注意指导学生学习有余数除法的求商方法。第三，要注意比较除法算式里的余数和除数，发现并理解规律。

特别的，有余数的笔算除法，如果被除数和除数同时缩小同样的倍数，不仅商不变，而余数也缩小了相同的倍数。为了求得原来的余数，要把竖式得到的余数再扩大相同的倍数，这一点聋生比较难以理解，教学时可以通过多种方法帮助学生理解。如可以通过验算来帮助学生理解余数的多少。

4. 乘、除数是一位数的乘除法的教学

（1）两位数、三位数乘一位数

两位数乘一位数的教学主要要求学生经历探索两位数乘一位数计算方法的过程，掌握两位数乘一位数的计算方法；能正确口算整十数乘一位数以及不进位的两位数乘一位数，能正确笔算两位数乘一位数；在具体情境中学习两位数乘一位数的估算。

口算几十乘一位数是进行一位数乘两位数的竖式计算的基础。教学时可以让学生在现实的情境中，通过自己解决问题感悟算法。如可以先创设问题情境：3头大象运木材，每头运20根，一共运了多少根？引导学生列出算式20×3，思考算法。形象直观的问题情境能让每名学生都有自己的算法，或是把3个20连加得到60，或是从6堆直观判断一共运了60根，也会有学生从2×3＝6类推出20×3＝60，或通过2个十乘3得6个十来计算。再组织学生交流算法。交流算法一方面能促使学生仔细地想一想自己的算法，另一方面能让全体学生都能理解后两种算法。因为后两种算法与后面学习笔算两位数乘一位数有着直接的联系。

一位数乘两位数竖式计算的教学，也要充分利用直观情境图来启发学生思考计算的思路，明晰竖式中每一步的计算内容，及竖式的一般写法。如两只猴各采14个桃（分装在两个篮子里，其中一篮放10个，另一篮放4个），问一共采了多少个？① 可引导学生横向看，是2个14，列式为：24×

2=；②怎样计算呢？可引导学生纵向看，先算2个4是8，再算2个10是20，然后把20和8合起来是28；③引导学生列竖式，学习竖式计算的方法。

三位数乘一位数与两位数乘一位数相比，虽然会出现连续进位、三位数的十位上可能是0等新问题，但基本的教学方法是类似的。因此，教学三位数乘一位数时，可以尝试放手让学生自己探索，充分发挥学生的主体作用。

（2）两位数、三位数除以一位数

两位数、三位数除以一位数的教学主要要求学生经历探索两位数、三位数除以一位数计算方法的过程，掌握相关的口算和笔算的方法；能正确口算简单的两位数、三位数除以一位数，能正确笔算两位数、三位数除以一位数；会估计两位数、三位数除以一位数的商是几十多。

口算整十数除以一位数是一位数除两位数的竖式计算的基础。教学时可以让学生通过操作，感悟算法。如图6-9所示，有40根小棒，平均分成2份，每份多少根？可以先引

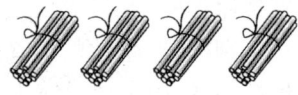

图6-9 两位数除一位数的口算

导学生列出算式40÷2，思考算法。或是运用分的方法，或是通过4个十除以2得2个十来计算，也会有学生从4÷2＝2类推出40÷2＝20。再组织学生交流算法。交流算法一方面能促使学生仔细地想一想自己的算法，另一方面能让全体学生都能理解后两种算法。因为后两种算法与后面学习笔算两位数除以一位数有着直接的联系。

笔算两位数除以一位数的教学也要运用直观，启发学生思考计算的思路，明晰竖式中每一步的计算内容，及竖式的一般写法。如图

图6-10 两位数除一位数的笔算

6-10所示有42根小棒，平均分成2份，每份多少根？在列出算式42÷2以后，让学生经历每人先分得2捆再分得1根，每人得到21根的操作过程，并理清思路先算40÷2＝20，再算2÷2＝1，然后把20与1相加是21；再把这些感性认识作为有意义地接受除法竖式的必要基础，在竖式上显示分两步除的过程，引导学生把操作经验上升成计算方法。教学时要注意两点：①要让学生理解商的书写位置及其道理，以及竖式除法的计算顺序。② 开始时，学生进行除法笔算时往往感到不习惯，甚至发生书写上、顺序上的错误，为此，要通过多种练习，让学生感受竖式的运算，并经历由扶到放的过程，避免造成学生学习上不必要的困难。

学生在基本掌握了笔算计算步骤后，要教学最高位除后有余数的除法。如56÷2。教学时，可以采用如下步骤：① 出示问题：把56根小棒，平均分

成2份,每份多少根? ② 通过小棒操作,学生明白分小棒时是先每份分2捆,是20根,余下的16根,每份分得8根,因此,每份分得28根。③ 把这些感性认识作为有意义地接受除法竖式的必要基础,在竖式上显示分两步除的过程,引导学生把操作经验上升成计算方法。

关于教学商中间或末尾有0的除法,开始教学时也要利用直观操作,让学生明确,遇到被除数哪一位不够商1,就在这一位上面写0。要特别强调0占位的重要性。

5. 乘、除数是两位数的乘除法的教学

(1) 两位数、三位数乘两位数

口算两位数乘整十数是笔算两位数乘两位数的基础。教学时一般是从两位数乘10开始,然后向两位数乘几十迁移。教学口算两位数乘10时,可以在现实的情境中,让学生通过自己解决问题感悟算法。如可以先创设如下情境:一批牛奶,每箱12瓶,10箱共多少瓶? 再引导学生根据情境列出算式$12×10$,思考算法。形象直观的问题情境能让每名学生都有自己的算法,或是从$12×1=12$类推出$12×10=120$,或是10个10瓶是100瓶,10个2瓶是20瓶,共120瓶,或通过$12×5×2$来计算。然后组织学生交流算法。交流算法一方面能促使学生仔细地想一想自己的算法,另一方面能让全体学生都能理解前两种算法。因为前两种算法与后面学习笔算两位数乘两位数有着直接的联系。

教学口算两位数乘整十数一般是从两位数乘10来类推。如计算$12×30$,可以转化成$12×10×3$进行,也可以从$12×3$类推。

两位数乘两位数竖式计算的教学也可以充分利用直观情境图,启发学生思考计算的思路,明晰竖式中每一步的计算内容,及竖式的一般写法。如$28×12$的教学,可以通过实际问题,先引导学生口算:$28×2=56$,$28×10=280$,$56+280=336$。在此基础上,再引导学生列竖式,学习竖式计算的方法。

笔算两位数、三位数乘两位数,难点是乘数十位上的数与两位数、三位数相乘的积的对位方法,教学时要引导学生理解对位的道理,掌握对位的方法。

(2) 两位数、三位数除以两位数

这部分内容主要有两、三位数除以整十数,三位数除以非整十的两位数等内容。其中,教学两、三位数除以整十数,重点是让学生掌握笔算的方法;教学三位数除以非整十的两位数,重点是让学生掌握最基本的试商方法。

教学两位数、三位数除以两位数时,首先要注意通过解决实际问题,引导学生先口算或者先估算,然后教学竖式计算,理解商的书写位置,能说出除数是整十数的除法的笔算方法。即要引导学生总结出如下方法:除数是整十数的除法,要从高位起,先用被除数前两位的数除以除数,如果前两位不够商1,就要看被除数的前三位;除到被除数的哪一位,就在哪一位的上面写商,还要注意每次除后的余数要比除数小。

其次,通过实例,引导学生掌握最基本的试商方法。即掌握用四舍五入法将除数看作与它接近的整十数,进行试商的方法。在试商过程中,经常会出现调商的情况,有时初商要调大,有时初商要调小,教学时要着重讲清调商的方法。确定是否要调商主要看余数,余数大于除数时商要调大,被除数不够减时商要调小。一般地,四舍后商可能偏大,五入后商可能偏小。

二、小数四则运算的教学

(一)小数加减法的教学

小数加减法的教学要求学生结合现实情境,掌握小数加减法的计算方法,能正确进行小数加减法的笔算和口算;能运用加法运算律进行一些小数加法的简便计算;会用计算器进行一些稍复杂的小数加减法的计算。

1. 遵循直观到抽象的原则,教学一位小数的加减法

教学一位小数的加减法笔算,首先,可以从带有计量单位名称的小数加减着手,让学生明白相同单位的数相加减,就要把相同的数位对齐,从中体验小数点对齐的道理和小数加减的计算方法。如教学0.5元与0.7元一共是多少元时,先要把小数的各个数位和元、角一一对应,即相同数位上的数要对齐,小数点也要对齐;再按照整数加法进行计算,得数里小数点要与加数的小数点对齐。教学时,计算法则暂时不用概括,只要让学生知道怎样列竖式计算就可以了。

2. 系统地教学小数加减法

到了系统地学习小数加减法阶段,要求掌握小数加减法的计算方法,能正确进行小数加减法的笔算和口算。其中重点是小数部分不同位的小数加减法。教学时应该注意如下几点。

(1) 通过实际问题,让学生理解列加法和减法的竖式,把小数点对齐的道理。

(2) 通过寻找小数加、减法和整数加、减法在计算时的相同点,引导把已有的整数加、减法的计算法则推广到小数加、减法,构建小数加减法的计算法则。

(3) 启发学生利用小数的性质,先把小数部分位数不同的小数转化为

小数部分位数相同的小数,然后再进行加减。

（4）要向学生指出,在计算中,得数小数部分末尾有0的,一般要化简（规定了保留小数位数的除外）。

（二）小数乘法的教学

小数乘法分为小数乘整数和小数乘小数两个阶段教学。小数乘整数的教学要求学生在熟悉的生活情境中体会小数乘法的意义,探索并理解小数乘整数的计算方法,能正确进行小数乘整数的计算。教学时要注意几点:一是要注意通过加法启发乘法。小数加法不仅能引导学生体会小数乘法的意义,而且能启发学生探索并理解小数乘整数的计算方法。小数加法是从最低位起,一位一位地算的;是向相邻的高位进位的;计算结果要点上小数点等。这些步骤与方法对乘法的运算具有启发作用。二是要通过比较积与因数的小数位数,让学生初步学会确定小数点。三是要通过实际生活情境,让学生探索乘法的计算方法。如教学时,可以从"夏天西瓜单价是0.8元,买3千克西瓜要多少元"这个实际问题出发,根据求几个相同加数的和可以用乘法计算这个已有的知识,列出算式0.8×3;再引导学生结合实际生活情境,探索乘法的计算方法,或采用加法,或将0.8元看成8角,8×3=24角,24角=2.4元,让学生经历把小数乘法转化成整数乘法,把整数积转化为小数积的过程;在此基础上,引导学生比较积与因数的小数位数,初步学会确定小数点。

小数乘小数的教学是在学生掌握了小数点位置移动规律和小数乘整数的基础上进行的。它要求学生能根据具体的数量关系列出相应的乘法算式,通过主动探索,掌握小数乘小数的计算方法,能正确进行小数乘小数的计算。教学时,可以通过实例,帮助学生弄清若把两个因数都看作整数,积扩大几倍,要求算原来的积应该怎么办?引导学生得出结论:因数里有几位小数,积也有几位小数。

（三）小数除法的教学

小数除法分为小数除以整数和小数除以小数两个阶段教学。小数除以整数的教学要求学生在熟悉的生活情境中体会小数除法的意义,探索并理解小数除以整数的计算方法,能正确进行小数除以整数的计算。教学小数除以整数要注意几点:一是通过实际问题,引导学生根据数量关系列出算式,初步理解小数除法的意义。二是要通过实际问题,让学生初步理解商的小数点要和被除数的小数点对齐的道理。三是要运用整数除法的笔算来启发小数除以整数的计算步骤和方法。如教学时,可以从"妈妈买了3千克苹果花了9.6元,每千克苹果多少元"这个实际问题出发,通过数量关系可以列出算式9.6÷3;再引导学生结合实际生活情境,探索除法的计算方法,或采用把9.6元转化为96角,即把9.6÷3转化为96÷3,或将9.6元分成9元和6角,9÷3=3元,6÷3=2角。让学生经历把小数除法转化成整数除法,把整数商转化为小数商的过程,初步理解小数除以整数的基本算法:可以像整数除法那样列竖式计算,商的小数点和被除数的小数点对齐着写。

小数除以小数的教学是在学生掌握了商不变性质和小数除以整数的基础上进行的。它要求学生能根据具体的数量关系列出相应的除法算式,通过主动探索,掌握小数除以小数的计算方法,能正确进行小数除以小数的计算。教学时,可以通过实例,引导学生根据商不变性质,把除数是小数的除法转化成除数是整数的除法,然后按照整数的除法进行计算。

三、分数四则运算的教学

(一)分数加法和减法的教学

分数加减法的意义与整数相同,其计算方法虽然在形式上与整数不同,但实质上都是相同单位的数才能相加减。因此,学生理解分数加减法的意义并不难。

分数加法和减法通常分为同分母分数加减法和异分母分数加减法来教学,其中同分母分数加减法是基础,异分母分数加减法是重点。

同分母分数加减法的教学可以通过直观操作或演示,让学生理解计算方法,并会进行同分母分数加减法计算。异分母分数加减法的教学,关键要解决为什么要先通分的问题。教学时,可以通过直观教学,让学生知道分数的分母不同,不能直接相加;再启发学生:能不能把异分母分数化成同分母分数来计算呢?从而引导学生思考,得出用通分的方法可以把异分母分数化成同分母分数,达到进行异分母分数加减法计算的目的。

(二)分数乘法的教学

分数乘法的教学要求学生在现实情境中体验分数乘法的意义,掌握分数乘法的计算方法,能正确计算分数乘法,能正确解答求一个数的几分之几是多少的简单实际问题;理解倒数的意义,掌握求一个数的倒数的方法。

分数乘法的教学分为分数乘整数与分数乘分数两个层次。教学分数乘整数可以引导学生在现实情境中体验分数乘法的意义,掌握分数乘法的计算方法。如教学时,可以从"一朵绸花用$\frac{3}{10}$米绸带,做 3 朵要用多少米绸带"这个实际问题出发,引导学生思考并列算式:可用加法计算:$\frac{3}{10}+\frac{3}{10}+\frac{3}{10}$;由于是求 3 个 $\frac{3}{10}$ 的和,因此也可以用乘法计算:$\frac{3}{10}\times 3$ 或 $3\times\frac{3}{10}$。通过这一步的教学,不仅让学生列出了计算算式,而且能从中体验到,分数乘法的意义与整数乘法的意义相同,是求几个相同加数和的简便运算。在此基础上,通过计算 $\frac{3}{10}+\frac{3}{10}+\frac{3}{10}$,可以得出分数乘整数的计算法则。

解答求一个数的几分之几是多少的简单实际问题时,要利用通过直观演示,让学生通过多种方法解决问题。如"10 朵绸花的 $\frac{1}{2}$ 是几朵？10 朵绸花的 $\frac{2}{5}$ 是几朵？"解决这些问题,可以通过运用整数乘除运算 $10\div 2$(把 10 朵绸花平均分成 2 份,求 1 份是多少),$10\div 5\times 2$(把 10 朵绸花平均分成 5 份,求 2 份是多少)来解决,这种算法能帮助学生沟通新旧算法的联系,更好地理解 10 的 $\frac{1}{2}$ 与 10 的 $\frac{2}{5}$ 是多少的含义;另一种是运用乘法来解决问题:$10\times\frac{1}{2}$,$10\times\frac{2}{5}$,这种算法能让学生概括出"求一个数的几分之几是多少,用乘法计算"。这个结论拓展了原来的乘法概念,乘法不仅求几个相同加数连加的和,还能求一个数的几分之几是多少。

分数乘分数的计算方法并不复杂,记住和应用算法也不难。但是,理解算理却很不容易。教学时要利用直观,充分发挥数、形结合的作用,让学生体会"分子相乘、分母相乘"是合理的。

(三) 分数除法的教学

分数除法包括分数除以整数、整数除以分数、分数除以分数等内容。教学时要求学生在现实情境中体会分数除法的意义,掌握分数除法的计算方法,能正确计算分数除法;能列方程解决已知一个数的几分之几是多少,求这个数的简单实际问题。

分数除法是转化成分数乘法计算的。教学分数除以整数时,可以引导学生在操作中开展形象思维,探索并掌握分数除以整数的计算方法。例如,把 $\frac{4}{5}$ 米平均分成 2 份,求每份是多少。教学时根据实际问题列出除法算式

$\frac{4}{5} \div 2$ 后,先让学生根据示意图分一分,形成感性认识,得出计算结果。再引导学生思考计算方法,计算方法可能有两种:第一种算法是把 4 个 $\frac{1}{5}$ 平均分成 2 份,只要把 $4 \div 2$ 作分子,分母 5 不变。这是一种特殊的算法,只适合于分子能被除数整除的情况。第二种算法是把 $\frac{4}{5}$ 米平均分成 2 份,求每份是多少,也就是求 $\frac{4}{5}$ 米的 $\frac{1}{2}$ 是多少,可以用乘法计算,即 $\frac{4}{5} \div 2 = \frac{4}{5} \times \frac{1}{2}$。这样教学既能让学生体验到计算方法的多样性,又能体会分数除以整数等于分数乘这个整数的倒数。

　　整数除以分数的教学,可以先通过直观演示或操作,探索一个数除以几分之一的算法,具体感知一个数除以几分之一等于这个数乘几分之一的倒数;再通过图画操作,探索一个数除以几分之几的算法,进一步感知一个数除以几分之几等于这个数乘几分之几的倒数;在此基础上通过分析、比较,归纳出整数除以分数的计算方法。如教学 $4 \div \frac{1}{2}$ 时,可以先从"4 个橙子可以分给几人"的问题情境中引出整数除以分数的算式。如果是每人分 2 个橙子,求可以分给几人的算式是 $4 \div 2$;如果是每人分 $\frac{1}{2}$ 个,通过类比推理,列出 $4 \div \frac{1}{2}$ 算式。其次,可以通过直观操作,探索算法:① 由操作可知,$4 \div \frac{1}{2} = 8$(人);② 每人分 $\frac{1}{2}$ 个,1 个橙子可以分给 2 人,4 个橙子可以分给 $4 \times 2 = 8$(人)。它们都是求 4 个橙子可以分给几人的算式,得数都是 8,因此,$4 \div \frac{1}{2} = 4 \times 2$。$\frac{1}{2}$ 与 2 是倒数关系,因此 4 除以 $\frac{1}{2}$ 等于 4 乘 $\frac{1}{2}$ 的倒数。

　　教学分数除以分数时,可以通过直观图引导学生算出结果,再根据结果并联系整数除以分数的计算方法,猜想分数除以分数的计算方法,并通过计算加以确认。这样教学符合从直观到抽象、从已知到未知的认识规律,能直观帮助学生理解算法,促进学生有效地参与学习活动。

第四节　式与方程及比和比例的教学分析

一、式与方程的教学

(一) 用字母表示数的教学

用字母表示数的教学主要要求学生经历由具体的、确定的数到用字母表示数的抽象过程，理解并学会用字母表示数，掌握用字母表示数的式子的书写方法，体会用字母表示数的简洁与便利，发展符号意识。

用字母表示数简单明了，不仅能概括出数量关系的一般规律，而且能为研究与解决实际问题提供方便。以往学生学习的主要是具体的、确定的数，而用字母表示数中，每一个字母代表的是某个范围内的数，它的抽象、概括程度较高，一般来说又是不确定的、可变的，学生较难理解和接受。教学时要特别注意从学生已有的经验和熟悉的实际问题出发，从具体的、确定的数引入用字母表示数，遵循由已知到未知、由简单到复杂、由具体到抽象的认知规律，循序渐进、逐步递进。

1. 利用学生已有的知识和经验，体会用字母表示数的意义

学生在用字母表示数已经会用多种符号表示数，已经对代数的思想有了初步的认识，教学时可以利用学生的这些知识和经验，学习用字母表示特定的数，体会用字母表示数的意义。如 $6+\triangle=8$，$\triangle$ 代表几？说明 $\triangle$ 可以表示一个数，迁移到 $6+a=8$，a 代表几？说明 a 可以表示一个数；又如填自然数：$20+\square<25$，$\square$ 代表几？说明 $\square$ 可以表示 0，1，2，3，4 这五个数，迁移到 $20+x<25$，x 代表几？说明 x 也可以表示 0，1，2，3，4 这五个数。这样教学，引导学生联系已有的知识和经验，让学生知道字母可以表示一个或几个具体的数，为学生进一步学习用字母表示数量关系打下基础。

2. 结合具体情境探索数量变化规律，学会用字母表示数量关系

聋生由于语言和抽象思维发展滞后，他们在发现与探究数量关系和数量变化规律时往往会有困难，教学时要注意结合具体情境，先探索数量变化规律，再学习用字母表示数量关系。如摆 1 个三角形用 3 根小棒，摆 2 个三角形用 2×3 根小棒，摆 3 个三角形用（　）根小棒，摆 4 个三角形用（　）根小棒……可以让学生通过直观观察，明确"摆几个三角形就用了几个 3 根小棒"，在明确了数量关系的基础上，再引导学生思考与讨论：摆 a 个三角形用（　）根小棒。这样让聋生经历了由具体的、确定的数到用字母表示数的抽象过程，对理解并学会用字母表示数是很有必要的。

虽然学生知道摆 a 个三角形用 $(a×3)$ 根小棒,但学生对 $a×3$ 不一定有深刻的认识。教学时要引导学生想一想:$a×3$ 里的 a 可以表示哪些数?这个问题聋生理解特别困难,教学时可以用大括号将三角形圈起来并标明是 a 个三角形,帮助学生理解 a 可以表示 5,6,7,…也可以表示已经摆过的 1,2,3,4,因此,a 可以表示 1,2,3,4,5,…无数多个自然数。这样教学,能引导学生体会用字母能代表一大批具体的数,含有字母的式子能概括地表示数量关系,进而体会到用字母表示数的好处。

3. 指导学生掌握用字母表示数的式子的书写方法

学生在对用字母表示数有了一定认识后,要向学生指明含有字母表示数的式子有一定的书写格式。数与字母相乘时的乘号还可以写成小圆点,通常都省去不写,但数必须写在字母的前面;字母与字母之间的乘号,也可以写成小圆点,通常也省去不写,如 $x×y$ 通常写成 xy;两个相同的字母相乘,可以写成平方的形式。

(二)简易方程的教学

方程是含有未知数的等式,它是刻画现实世界数量关系的数学模型。等式是方程的生长点,首先让学生体会等式的含义。教学时,可以让学生在天平平衡的直观情境中体会等式,天平两臂平衡,表示两边的物体质量相等,这时可以用=表示等量关系;两臂不平衡,表示两边物体的质量不相等,这里可以用>或<表示不等量关系。通过天平的称量,可以得到很多等式,如 $50+50+50=100+50$,$50×2=100$,$50+x=100+50$,$20+3x=200$,通过比较这些等式,就可以得到方程的概念。

在学生理解了方程的基础上,要引导学生用方程表示直观情境里的等量关系;要结合具体操作,理解等式的性质;引导学生利用等式的性质解简易方程。在教学利用等式的性质解简易方程时,要注意两点:一是要示范方程的书写格式,强调等式变换时,各个等式的等号要上下对齐;二是求得方程的解后,通过"是不是正确答案"的质疑,引导学生根据"左右两边是不是相等"进行检验。

二、比与比例的教学

(一)认识比的教学

这部分内容主要包括比的意义、比的基本性质、化简比、按比例分配问题等内容。要求学生在现实情境中理解比的意义,掌握比的读写方法,知道比的各部分名称和比与分数、除法的关系;经历探索比的基本性质的过程,掌握比的基本性质,能应用比的意义和比的基本性质求比值、化简比,能解答按比例分配的实际问题,感受比与日常生活的密切联系,感受数学知识和方法的应用价值,提高学好数学的信心。

1. 经历比的概念的抽象过程,理解比的意义

用比表示两个具体数量的关系一般有两种情况:一种是表示两个同类数量间的倍数关系,另一种是表示两个不同类的数量间的关系。两个同类数量间的倍数关系和两个不同类的数量间的关系学生在学习新知识之前,已经会用相关的知识来表达,如总价与数量、路程与时间的关系,因此,教学时可联系生活和已有经验,建构比的意义。

如"一面红旗长3分米,宽是2分米,问:长是宽的几倍?宽是长的几分之几?"由 $3\div 2=\frac{3}{2}$,$2\div 3=\frac{2}{3}$ 可知,长是宽的 $\frac{3}{2}$,宽是长的 $\frac{2}{3}$;在此基础上引入新知:长是宽的 $\frac{3}{2}$ 也可以说长与宽的比是3比2,宽是长的 $\frac{2}{3}$ 也可以说宽与长的比是2比3。这样教学,学生就能初步感受比与分数有关,分数与除法有关,进而感受比与除法是有联系的。

又如"一辆汽车2小时行驶220千米,求汽车行驶的速度。"由速度=路程÷时间,得 $220\div 2=110$(千米/小时)。在此基础上引入新知:$220\div 2$ 也可以说成是路程与时间的比是220:2。这样教学,让学生感受两个不同类数量间的除法关系也可以用比表示。

在初步理解比的意义的基础上,通过问题"两个数的比可以表示什么?"引导学生反思两道例题里的比,体会它们都表示两个数相除,从而概括出比的意义。

2. 通过实例,让学生明白比、除法、分数的相互关系

比、除法、分数的相互关系,是学生必须掌握的基础知识。教学时可以通过对具体实例的改写来体会和掌握。如先让学生改写:$3:5=(\ )\div(\ )=\frac{(\ )}{(\ )}$;再引导学生想一想,比的前项、后项和比值分别相当于除法算式或分数中的什么?比的后项可以是0吗?这样教学,目的是沟通比、除法与分数之间的联系,加强对比的认识。至于比、除法与分数的不同,在改写中也能有所感受,不必刻意去区别。

3. 要重视解答按比例分配问题的策略——转化

按比例分配就是把一个数量按照一定的比进行分配,它是平均分的拓展。按比例分配问题可以采用不同的思路和方法来解答。可以先求总份数,再求每份数,然后求几份数;也可以将按比例分配问题转化成求一个数

的几分之几是多少的问题。教学时要注意几点：一是要注意在实际情境或操作活动中引导学生理解什么是按比例分配；二是要鼓励算法多样化；三是要强调将按比例分配问题转化成求一个数的几分之几是多少问题的解题方法，以沟通前后知识的联系，提高解决实际问题的能力。

（二）比例的教学

这部分内容包括图形的放大或缩小，比例的意义和性质，解比例，比例尺。图形的放大或缩小是图形与几何领域的知识，比例是数与代数领域的知识，把两个领域的内容有机融合，能发挥数形结合的作用，提高教学效率。教学图形的放大或缩小时，要注意联系实际，引导学生建立图形放大、缩小的概念。如可以先让学生观察在电脑上放大长方形的现象，分别研究长方形放大后与放大前长、宽的关系；然后联系长方形放大揭示图形放大的数学含义。揭示图形放大的数学含义分为三个层次：一是通过计算，让学生明白长方形的每条边长放大到原来的相同倍数，如"长方形的每条边长放大到原来的2倍"；二是会用比描述图形放大时边的长度变化，如"放大后的长方形与原来长方形对应边长的比都是2∶1"；三是会用比描述图形放大的变化，如"把原来的长方形按2∶1的比放大。"这样教学能让学生明白，放大后的长方形与原来长方形对应边长的比是2∶1，就是把原来的长方形按2∶1的比放大。从而初步形成图形放大的概念。

学生在建立了图形放大、缩小的概念以后，可以以图形的放大、缩小为基础，学习其他的比例知识。如图形放大、缩小中含有大量的相等的比，因此，可以把图形放大、缩小作为比例的意义和性质的教学资源；比例尺刻画了平面图和实际平面之间的放大、缩小关系，因此也可以把图形放大、缩小作为比例尺的教学资源。

（三）正比例和反比例的教学

这部分内容是在学生已经学过比的意义、比的化简与比的应用的基础上学习的。要求学生在具体情境中，体会生活中存在着大量互相依赖的变量，认识成正比例、反比例的量，能根据正比例和反比例的意义，判断两个相关联的量是不是成正比例或反比例；能找出生活中成正比例和反比例量的实例，并进行交流；能根据给出的有正比例关系的数据在有坐标系的方格纸上画图，并根据其中一个量的值估计另一个量的值。

教学时，首先要通过实际例子，让学生初步感知"两种相关联的量"的含义。如行走的路程和时间，当时间变化时，路程也随着变化，因此这两种量是相关联的；又如购物时，物品的数量与所付的总价，也是两种相关联的量。

其次，要从实际事例中抽象出数量变化的规律，形成正比例的概念。如一辆汽车行驶的路程和时间表 6-1 所示。

表 6-1　汽车行驶路程与时间表

时间/时	1	2	3	4	5	6	…
路程/千米	80	160	240	320	400	480	…

教学时先引导学生通过观察，发现时间变化，路程也随着变化，因此路程和时间是两种相关联的量；再引导学生找出路程和时间的数量变化的规律，即这辆汽车行驶的路程和时间的比的比值总是一定的；在此基础上进行抽象概括：路程和时间是两种相关联的量，时间变化，路程也随着变化。当路程和时间的比的比值总是一定时，就说行驶的路程和时间成正比例，行驶的路程和时间是成正比例的量。

教学判断两种量成不成正比例的方法时，要考虑到学生的认知水平，尽量采用数据信息。如判断正方形的周长与边长、面积与边长成不成正比例。可以根据表格里填的数据进行推理，也可以根据正方形的周长公式和面积公式推理。前一种方法对问题进行了具体的分析，适合大多数学生的实际水平，也符合新课程的要求。采用这种方法教学，能使学生进一步理解正比例的意义，突出正比例概念的内涵：两种相关联量的比的比值保持一定。后一种思考没有利用数据信息，推理的难度较大，没有必要对学生提出这样的要求。

用图像直观表达正比例关系的教学，要求学生根据给出的有正比例关系的数据在有坐标系的方格纸上画图，并根据其中一个量的值估计另一个量的值。教学时可以先出示上例中关于汽车行驶的路程和时间的图像，再引导学生认识图像上的点。如"A 点表示 1 小时行 80 千米""B 点表示 2 小时行 160 千米"，明确各点的具体含义，体会点与数的对应关系。然后引导学生认识图像的形状，体会正比例关系的图像是一条直线。在此基础上引导学生应用图像，估计行驶时间所对应的路程或者行驶路程所用的时间。

教学反比例的意义，教学活动的线索和正比例的类似。因此，学生认识正比例意义时的数学活动经验可以迁移到反比例意义的学习中来，教学时要给学生多提供一些独立思考和合作交流的机会，充分调动学生学习的积极性和主动性。

【思考题】

1. 10以内数的认识的教学要点是什么？以8的认识为例设计课堂教学要点。

2. 如何教学万以内数的读法和写法？

3. 分数初步认识的教学应注意什么问题？

4. 写一份关于"小数的性质"的教案。

5. 举例说明如何让学生理解列加法和减法的竖式，把小数点对齐的道理。

6. 举例说明如何教学用字母表示数。

【参考文献】

［1］中华人民共和国教育部.全日制义务教育数学课程标准［M］.北京:北京师范大学出版社,2012.

［2］江苏中小学教材编写服务中心,等.数学教师教学用书［M］.江苏:江苏教育出版社,2007.

［3］朱友涵.新课程背景下聋校数学课堂教学目标的设计［J］.中国特殊教育,2006(7):12.

［4］义务教育数学课程标准修订组.数学课程标准解读［M］.北京:北京师范大学出版社,2012.

第七章 图形与几何的教学

【内容提要】 图形与几何主要研究现实世界中的物体和几何图形的形状、大小、位置关系及其变换,它们是人们更好地认识和描述生活空间、进行交流的重要工具;也是促进学生发展的重要资源。本章在介绍了图形与几何的教学意义与要求的基础上,重点研讨了在新课程背景下图形认识、测量、图形与变换、图形与位置等知识的教学要点与方法。

第一节 图形与几何的教学意义和要求

一、图形与几何的教学意义

图形与几何主要研究现实世界中的物体和几何图形的形状、大小、位置关系及其变换,它们是人们更好地认识和描述生活空间、进行交流的重要工具。在义务教育阶段,其主要内容有图形的认识,测量(面积、周长计算等),图形与变换(平移、旋转等),图形与位置(上下左右东南西北等)等。这些内容的教学对学生的发展具有重要的意义。

(一)有助于学生更好地认识和理解人类的生存空间

图形与几何的知识源于现实的三维世界,是对现实世界的概括与抽象,因此,学习图形与几何有助于学生从理性的高度来认识和理解人类的生存空间。学生通过图形与几何的学习,可以用准确的语言来描述事物的形状、大小、变换和位置,如用生动的语言描述学校的位置;用准确语言描述上学的路线;用数学的语言描述自己座位的位置;用恰当的语言描述教室的形状、大小和位置等。也可以运用所学的知识,解决学习和生活中的一些问题,如自己的板凳松动了,知道根据三角形的稳定性,将板凳钉牢固;根据大树的影长会测算大树的高度;拿着电影票自己可以很快找到座位;能够估计学校操场的面积等。还可以用所学的知识,了解和解释一些生活现象,如能解释自行车的三角架为什么一般都是三角形的,自行车放下支撑架为什么就不会倒下,知道车轮为什么要做成圆形等。

（二）能促进学生空间观念的形成和发展

图形与几何教学的一项重要任务就是促进学生空间观念的形成和发展。所谓空间观念是人们对常见物体的大小、形状、位置关系形成的表象，它是一种自觉地感受空间图形、运用空间图形的意识和能力。空间观念主要表现在：能由实物的形状想象出几何图形，由几何图形想象出实物的形状，进行几何体与其三视图、展开图之间的转化；能根据条件作出立体模型或画出图形；能从较复杂的图形中分解出基本的图形，并能分析其中的基本元素及其关系；能描述实物或几何图形的运动和变化；能采用适当的方式描述物体间的位置关系；能运用图形形象地描述问题，利用直观来进行思考。

在图形与几何教学中，引导学生进行二维、三维图形的转化，引导学生确定物体的位置，引导学生积极参与观察、操作、想象等活动，有利于学生形成物体和图形的表象，有利于发展学生的空间观念。

（三）提高学生的形象思维和逻辑思维能力

学生学习图形与几何知识，一般要从图形与几何知识的现实背景出发，通过直观演示或实际操作，对获得的感性材料进行分析、比较、抽象与概括、推理，才能理解和掌握图形与几何的概念、特征和规则。在运用图形与几何知识解决问题中也包含着判断、推理的过程。这些不仅有助于发展学生的推理能力和逻辑思维能力，而且也有助于提高学生的形象思维能力，开发学生的潜能。

（四）培养学生的应用意识和解决问题的能力

通过学习图形与几何的知识，以及在测量、绘图、识图、求积、确定位置等活动中运用这些知识，可以培养学生从几何的角度去观察和认识周围事物和理解它们的特性，从而提高学生的应用意识和解决问题的能力。

二、图形与几何的教学要求

图形与几何的主要内容有：空间和平面基本图形的认识，图形的性质、分类和度量；图形的平移、旋转和轴对称；运用坐标描述图形的位置。在义务教育阶段，图形与几何的具体的目标和教学要求如下。

第一学段，能辨认长方体、正方体、圆柱和球等几何体；能辨认长方形、正方形、三角形、平行四边形、圆等简单图形；会用长方形、正方形、三角形、平行四边形或圆拼图；能对简单几何体和图形进行分类；结合生活情境认识角，会直观辨认直角、锐角和钝角；认识长度单位千米、米、厘米，知道分米、毫米，能估计一些物体的长度，并进行测量；会用上、下、左、右、前、后描述物体的相对位置；给定东、南、西、北四个方向中的一个方向，会辨认其余三个方向。

第二学段，了解线段、射线、直线，知道两点间的距离；知道周角与平角；了解平面上两条直线的平行和相交关系；了解长方形、正方形的特征，认识平行四边形和梯形；认识三角形，了解三角形两边之和大于第三边、三角形内角和是180°；认识等腰三角形、等边三角形、直角三角形、锐角三角形、钝角三角形；认识长方体、正方体；会用量角器量指定角的度数；认识面积，体会并认识面积单位；探索并掌握长方形、正方形的周长、面积计算公式，探索并掌握三角形、平行四边形和梯形的面积公式；了解体积的意义及度量单位；初步探索并掌握长方体、正方体的体积和表面积的计算方法；初步探索某些实物体积的测量方法；结合实例，感受平移、旋转、轴对称现象；认识图形的平移与旋转，能在方格纸上按水平或垂直方向将简单图形平移，会在方格纸上将简单图形旋转90°。

第三学段，能辨认从不同方向看到的物体的形状图；认识圆与扇形，会用圆规画圆；掌握圆的周长公式；探索并掌握圆的面积公式；认识圆柱和圆锥；探索并掌握圆柱的表面积和体积以及圆锥体积的计算方法；理解线段的和、差，以及线段中点的意义；理解两点确定一条直线，理解两点之间线段最短；理解两点间距离的意义，能度量两点间的距离；理解角的概念，能比较角的大小；认识度、分、秒，会计算角的和、差；了解对顶角、余角、补角等概念，探索并掌握对顶角相等、同角（等角）的余角相等，同角（等角）的补角相等的性质；了解垂线、垂线段等概念，能用三角尺或量角器过一点画已知直线的垂线；了解点到直线的距离的意义，能度量点到直线的距离；理解过一点有且只有一条直线与已知直线垂直；识别同位角、内错角、同旁内角；了解平行线概念；掌握平行线的判定定理；理解平行线的性质定理；了解三角形及其内角、外角、中线、高线、角平分线等概念，了解三角形的稳定性；探索三角形的内角和定理；了解全等三角形的概念，了解全等三角形的判定定理。

第七章 图形与几何的教学

第二节　图形认识的教学分析

一、平面图形认识的教学

（一）线段、直线、射线的教学

1. 通过典型的实例，认识线段

认识线段要求学生会描述线段的特征，会画线段。教学时可以采用如下的过程来教学。

（1）变曲为"直"，概括特征

先出示两根细铁丝（一直、一弯），问：你发现它们有什么不同？（一直、一弯）你能想办法把这根弯的铁丝变直吗？讲解：在数学上，这两根直的细铁丝可以看成是线段。再出示一根弯的毛线，问：谁能把这根弯的毛线拉直？讲解：两手之间的这段直的毛线也可以看成是线段，手抓住的两头称为线段的端点，线段有两个端点。问：你认为线段有哪些特点？（直，两个端点）接着画出线段的图形，形象地表示出线段是直的，是有端点的，加深对线段的认识。

在学生初步认识了线段的一些特征的基础上，可以让学生做一些练习，及时强化特征，加深对概念的认识。如概念辨析练习，让学生找一找生活中哪些物体的边可以看成是线段等。

（2）操作比较，拓展认识

在学生认识了线段是直的、有两个端点的基础上，还要让学生认识到每条线段都有"确定的长度"，是可以比较或度量的。教学时可以先把一张长方形纸对折，折痕是一段直的线，可以看成一条线段。再让学生分别折出比这条折痕长些的和短些的折痕。通过比较折痕的长短，体会每条线段都有长度，而且长短不同，可以比较。

2. 利用现实原型和多媒体演示，认识射线和直线

手电筒与探照灯的光线是学生已有的经验，是可以利用的教学资源，教学中要充分利用这些资源，让学生经历由具体到抽象的过程，概括出射线的基本特征，认识射线。

（1）以线段为新知识的生长点，利用现实原型，明确射线的特征。可以先演示：将红外线手电筒的光线射到教室的墙壁上。提问：墙壁上的亮点与灯泡之间的光线可以看成什么？（线段）为什么？（灯泡与墙上的光点可以看成线段的两个端点，两个端点间的光线可以看成是线段）再演示：将手电

筒的光线射向天空。提问:把光线射向天空,你还能找到另一个端点吗?通过讨论,从现象中得出只有一个端点、没有尽头、无限长等结果。讲解:像这样的线,我们把它看作射线。接着演示:探照灯与城市射向空中的光柱。提问:这些光线可以看作是射线吗?射线有什么特点?通过讨论,得出射线只有一个端点、无限长等特征。

(2)以线段为新知识的生长点,利用多媒体演示,突出射线和直线的几何图形。可以先提问:射线是怎样得到的?看电脑演示:线段的一个端点保持不动,另一个端无限延长。这样教学,能让学生看到把线段的一端无限延长,就得到一条射线,有助于学生形成射线的表象。再教学射线的画法就不难。

在学生认识了射线的基础上,也可以利用多媒体演示教学直线。可以先演示:把线段的两端无限延长。再讲解:像这样把线段的两端无限延长,就得到一条直线。然后提问:直线有什么特点?学生在讨论的基础上不难得出直线的特征。

3. 通过比较,明确射线、直线和线段的联系与区别

射线、直线、线段是三种不同的几何图形,也是不同的概念,所以,在认识了射线和直线以后,要及时组织学生比较三者之间有什么联系与区别。这样教学既能促进学生更好地理解这三种图形的本质特征,又能促进知识的系统化。

(二)角的教学

角分为角的初步认识和角的认识两个阶段教学。角的初步认识的教学主要要求学生初步认识角,知道角的各部分名称,能指出物体表面的角,能辨认出平面图形中的角;知道角有大小,能直观区分角的大小;初步认识直角、锐角、钝角,能直观判断出上述几种角。角的认识的教学主要要求学生进一步认识角的特征,认识角的计量单位,认识直角、锐角、钝角、平角和周角及其大小关系;会用量角器量指定的角和按指定的度数画角,会用三角尺画一些特殊的角。

1. 从生活中常见的实物出发,让学生经历角和直角的抽象过程,逐步建立角和直角的表象

教学时要从学生常见的、能明显表示角的形状的实物出发,引导学生观察和交流,及时抽象出角的图形。如可以先出示钟面上的时针与分针、剪刀、三角尺等物体,引导学生观察和交流,利用已有经验尝试指出这些物体中的角;再运用多媒体演示,将这些物体中的角转化为几何图形,从中获得

角的表象,体会角的结构;还可以通过两根木条组成活动的角的演示,让学生体会角的形成,将角演化为一个顶点和两条边的结构。从而初步形成角的概念。

通过观察与比较等活动,让学生知道角有大小,能直观区分角的大小。教学角的大小时,可以选择让钟面、剪刀、折扇、两根木条组成活动的角等典型物体,让学生通过观察这些物体上角的变化,感受角的大小;让学生在比较与交流中,知道角的大小是由两边叉开的程度决定的,而与两边的长短无关,学会直观区分角的大小。

2. 让学生在画角的过程中体会和认识角的特征

教学时可以首先复习射线的概念,让学生从一点出发画两条射线,其组成的图形是角,从中体验角的形成及角的两边都是射线;然后引导学生思考:角是怎样的图形呢?让学生认识到角是由一点引两条射线组成的图形,从而获得角的准确概念。在此基础上,可以向学生说明角的符号、读法和写法。

3. 简要地讲解量角器的构造,示范用量角器量角的方法,帮助学生克服使用工具时的困难

认识量角器的教学,先要引导学生认识量角器。可以通过观察,让学生说说看到了什么,在交流中认识量角器的结构和功能。再介绍角的计量单位"°",通过看一看、画一画等活动,建立1°角大小的表象。然后让学生分别从右边起和从左边起依次找出0°,20°,90°,135°,180°的刻度线。在找这些刻度线时,要让学生明白各是从量角器的哪边起的,刻度线上的刻度是多少,并在0°刻度线和另一条刻度线组成的角上用手指画一段弧线,体会度数与相应的角的大小。还可以让学生用牙签、火柴棒在量角器上摆出某个度数的角,说说怎样看出所摆的角是多少度,初步会用量角器读出一个角的度数。

教学用量角器量角的度数,可以先用图示法演示怎样把量角器正确地放到要量的那个角上,并让学生说说这个角是多少度。再让学生照样子用量角器在给定的角上量一量,体验测量角的大小的方法。然后让学生说说自己是怎样量的,体会并总结使用量角器的方法。量角的方法是把器量角的中心与角的顶点重合,0刻度线和角的一条边重合,看另一条边所对的刻度线,从器量角上读出角的度数。

4. 在角的运动变化中,认识锐角、直角、钝角、平角和周角及大小关系

锐角、直角、钝角学生已有直观认识,只是还不能从理性上认识,它们的教学并不难。平角和周角的教学,先要让学生在平角和周角的图形上指出

角的顶点和两条边,感受平角和周角都是同一顶点的两条射线组成的图形。然后用量角器量出平角的度数,通过推算得出周角的度数。

（三）长方形和正方形的教学

1. 长方形和正方形的直观认识

长方形和正方形的直观认识的教学要求学生整体感知图形的形状,形成初步的表象;能识别长方形和正方形,在常见物体上找到长方形和正方形的面,并说出它们的名称;能用简单的方法制作长方形和正方形,初步感受图形的变换。这里不细致研究长方形和正方形的边和角,不用语言描述图形的特征。

教学时要注意设计多种活动,让学生在活动中感知图形的形状,形成初步的表象。可以设计画一画活动,即让学生根据几何体表面的形状在纸上画出长方形和正方形。通过画图活动能让学生得到比较标准的图形,初步感受图形的形状,帮助学生形成正确的表象;可以设计找一找活动,即让学生在给定的几何体的表面上或是在生活中,找出相应的图形。进一步感受图形的形状,初步体会"面"与"体"的联系和区别。在此基础上出示标准的长方形和正方形的图形并交代名称,达到整体感知图形的目的。

2. 长方形和正方形的认识

长方形和正方形的认识的教学主要要求学生在观察和操作等活动中,探索并发现长方形和正方形的特征,能判断一个图形或物体的某一个面是不是长方形和正方形。教学时要注意如下两点。

（1）通过折一折、量一量、比一比、数一数等多种活动,引导学生主动发现并概括出长方形和正方形的特征。

（2）要注意做好与以后进一步学习的衔接。通过比较,让学生知道长方形和正方形的共同特征,感受长方形的一切性质正方形都有,要防止学生产生"正方形不是长方形"的误解,做好与中学进一步学习的衔接。

（四）三角形的教学

1. 三角形的直观认识

三角形的直观认识的教学要求学生整体感知图形的形状,形成初步的表象;能识别三角形,在常见物体上找到三角形的面,并说出它们的名称;能用简单的方法制作三角形,初步感受图形的变换。这里不细致研究三角形的边和角,不用语言描述图形的特征。

由于一切多边形都可以分割成若干个三角形,因此,三角形的教学,首先要注意让学生用已经认识的长方形和正方形,通过折叠等方法自己"做"出三角形。这样教学,既能得到比较标准的三角形,又能调动学生学习的积极性和主动性。其次,要注意让学生用三角形拼出学过的图形,如长方形和正方形等。这样教学,既能沟通知识的联系,加深对三角形的感知,又能渗透割补的思想,为后续学习做好准备。

2. 三角形的认识

三角形主要有三角形的基本特征、三角形的分类、三角形的内角和、等腰三角形和等边三角形等内容。三角形的教学主要要求学生认识三角形,通过观察、操作,了解三角形两边之和大于第三边、三角形的内角和是 $180°$;认识直角三角形、锐角三角形、钝角三角形、等腰三角形和等边三角形。

让学生在"做"图形的活动中感受三角形的形状特点和结构特征。学生"做"三角形并不难,做的方法必定是多样的。用小棒摆、在钉子板上围、在方格纸上画三角形在之前都曾经做过,现在学生还可以用剪、折、拼等方法做三角形。"做"三角形的目的不在结果,要注重学生在做的过程中是怎样想的、怎样做的,把精力放在建立边、角和顶点等概念上。所以,交流的时候要分析各种做法的共同点,如要用三根小棒、三段细绳、三条线段才能"做"成三角形,所以三角形有三条边;小棒、细绳、线段又必须两两相连,所以三角形有三个顶点和三个角。

通过操作探究活动,了解三角形两边之和大于第三边。教学时可以先提问:任意选三根小棒,能围成一个三角形吗?对这一问题,学生直观感觉也许是可以的,但仔细思考后又认为好像不可以,从而产生认知冲突,产生探究的愿望。再为学生提供四根长度分别是 10 厘米、6 厘米、5 厘米、4 厘米的小棒,让学生任选三根围三角形,并将结果填写在下面的表 7-1 中。然后根据实验实据,引导学生找出能与不能围成三角形原因,发现并概括出规律。

表 7-1 三角形的认识

第一根小棒的长度	第一根小棒的长度	第一根小棒的长度	是否能围成三角形

通过实践活动,认识三角形的稳定性。可以用三根木条钉成三角形,用四根木条钉成四边形,通过拉一拉、比一比等活动,观察它们的形状是否改变,从而认识到三角形具有稳定性。再让学生用三角形的这一性质,解释生

活中的相关问题。还可以创设情境,让学生运用这一规律。如提供工具,让学生修理摇晃的板凳。

联系对直角、锐角、钝角的认识,引导学生探索三角形的分类。教学时,可以提供几个不同形状的三角形,要求学生仔细观察各个三角形的每个角是什么角,并把观察结果填在预设的表格里。然后引导学生分析研究表格里的数据信息,发现有些三角形的三个角都是锐角,有些三角形里有一个直角和两个锐角,有些三角形里有一个钝角和两个锐角,从而引发可以给三角形按角分类。在此基础上,引导学生用准确而精练的语言总结什么样的三角形是锐角三角形、直角三角形和钝角三角形。

通过实验得出三角形的内角和是180°。三角板的三个内角都是特殊的角,可以让学生算一算三角板的三个内角的和,从而得出三角板的三个内角的和是180°。还可以让学生将三角形的三个角剪下来,拼在一起,得到一个平角,从而得出三个角的和是180°。由于实验的对象(三角形)有较大的包容性,实验的结论有很强的可靠性,因此,学生能认同和理解三角形的内角和是180°这一规律。

(五)平行四边形和梯形的教学

1. 平行四边形的初步认识

平行四边形的初步认识的教学要求学生整体感知图形的形状,形成初步表象;能识别平行四边形;能用简单的方法制作平行四边形,初步感受图形的变换。这里不细致研究平行四边形的边和角,不用语言描述图形的特征。

平行四边形的初步认识的教学,可以先为学生提供两个大小一样的直角三角形,让学生拼一拼,拼出的图形可能是已经学过长方形、三角形等,也可能是一个新的图形——平行四边形。这样教学,既能得到比较标准的平行四边形,又能调动学生学习的积极性和主动性。其次,要注意列举一些生活的例子,如篱笆、活动铁门等,让学生找出其中的平行四边形。这样教学,既能沟通知识与生活的联系,加深对平行四边形的感知,又能渗透割补的思想,为后续学习做好准备。

2. 平行四边形的认识

平行四边形的认识是在学生直观认识平行四边形的基础上进行教学的。教学时,教师可以为学生提供小棒、钉子板、方格纸等材料,要求学生"做"平行四边形;并及时组织学生交流做法,引导学生发现并概括平行四边形的特征。例如,用小棒摆平行四边形,可以知道上、下两根小棒一样长,左、右两根小棒也一样长,从而发现平行四边形对边相等;在方格纸上画平行四边形,可以知道上、下两条边互相平行,左、右两条边也互相平行,从而推出平行四边形对边平行。这样教学,抓住了平行四边形的主要特征,突出了平行四边形的本质特征,符合学生的认知特点,促进了学生有效学习。

3. 梯形的认识

梯形的教学,可以先让学生观察屋顶的一个面、梯子、足球门的侧面,从中抽象出梯形的图形,形成对梯形的直观感知。再为学生提供长方形的纸、钉子板、方格纸等学具,要求学生"做"(折、围、画等操作)梯形,从中体会梯形的特点。然后通过比较梯形与平行四边形的区别,探索梯形的本质特征,帮助他们建立准确的梯形概念。教学中要注意引导学生积极参与观察、操作、比较、发现、抽象与概括等活动,认识梯形,发展智能。

(六)圆的教学

1. 圆的初步认识

圆的直观认识的教学要求学生整体感知图形的形状,形成初步的表象;能识别圆,在常见物体上找到圆的面,并说出它们的名称;能用简单的方法制作圆,初步感受图形的变换。

教学时要注意设计多种活动,让学生在活动中感知图形的形状,形成初步的表象。可以设计画一画活动,即让学生根据几何体表面的形状在纸上画出圆。通过画图活动能让学生得到比较标准的图形,初步感受图形的形状,帮助学生形成正确的表象;还可以设计找一找活动,即让学生在给定的几何体的表面上找出相应的图形。进一步感受图形的形状,初步体会"面"与"体"的联系和区别。在此基础上出示标准的圆的图形并交代名称,达到整体感知图形的目的。

2. 圆的认识

圆的特征有很多,如圆的边是曲线,曲线上的点到定点的距离等于定长,半径的长度都相等,直径的长度都相等,直径的长度等于半径的两倍等,对这些特征的认识,有助于学生深入地认识圆。教学时,可以让学生通过看一看、找一找等活动,唤醒学生对圆形的回忆,把教学的话题集中到圆上来。再为学生提供学具,让学生想办法画圆,感受圆的特征。如在用硬币画圆的过程中,可以感受圆的边是曲线;用铅笔绕固定的一个点旋转一周画圆,用圆规画圆,可以感受圆的本质特征。然后通过画、量、折等操作活动,以及交流、研讨活动,理解半径与直径都有无数条,发现半径的长度都相等,直径的长度都相等,进一步深入认识圆的特征。

用圆规画圆的教学，要注意让学生自己试着用圆规画一个圆，并交流画圆的方法。画圆的方法是：先用尺确定圆规两脚尖的间距；再把圆规针尖固定在纸的一个点上；然后手握旋柄，绕固定的点把圆规旋转一周，画出一条封闭的曲线。

二、立体图形认识的教学

（一）长方体、正方体、圆柱、球直观认识的教学

所谓直观认识是指结合实物对形体的形状特点有整体的、笼统的感知，形成初步的表象，能识别这几种形体，了解生活中有许多这些形状的物体，但不对形体的特征作规范的语言描述。

教学时要准备若干积木或长方体、正方体、圆柱、球等形状的物体，可以先通过堆积木的场景图，引导学生玩积木，在观察与触摸等活动中感知积木的形状。在学生堆积木时，应要求他们每堆一块积木，都要看看它是什么样子，想想它和哪些积木的形状相同，和哪些积木的形状不同。要防止学生只顾玩积木，而不感知积木形状的现象。

再让学生根据物体的形状进行分类，把形状相同的积木放在一起。在分类时要注意让学生说说分类时的思考，只要求说出视觉、触觉的感受，如长方体、正方体积木的面是"平"的，圆柱和球都有"弯"（曲）的面。不要求语言严密、完整，也不要求归纳几何体的特征。这样教学，注重教学的目的性和实效性，能促进学生思考各种"体"的形状特征。

然后抽象出各种几何图形并给出名称。教学时可以利用多媒体动画演示，将几何图形从实物中抽象出来，并让学生闭上眼睛想想这些物体的形状，从而形成相关几何图形的表象。在此基础上，让学生在生活中寻找相关的物体。利用这些几何体形状的初步表象，在生活中寻找这些形状的实物，既能进一步加强四种几何体形状特征的表象，又能感受生活中有大量这些形状的物体，从中感受数学与生活的联系，激发学习数学的兴趣。

（二）长方体与正方体认识的教学

长方体与正方体的认识是在学生直观认识了长方体和正方体的基础上教学的，要求学生通过观察、操作等活动，认识长方体、正方体及其展开图，知道长方体与正方体的面、棱、顶点及长、宽、高（或棱长）的含义，掌握长方体与正方体的特征。

1. 利用实物或模型，理解直观图，认识面、棱和顶点

从长方体、正方体实物到它们的直观图，是空间观念的一次发展。由于

第七章 图形与几何的教学

聋生的识图能力较差,空间观念不强,大多数人看不懂直观图,所以直观图是教学难点。教学时要强调使用实物或模型,通过观察、想象等活动,使学生在实物或模型与其直观图之间建立有机的联系,在看到直观图时,能想到相应的立体。这样教学,不仅能理解直观图,而且能发展学生的空间观念。

面、棱和顶点是长方体、正方体结构的要素,是研究长方体、正方体特征的出发点。面的教学,可以让学生在实物或模型上摸摸面,在直观图上指出相应的面,初步建立面的概念。两个面相交的线叫作棱。棱的教学,可以通过观察和在实物上的演示,直观感受两个面相交的含义,清楚地看到相交处是线,这条线就是棱。三条棱相交的点叫作顶点。顶点的教学,可以通过在实物上摸一摸、在直观图上指一指等活动,让学生知道三条棱的交点就是顶点。

2. 经历长方体、正方体的特征发现过程,掌握它们的特征

通过观察、测量、比较等活动,探索长方体、正方体的特征。如可以通过数一数、看一看、比一比等活动,得出长方体有 6 个面,每个面是长方形,也可以是正方形,相对的面大小一样。

3. 通过展、折、想象等活动,认识长方体与正方体的展开图

教学正方体的展开图时,可以先将正方体的纸盒,沿棱剪开,并将剪开的纸盒摊平,让学生知道展开图的形成过程,认识到展开图是平面图形。再让学生数一数展开图由几个正方形组成,想一想为什么展开图里有 6 个同样大小的正方形,正方形的边与正方体的棱有什么联系等问题,找一找正方体与展开图对应的面。这样教学,能让学生体会正方体与展开图的联系,加强对展开图的认识,发展学生的空间观念。

(三)圆柱与圆锥认识的教学

认识圆柱的教学要注意为学生提供丰富的圆柱形实物和模型,让学生通过观察、触摸、交流等活动,感知圆柱的形状,发现圆柱的上、下两个面是相同的圆形,圆柱的侧面是曲面,而且圆柱上下是一样粗的。在学生交流圆柱特征的过程中,教师可指出圆柱上、下两个面叫作底面,围成圆柱的曲面叫作侧面,两个底面之间的距离叫作圆柱的高,并及时出示圆柱的几何图形,在图形上标出圆柱的底面和侧面,这是建立圆柱概念的重要一步。

认识圆锥的教学与圆柱相似,可以在观察圆锥形物体的基础上抽象出圆锥的几何图形,在交流圆锥特征的过程中认识圆锥的顶点、底面和侧面。

第三节 测量的教学分析

一、周长和面积的教学

(一) 正方形和长方形周长的教学

正方形和长方形周长的教学要求联系实物与图形理解周长的含义，探索并掌握正方形和长方形周长的计算方法，能正确计算正方形和长方形的周长，会解决与正方形、长方形周长计算有关的实际问题。

(1) 联系实物与图形理解周长的含义，初步建立周长概念。

围成的平面图形一周的长叫作它的周长。教学时可以通过实际操作或演示让学生理解周长的概念。例如，可以通过多媒体演示，池口边线的长是水池的周长；也可以通过操作，用绳子绕树叶边线一周，用直尺量一量绳子的长，绳子的长就是树叶的周长。这样通过观察、操作，在直接感知的基础上初步认识周长的含义。接着，可以让学生通过测量三角形、四边形边长，计算它们的周长等活动，进一步明确多边形的周长是围成这个图形的线段之和，加深对周长概念的理解。

(2) 经历探索长方形、正方形周长计算方法的过程，掌握正方形和长方形周长的计算方法，能正确计算正方形和长方形的周长。

教学时可以通过学生熟悉的情境图，引导学生在解决问题中学习有关的知识与方法。如计算篮球场的周长，可以先让学生说说篮球场周长的含义，篮球场是什么图形，再让学生尝试用自己的方法计算周长，并交流各自的算法，引导学生理解不同算法之间的联系，然后从中选择自己喜欢的算法，并概括出长方形的面积公式。

(二) 多边形面积的教学

1. 结合实例认识面积的含义

物体表面的大小是物体表面的面积，平面图形的大小是平面图形的面积。教学时，先要通过实例，让学生体会物体的表面有大小。可以让学生看一看，说说黑板的表面与书的表面谁大谁小？引导学生说出黑板的表面比书的表面大，书的表面比黑板的表面小；知道物体的表面有大小。再告诉学生黑板的表面的大小是黑板面的面积，书的表面的大小是书面的面积。接着引导学生说说黑板面的面积与书面的面积谁大谁小？引导学生说出黑板的面积比书表面的面积大，书表面的面积比黑板的面积小；从中体会面积的含义。平面图形的面积的含义与物体表面面积的教学类似。

2. 面积单位的教学

面积单位的教学首先可以让学生自选工具来测量课桌面的面积,选用书和文具盒作为测量工具,得到的结果是不同的。让学生思考其中的道理,从中体验统一的面积单位的必要性。

其次,通过多种活动,使学生建立各个面积单位的表象。在教学1平方厘米时,让学生观察1平方厘米的正方形,体会单位的大小;让学生量一量自己哪个指甲面的大小约为1平方厘米,想一想哪些物体表面的面积接近1平方厘米,用手比一比1平方厘米的面积大约有多大。这些活动,都有助于学生感受并记住1平方厘米的大小。

3. 长方形和正方形的面积

长方形的面积是求面积部分的重点,教学时应该把精力放在探索长方形面积计算公式上。探索长方形面积计算公式可以分两步进行:第一步是先用单位面积的正方形摆放长方形,再填写表7-2。

表7-2 长方形的面积

	长	宽	1平方厘米长方形个数	面积
第1个长方形				
第2个长方形				

这样教学,学生能初步体会长、宽的数量与所需正方形个数的关系,间接感受长、宽数量与面积的联系。

第二步是通过求给定的长方形面积,探索长方形面积公式。如可以先给定"一个长5厘米、宽3厘米的长方形,求它的面积是多少"的问题,启发学生只沿着长方形的长和宽各摆一排正方形,计算一共需要的正方形的个数,引导他们进一步体会长、宽的数量与面积的关系。在此基础上,安排小组讨论长方形的面积与长和宽的关系,得出长方形的面积公式。

4. 多边形的面积

多边形面积的教学主要要求通过剪拼、平移、旋转等方法,探索并掌握平行四边形、三角形和梯形的面积公式,能正确地计算它们的面积;在操作、观察、讨论、分析、归纳等数学活动中,体会等积变形、转化等数学思想方法,发展空间观念,形成初步的推理能力。教学多边形的面积要注意如下几点。

(1) 要让学生经历探索面积计算公式的过程。多边形面积计算的教学价值,不能只是让学生知道几个公式和进行求积计算,而应该具有更广泛的意义。让学生经历实际操作、提出猜想、归纳发现和抽象出公式的过程,不仅能帮助学生理解并掌握三角形等图形的面积公式,发展学生的形象思维和空间观念,培养学生的推理能力,而且能培养学生的实践能力和创新精神,激发积极参与数学学习活动的热情和信心。

(2)要加强操作,在操作活动中发现图形的内在联系,体会多边形面积计算的一般策略。通过割补、平移、旋转等操作活动,把平行四边形转化为长方形,把三角形、梯形转化成平行四边形,不仅能让学生认识图形的内在联系,而且能让学生体会多边形面积计算的一般策略,体会等积变形、转化等数学思想方法。

(3)要为学生提供操作的物质条件和方法指导。教学之前要为学生准备好操作材料或指导学生到哪里去选取操作的材料,保证教学顺利进行;教学时要提出操作要求,指导学生怎样操作,确保操作活动有序、有效地进行,为进一步的数学思考积累感性材料。

(三)圆的周长和面积的教学

1. 圆的周长与圆周率

围成圆的曲线的长叫作圆的周长。教学时并不需要学生概括这一结论,只要求学生通过演示和操作,直观理解圆的周长的含义。如车轮一周的长度是车轮的周长,硬币一周的长度是硬币的周长。

在操作、计算、交流、发现等活动中,理解圆周率的意义。教学圆周率时,可以先让学生想办法测量不同的圆的周长。测量圆的周长的方法有很多,可以用线绕圆一周,线的长度就是周长的长;也可以通过圆形物体在直尺上滚动一周,测量周长。教学时要鼓励方法创新,让学生体验化曲为直的转化策略,并根据表格做好测量结果数据的记录。再让学生算出周长除以直径的商,并引导学生从中发现周长与直径间的倍数关系。在此基础上,介绍圆周率的概念及表示法,得出圆的周长的计算公式。

2. 圆的面积

化圆为方是圆的面积公式推导的基本思想方法。教学时可以先"分割圆",即把圆平均分成若干份,如 16 等份、32 等份。再"化圆为方",即把分割成的扇形拼成近似的长方形,从中找出各等量关系,利用长方形的面积公式推导出圆的面积公式。

二、表面积和体(容)积的教学

(一)表面积的教学

长方体(正方体)的表面积是指长方体(正方体)6个面的总面积,圆柱的表面积是指圆柱的两个底面与侧面的面积。表面积的计算,实际上是计算一个组合图形的面积。教学时可以利用直观教具,及几何体的直观图,探索计算表面积的方法,体会表面积的意义。

(二)体(容)积的教学

1. 体积(容积)的意义

物体所占空间的大小叫作物体的体积,容器所能容纳物体的体积叫作容积。"空间""物体占有空间""所占空间的大小"都是体积概念的内涵,是建立体积概念必须解决的子概念。教学时,首先可以进行如下实验:两个同样大的玻璃杯,一个杯子装满水上,一个杯子中放一个桃,将水杯中的水倒入装有桃的杯子中,还剩一些水。问:为什么还剩一些水呢?通过这一问题,让学生知道"杯中有一部分空间被桃占去了",从中初步体会"空间"和"物体占空间"的含义。其次,可以继续进行如下实验:两个同样大的玻璃杯,一个杯子中放有桃,一个杯子中放一个荔枝,它们都装满水。现将水杯中的桃和荔枝分别取出,杯中剩下的都是水。问:为什么两个杯子中的水不一样多呢?通过这一问题,引导学生说出"桃占的空间大,荔枝占的空间小",从中获得"不同物体占的空间大小不同"的体验。在此基础上,得出体积的意义:物体所占空间的大小叫作物体的体积。

教学容积概念,首先可以通过实例,让学生懂得什么是"容器"。其次,可以出示两盒书,一盒是《四大名著》,另一盒是《成语故事》。让学生通过直观,比较两盒中书的体积的大小,并用语言描述它们的体积大小;接着,从"左边盒子里书的体积大"引出"左边盒子的容积大","右边盒子的容积小"。像这种采用以旧引新的教学,既能促使学生通过体积理解容积的概念,又能让学生体会容积与体积的不同含义。在此基础上概括出容积的意义,学生能够理解和接受。

2. 体积单位和容积单位

体积单位的教学,一要注意通过多种活动让学生初步形成体积单位的表象。如通过教具演示,让学生看到1立方厘米正方形,形成正确的1立方厘米的表象;通过找一找,如手指头的体积大约为1立方厘米,使学生在体积单位与生活中熟悉的物体之间建立起联系,帮助学生记忆;让学生看着直观图,想象1立方厘米的体积,加深学生对体积单位的印象,形成初步的空间观念。

二要注意通过数一数、算一算等活动,让学生知道一个物体中含有几个体积单位,它的体积就是几个体积单位。这一结论不仅是后面学习的长方体、正方体的体积的基础,还能加深学生对体积单位的意义和作用的理解。

三要注意通过直观教学,让学生得出体积单位进率。如立方分米与立方厘米之间的进率,可以通过多媒体演示,让学生通过观察和计算得到:1立方分米=1000立方厘米。

3. 长方体、正方体的体积

长方体的体积是求体积部分的重点,教学时应该把精力放在探索长方体体积计算公式上。探索长方体体积计算公式可以分两步进行:第一步是先用单位体积的正方体自主摆放长方体,再填写表7-3。

表7-3 长方体的体积

	长	宽	高	正方体个数	体积
第1个长方形					
第2个长方形					

这样教学,学生能初步知道沿长、宽、高各摆几个正方体,长方体的长、宽、高就分别是几厘米;知道长方体里有多少个正方体,体积就是多少立方厘米,体积应该与长、宽、高有关。

第二步是通过求给定的长方体体积,探索长方体体积公式。如可以出示"一个长5厘米、宽3厘米、高2厘米的长方体,求它的体积是多少"的问题,让学生先沿着长摆,体会长方体长的数量与沿着长摆的体积单位个数之间的联系;再沿着宽摆,知道长方体宽的数量是几,沿着宽应该摆出几行体积单位;然后沿着高摆,知道长方体高的数量与摆的体积单位的层数是一致的。这样教学能让学生进一步体会长方体的体积与它的长、宽、高关系。在此基础上,安排小组讨论长方体的体积与长、宽、高的关系,得出长方体的体积公式。

4. 圆柱的体积

化圆为方是圆柱的体积公式推导的基本思想方法。教学时可以先"分割圆柱",即把圆柱平均分成若干份,如16等份、32等份。再"化圆为方",即把分割成的扇形柱体拼成近似的长方体,从中找出各等量关系,利用长方体的体积公式推导出圆柱的体积公式。

5. 圆锥的体积

(1) 创设情境,提出问题

出示等底等高的圆柱和圆锥,提出问题:圆锥的体积是圆柱的几分之几?

(2) 建立假设

第七章 图形与几何的教学

让学生通过观察等底等高的圆柱和圆锥，根据直觉估计圆锥的体积是圆柱的几分之几。

（3）拟定验证估计的途径

可以将圆柱和圆锥体分别浸入装有水的长方体中，计算出水面升高的体积就是圆柱和圆锥的体积，再计算它们的体积之比即可。也可以将等底等高的圆柱和圆锥状的空容器里装满水，倒入量筒中，测出它们的体积。还可以用圆锥状的空容器装满沙子，倒入圆柱状的空容器中，看看几次刚好倒满。

（4）探究发现，验证假设

先可以组织学生进行操作实验，再让学生交流实验结果，在此基础上根据等底等高的圆柱的体积公式和实验结果，推导出圆锥的体积计算公式。

第四节　图形的运动与变化的教学分析

一、轴对称图形的教学

轴对称图形的教学分为两段教学。第一段主要教学对称现象和轴对称图形的初步认识，要求学生联系生活中的具体物体，通过观察和动手操作，初步体会生活中的对称现象，认识轴对称图形的一些基本特征，初步知道对称轴；在一组实物图案和平面图形中识别出轴对称图形，能在方格纸上画出简单的轴对称图形；在认识、制作和欣赏轴对图形的过程中，感受到物体或图形的对称美，激发学生对数学学习的积极情感。第二段主要教学轴对称图形的对称轴，要求学生进一步认识轴对称图形，能用对折等方法确定轴对称图形的对称轴，会在方格纸上按要求画出一个图形的轴对称图形。

（一）观察生活中的对称现象，研究简单的轴对称图形，初步建立轴对称图形的概念

教学轴对称图形，可以先让学生观察天安门、飞机、奖杯等物体或图片，感知生活中的对称现象，思考、发现这些物体的共同特征：左右两边或上下两边的形状和大小都是相同的，它们都是对称的。再引导学生联想生活中还有哪些物体也具有这种对称特征，进一步体验生活中的对称现象。

接着可以出示天安门、飞机、奖杯等物体的图形，先让学生把这些图形剪下来并对折，通过操作引导他们发现：折痕两边的部分能完全重合，再告诉学生这些图形都是轴对称图形，折痕是对称轴，然后引导学生说出轴对称

图形的含义：对折后能完全重合的图形是轴对称图形，从而初步形成轴对称图形的概念。

在形成轴对称图形概念的过程中，一要注意让学生经历操作、观察、概括等学习过程，引导学生在做中学，充分发挥学生的主体作用，不要把知识灌输给学生；二要注意不能把物体的对称特点与轴对称图形这两个概念混为一谈。如天安门是对称的物体，画下来的天安门图形才是轴对称图形，天安门这个物体不是轴对称图形。

学生在初步形成轴对称图形的概念后，还可以让学生判断以往学过的一些图形是不是轴对称图形。通过判断哪些图形是轴对称图形，哪些图形不是轴对称图形，建立新旧知识的联系，加强对概念的理解。教学时要注意语言的准确性，如要说"这个梯形是（或不是）轴对称图形"，不要随意说成"梯形不是轴对称图形"。

（二）通过折、画、看等学习活动，认识轴对称图形的对称轴

认识轴对称图形的对称轴是在学生已经知道长方形、正方形都是轴对称图形的基础上进行教学的。教学时可以以它们作为教学的起点。先让学生用一张长方形纸折一折，会出现两种折法，这对于理解长方形有两条对称轴是有帮助的。再让学生指出长方形的对称轴。然后让学生画出它的对称轴。通过折、指、画等活动，让学生体会什么是对称轴以及它的位置。

画长方形的对称轴的教学，要注意教学的层次性。首先，可以让学生沿着长方形纸的折痕画，只画出 1 条对称轴；其次，在长方形上画，要画出 2 条对称轴。这样循序渐进地安排，有利于学生认识轴对称图形及对称轴。教学时要注意两点：一是引导学生体会对称轴的含义，它是对折轴对称图形折痕所在的直线；二是对称轴一般画成点划线。

二、平移和旋转的教学

平移和旋转的教学分为两段教学。第一段主要要求学生结合实例，感知平移和旋转现象，体会平移和旋转的特点，会直观地区别这两种常见的现象；能在方格纸上画出简单图形沿水平方向与竖直方向平移后的图形；发展学生的空间观念。第二段主要要求学生通过观察实例，认识图形的平移和旋转，能在方格纸上将简单图形平移或旋转90°。

（一）通过观察、想象、比较等学习活动，感受平移和旋转现象

教学时可以先演示火车、电梯、缆车的运动和风扇、螺旋桨、钟摆的运

动,引导学生尝试说说这两类运动有什么相同点,如前一类运动的特点是直直的,方向不变;后一类运动的特点是围绕一个点做转动。再引出平移和旋转的概念,如像火车、电梯、缆车这样的运动是平移,像风扇的叶片、直升机的螺旋桨、钟面上的指针这样的运动是旋转。然后让学生找一找生活中的平移和旋转,说一说生活中见过的平移和旋转现象;判断一些物体的运动是平移还是旋转。让学生初步体会生活里的平移和旋转现象很普遍,加深对物体平移、旋转的感性认识。

  学生在感知了平移和旋转含义后,要进一步探究平移。它的教学有两个任务:一是认识平面图形的平移,二是学会在方格纸上平移简单的图形。教学时要抓住平移的方向和距离这两个量,用定性描述和定量刻画相结合的方式描述图形的平移。学生初次观察图形在方格纸上是怎样平移的,对方向的判断不难,但对距离的计量会有一些困难。教学时应组织学生讨论:鱼向左平移了几格?是怎样看出来的?让他们自己找到观察与计算的方法。如可以看鱼嘴位置的那一个点,可以看鱼尾位置的某一个点……通过交流,让学生明白鱼图上的所有点、所有面、所有线都朝相同方向移动相同距离。这样,学生对平移的感受又深入了一步。教学时应注意这些方法不应是教师告诉他们的,应是学生自己发现并体会的。

  在方格纸上平移图形稍难一些,教学时可以先让学生动手画一画,然后交流画的方法和思考。平移图形的方法一般有两种:一种是先平移图形的各个顶点,然后依次联结顶点围成图形;另一种是把图形的各条边逐一平移。

  (二) 初步掌握简单图形平移的方法,会把简单的图形在方格纸上连续平移两次

  教学平移的方法时,可以先创设情境,提出问题。如可以先出示方格纸上的亭子图,提出问题:怎样把亭子图从左上方平移到右下方?再让学生思考和讨论这一问题,找出解决问题的方案,并进行交流。然后引导学生反思:你是怎样平移的?明确简单图形平移的方法,可以先竖直平移再水平平移,也可以先水平平移再竖直平移,初步学会把前面学习的平移方法结合起来平移图形。

  (三) 在活动中认识平面图形的旋转,学会把方格纸上图形旋转90°

  要完整认识、掌握图形的旋转,必须首先明确旋转的方向。可以通过观察日常见到的公路栏杆打开和关闭时不同方向的旋转,认识旋转分为顺时

针方向旋转和逆时针方向旋转,这是学习把图形按要求方向旋转的基础。

其次,要引导学生探索把平面图形旋转 90°的方法。可以让学生探索在方格纸上把三角尺旋转 90°的方法,教学时先要让学生明白,"绕 A 点旋转"是指 A 点是固定的,使三角尺的位置旋转 90°;再让学生进行旋转操作,体会把三角尺旋转 90°的方法;然后交流各自是怎样旋转的,让学生明白把三角尺旋转 90°时,旋转的方向可以是顺时针旋转,也可以是逆时针旋转;旋转的方法是以 A 点为固定点,依据方格纸上的位置,将其中的以 A 为端点的一条边旋转 90°,其他边作相应旋转;旋转后每条边都旋转了 90°。

第五节　图形与位置的教学分析

一、空间方位的教学

(一)上下、前后、左右的教学

上下、前后、左右的教学主要要求学生能够分辨前后、上下、左右,并会应用这些方位词描述物体间的相对位置。

上下、前后的教学,首先要通过创设情境,让学生体会上下、前后的含义。其次让学生会用上下、前后来描述物体的相对位置。如国旗在黑板的上面,黑板在国旗的下面,国旗的下面是黑板,黑板的上面是国旗。

左右的教学可以先通过游戏等活动,让学生能分辨自己的右手和左手。如举起你的左手,举起你的右手;左手握拳头,右手握拳头;左手摸右耳,右手摸左耳。再让学生联系自己的左手和右手,分辨哪些物体在左面,哪些在右面。如练习本在数学书的哪边？左边拍拍手,右边拍拍手;立正,稍息,向左转,向右转。然后让学生用左、右描述物体的相对位置,指导学生用"×在×的哪面"进行表达,初步学会用语言描述物体间的位置关系。

(二)东、南、西、北的教学

东、南、西、北的教学主要要求学生知道这四个方向,能辨认东、南、西、北,能用东、南、西、北描绘物体的所在的方向及物体之间的位置关系,会看简单的路线图。

1. 要联系生活经验,认识生活空间里的东、南、西、北

教学时可以先提问:"太阳是从哪个方向升起的?"让学生回想起生活经验,早晨,太阳是从东边升起的,从而知道哪个方位是东面。然后可以让学生面向太阳升起的方位站立,告诉学生前面是东,后面是西,右面是南,左面

是北,这样教学有助于学生记忆这四个方向。

2. 学会辨认东、南、西、北

辨认方向的教学,可以借助肢体活动。如让学生面向北站立,说说前面是( ),后面是( ),左面是( ),右面是( );也可以以教室为参照物,让学生指一指教室的东、南、西、北。这样教学能让学生深刻体会东与西、南与北是相对的,也有助于记忆和辨认方向。

3. 认识平面图上的方向,描述平面图上的物体间的位置关系

教学时,先可以从学生熟悉的学校操场图片着手,让学生指出图片的上方是操场的(北)面,图片的下方是操场的(南)面,图片的左方是操场的(西)面,图片的右方是操场的(东)面,从中体会平面图上的方向规则。接着可以介绍:地图或平面图,通常是按上北下南、左西右东绘制的,让学生明确平面图上的方向规则。然后出示小动物们住所情境图,让学生指出图中的东、南、西、北,并说一说"( )在( )的( )面",学习用东、南、西、北描述物体间的位置关系,体会位置关系的相对性。

(三)东南、东北、西南、西北的教学

东南、东北、西南、西北的教学主要要求学生认识东南、东北、西南、西北,能在平面图上辨认东南、东北、西南、西北,会用方位词描述物体间的位置关系;会用方位词描述简单的行走路线。

教学东北、西北、东南、西南四个方向时,一要注意利用现实情境,激活学生已有的知识和经验,构建对方向的认识;二要注意让学生说一说"( )在( )的( )面"、"( )的( )面是( )",学会用方位词描述物体间的位置关系;三要把在平面图上辨认方向与在现实生活中辨认方向结合起来,让学生学会用方位词描述简单的行走路线,感受数学的价值。

二、物体位置的确定的教学

(一)用数对确定位置的教学

1. 用两个"第几"确定位置

用两个"第几"确定位置的教学要求学生经历确定位置的过程,探索出用两个"第几"确定位置的方法,并会用这样的方式描述物体所在具体位置,或根据这样的描述确定物体。

教学时,首先要让学生在现实的情境里体会"排""个"等的含义,以及数的方法。如可以出示动物学校的小动物们做操的情境图,让学生说说"第几排""第几个"等的含义,知道"第几排"是从前往后数,"第几个"是从左往右

数。其次,引导学生探索用两个"第几"确定位置的方法,并会用这样的方式描述物体所在具体位置。教学时可以先组织学生讨论:如果只说第几排或者只说第几个,能不能确定某一只动物的位置?通过讨论,让学生体会到两个"第几"确定位置是必要的、合理的;再引导学生说说指定的小动物是第几排第几个,学会用第几排第几个这样的方式描述物体所在具体位置。第三,要让学生根据第几排第几个这样的描述来确定物体。如在标有排、个的方格上,根据第 3 排第 4 个摆三角形。

2. 用数对确定位置

用数对确定位置的教学主要要求学生能结合具体情境认识行与列,知道确定第几列、第几行的规则,初步理解数对的含义,并能用数对表示具体情境中的位置。

教学时,要注意从实际情境出发,提升学生的已有经验。如,可以先呈现教室里的座位场景,让学生用已有的经验描述某个学生(如小军)的位置,描述小军的位置方法有很多:如第几组第几个,第几排第几个。怎样才能简明地说出小军的位置呢?再介绍"列""行"的规定;将实际场景抽象成"列、行"的方式排列,用第几列第几行来确定位置。然后教学用数对确定位置的方法。如小军坐在第 4 列第 3 行,可以用数对表示为(4,3)。

(二) 根据方向和距离确定物体位置的教学

这部分内容的教学要求学生在具体情境中理解北偏东(西)和南偏东(西)的含义,初步掌握用北偏东(西)若干度、南偏东(西)若干度以及相应的距离描述物体位置的方法;能根据实际的方向和距离,在平面图上表示出相应的位置;会用确定位置的知识,描述行走的路线。

教学时,可以从东北、东南、西北、西南出发,结合具体情境,指出东北方向叫作北偏东、西北方向叫作北偏西,帮助学生联系已有的方向知识,初步建立两个新方向词的概念。接着可以根据情境图教学北偏东多少度、北偏西多少度,让学生进一步感受北偏东、北偏西的含义,体会它们能比较清楚地描述物体所在的方向。在此基础上,利用情境图上的比例尺和图上距离,算出两个物体间的实际距离,并利用方向和距离描述和确定物体的位置。

三、观察物体的教学

观察物体能够了解它的形状、大小、结构,是认识物体的重要途径;观察物体能促进二维和三维空间之间的转换,因此它也是发展学生空间观念和观察能力的重要途径。观察物体的教学主要要求学生掌握初步的观察物体的方法,能辨认从正面、侧面、上面观察到的简单物体的形状;能辨认从不同方位看到的物体的形状和相对位置。

(一)通过从前后、左右方位观察物体(玩具、茶壶、汽车等),会选择适宜的图形表示看到的物体的形状

教学时,可以先呈现几张在学生熟悉的情境里拍摄的照片,要求判断照片是从哪个方位拍摄的。这项教学活动,能让学生体会观察物体要站在确定的位置上,站的位置不同,观察的方向不同,看到的样子是不同的,从而感受观察的结果与观察者的站位以及视线的方向有关。再安排学生从物体的前、后、左、右四个位置进行观察活动。这样教学,每一个学生都有观察实物的机会,为后面教学分辨物体的形状提供了直观表象的支持。然后让学生从一组图片中选择自己看到的物体的图片,以促进二维和三维空间之间的转换。在此基础上,让学生说说其他方位的同学各看到了什么,由于没有在这三个位置上观察物体,所以要进行想象、推理等活动,这有利于发展空间观念。还可以让学生比较自己观察物体的形状与其他同学的有什么不同,从中进一步体会在不同的位置观察同一个物体,会看到不同的情形;感受如何抓住物体的主要特点进行观察。

(二)通过从正面、侧面和上面观察物体,能用视图表示看到的形状

三视图是指从物体的正面、侧面和上面描绘物体的形状的平面图形。教学时,可以先让学生用三个同样大的正方体按照要求摆一摆,再分别从摆成的物体的正面、侧面和上面看一看,然后把观察位置和相应的视图用线连一连。通过摆、看、连三项学习活动,能让学生更好地了解物体的形状和结构,帮助区分物体的正面、侧面和上面,促进简单几何体到三视图之间的转化。

接着,可以向学生提出了两点要求,先是依据指定的正视图摆出相应的物体,然后是画出这个物体的侧视图和上视图,让学生经历"视图—物体—视图"的转换活动。"摆出物体"是在分析视图、构思摆法的基础上进行的,具有挑战性和开放性。教学时要给学生留下足够的时间,让他们进行尝试与验证。在摆好以后还要画出物体的侧视图和上视图,画视图只要求学生能画出草图就可以了。

【思考题】

1. 为什么说图形与几何的学习有助于学生更好地认识和理解人类的

生存空间?

2. 设计"认识射线、直线"的教学过程。

3. 怎样推导长方形的面积公式?

4. 多边形面积的教学要注意什么问题?设计平行四边形面积的计算的教学过程。

5. 试设计圆的周长的计算公式的推导过程。

6. 举例说明如何教学体积的意义。

7. 如何让学生初步建立轴对称图形的概念?

8. 举例说明用两个"第几"确定位置的教学要点?

【参考文献】

[1] 中华人民共和国教育部. 全日制义务教育数学课程标准[M]. 北京:北京师范大学出版社,2012.

[2] 义务教育数学课程标准修订组. 数学课程标准解读[M]. 北京:北京师范大学出版社,2012.

[3] 曹培英."图形与位置"的备课与教学[J]. 人民教育,2006(Z2):13-14.

第八章 统计与概率的教学

【内容提要】 统计与概率主要研究现实生活中的数据和客观世界中的随机现象,它们是人们更好地理解社会,适应生活的重要工具;也是促进学生发展的重要资源。本章在讲述了统计与概率的教学意义,介绍了统计与概率的教学内容与要求,重点研讨了在新课程背景下统计初步知识、概率初步知识的教学要点与方法。

第一节 统计与概率的教学意义和要求

一、统计与概率的教学意义

统计与概率主要研究现实生活中的数据和客观世界中的随机现象,它通过对数据收集、整理、描述和分析,对事件发生可能性的刻画,帮助人们作出合理的预测和推断。统计与概率主要包括数据统计活动初步、简单数据统计过程、不确定现象和可能性等内容。其教学意义主要体现在以下几个方面。

(一) 有利于发展学生的数据分析观念

数据分析观念是新课程的重要目标之一,它反映的是由一组数据所引发的想法、所推测到的可能结果、自觉地运用统计的方法解决有关问题等。具体地讲,数据分析观念主要表现在如下几个方面:能从统计的角度思考与数据信息有关的问题;能通过收集数据、描述数据、分析数据的过程作出合理的决策,认识到统计对决策的作用;能对数据的来源、处理数据的方法,以及由此得到的结果进行合理的质疑。如今晚有中国队与巴西队足球比赛,赛前球迷会自觉地去查找或打听两队以往的战绩,来推测中国队的赢面有多大;商场的经营不好,主管会根据经营的数据来查找问题与优势,并据此作出下一阶段的经营决策;教师为了了解学生对教学方法的意见,会去做调查,收集数据,为教学方法改革提供依据。这些都是数据分析观念的具体表现。

在统计与概率教学中,首先要让学生经历统计活动的全过程,即在提出问题、收集数据、整理数据、分析数据、作出决策等活动中,亲历亲为,逐步发展统计意识和能力;其次,要让学生在现实情境中体会统计对决策的影响,展示统计的广泛应用,体会决策的重要性,培养学生从统计的角度思考问题的意识。

(二)有助于学生理解社会,适应生活

随着社会的发展,统计与概率的应用越来越广泛。在日常生活中,报纸、电视、广告、保险、理财都要用到统计与概率;在气象与地震预报、经济管理、工农业生产中人们也要用到统计与概率;在物理、化学、生物、医学、地质学等学科的研究中,人们也要用到统计与概率。可见,在信息与技术为基础的社会里,收集数据、整理数据、分析和利用数据,已经成为每一个公民的基本素养。学生学习一些统计与概率的知识,有助于他们更好地理解社会,适应生活。

(三)有助于加强数学知识与现实生活的联系,提高学生解决问题的能力

统计与概率同人们的日常生活紧密相连,教学统计与概率的基本素材都来源于人类的生活实际,因此,学习统计与概率,实际上就是在学习解决生活中的问题。在解决生活中的统计与概率问题过程中,学生不仅要运用统计与概率的知识与方法,还要运用整数、分数等知识,这样不仅可以培养学生综合运用知识的能力,还能发展学生解决问题的能力。

(四)有助于学生形成尊重事实、用数据说话的科学态度

在信息与技术为基础的社会里,数据日益成为一种重要的信息。根据数据作出决策、运用进行推断的思考方法已经成为当今社会一种普遍适用并且强有力的思维方式。学生学习统计与概率,熟悉统计与概率的基本方法,能促进他们形成尊重事实、用数据说话的科学态度。

二、统计与概率的教学要求

统计与概率的主要内容有:收集、整理和描述数据,包括整理调查数据、绘制统计图表等;处理数据,包括计算平均数等;从数据中提取信息并进行简单的判断与预测;简单随机事件及其发生的概率。在义务教育阶段,统计与概率的具体的目标和教学要求分为以下三个阶段。

第一学段,能根据一定的标准,对事物或数据进行分类,感受分类与分类标准的关系;体验简单的数据收集和整理过程,并能进行简单描述。

第二学段,经历简单的收集、整理、描述和分析数据的过程,认识条形统

计图、折线统计图;通过丰富的实例,了解平均数的意义,会求简单数据的平均数,并解释结果的实际意义;通过实例感受简单的随机现象,体验有些事件的发生是确定的,有些是不确定的;对一些简单事件发生的可能性作出描述,并能和同伴交流想法。

第三学段,认识扇形统计图,能用扇形统计图直观、有效地表示数据;经历收集、整理、描述和分析数据的活动,了解数据处理的过程;理解平均数的意义,会计算中位数、众数、加权平均数;了解简单的随机现象;能列出简单的随机现象中所有可能发生的结果;通过试验、游戏等活动,感受随机现象结果发生的可能性是有大小的,能对一些简单的随机现象发生的可能性大小作出定性描述,并能进行交流。

第二节 统计初步知识的教学分析

一、数据统计活动初步的教学

(一) 能按标准对物体进行比较、排列和分类;在这些活动中,体验活动结果在同一标准下的一致性、不同标准下的多样性

在实际调查中搜集到的数据,往往比较杂乱,如果不加整理,很难从中看出什么特征和规律,也就说明不了什么问题,所以,要对数据进行分类整理。对数据进行分类整理是统计的一项基本的工作,教学时要注意如下几点。

1. 在对熟悉物体的分类活动中,初步学习整理物品的方法

由于低年级聋生生活经验少,活动范围有限,所以教学时要通过实物和学生熟悉的情境,引导学生进行比较、排列和分类等活动,初步学习整理物品的方法。如整理大象家来的客人。教学时,可以先出示许多动物到大象家做客的场景,引导学生观察:从图上看到些什么?让学生熟悉情境,为分类做好准备。再引导:大象家来了哪些客人?让学生说一说,分一分,使学生感到生活中常常要把一些物体按照某种标准进行分类。然后,让学生把分好的动物按要求排一排,理一理,初步学习整理物品的方法。

2. 创设情境,让学生体验活动结果在同一标准下的一致性、不同标准下的多样性

教学时,可以出示动物运动会情境图,问:从这幅图中,你想知道什么?由于学生观察情境的切入点和兴奋点不会完全相同,所以虽然看的是同一幅图,也会提出不同的问题。如"我想知道有哪些动物参加运动会?""我想

知道有多少只小狗参加运动会?"(这是从动物的种类考虑的)"我想知道跳高的动物有多少?""我想知道长跑的动物有多少?"(这是着眼运动项目提出来的)这样教学,能让学生熟悉情境,体验回答不同的问题需要进行不同的分类(按运动项目分或按动物种类分),为分类、计数等工作做好准备。再引导学生根据给定的表格进行分类整理,填表时要让学生仔细看两张表格,让他们了解表格的内容和填法,体会表格是根据问题设计的,体验活动结果在同一标准下的一致性、不同标准下的多样性。

(二)经历并体验简单数据的收集、整理、描述和分析的全过程,初步掌握一些数据处理的方法和技能

统计包括数据的收集、整理、描述和分析等几个环节。新课程十分强调让学生经历统计的全过程,强调在统计的整体活动中,让学生发现并提出问题,学习一些简单数据的收集、整理和描述数据的方法,并能根据数据回答一些简单的问题。如一年级就让学生统计班级学生最喜欢吃的水果。统计时,学生先要调查每人最喜欢吃的水果,收集并获取资料,然后要进行分类计数,接着要把数据填入表格中,最后还要根据统计表想想:你知道了什么?这样教学,学生能感知并体验统计的全过程,自觉运用分类计数的统计方法,感受数据的意义和统计的功能,发展数据分析观念。

(三)通过实例,认识统计表、象形统计图和条形统计图(1格表示1个单位)

根据低年级学生的认知规律,教学统计表、象形统计图和条形统计图时,一般要遵循由直观到抽象,由简单到复杂的认知规律。教学的基本过程与方法是用分一分、排一排、数一数的方法,初步认识象形统计图;通过象形统计图,认识方块统计图;通过方块统计图,认识条形统计图。如教学方块统计图时,可以先出示情境图8-1,让学生统计小红家养的鸡、鸭、鹅的只数。再通过象形统计

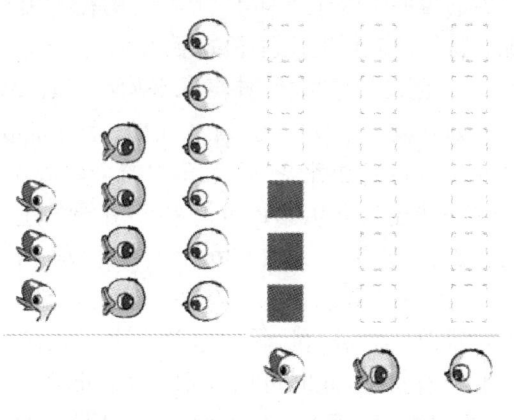

图8-1 统计图的认识

图,认识方块统计图。即在象形统计图的基础上,引导学生用1个方块表示1只鹅,3个方块表示3只鹅,并让学生自己用方块分别表示鸡与鸭的只数。由于方块图只表达物体的数量,不表达物体其他属性,因此,从三种具体的家禽排列成的象形图到方块图的过程,是一种渐进抽象的过程,不仅体现了统计图的本质特征,有利于学生认识方块图,而且为后面教学条形统计图提供了基础。

（四）能根据简单的问题,使用适当的方法(如计数、测量、实验等)收集数据

收集数据是统计工作的基本环节。它要求学生经历收集数据的过程,能根据问题的需要选择适当的收集数据的方法。比如,要知道班级学生的年龄特征,可以选用调查法收集数据;要统计学校门口的车流量,可以用计数的方法收集数据。

收集数据的过程中,科学地记录数据也是很重要的。记录方法的教学,可以先通过创设情境,引导学生用自己的记录方法记录数据,再组织学生交流、展示自己的记录方法,评价他人的方法,借鉴比较好的记录方法。这样教学,能引导学生从"清楚"和"方便"两个方面来比较、评价各种记录方法,对分类用符号记录的方法产生兴趣,从而主动学习和使用这种记录方法。

（五）通过丰富的实例,了解平均数的意义,会求简单数据的平均数(结果为整数)

平均数是常用的统计量,内容主要包括平均数的意义和算法。教学平均数的目的不限于怎样求平均数,更在于用平均数描述、分析一组数据的状况和特征。教学时就注意如下几点。

1. 创设问题情境,体会求平均数的必要性

如创设一个现实的、有意义的、富有挑战性的问题情境:4名男生和5名女生进行套圈比赛,每人套中的个数表示在条形统计图上。问:男生套得准一些还是女生套得准一些?引导学生根据已有的知识和经验,思考与交流:由于男生人数与女生人数不等,所以比男、女生套中的总个数显然不合理;又由于女生中有2人套的成绩很好,另3人套的比男生少,所以很难对应着进行比较。这就产生了认知冲突,形成了欲求不能、欲罢不甘的矛盾状态,此时可以提示学生:可以分别求出男生和女生平均每人套中的个数。从而将学生的思维引到课题的学习中去,初步体会求平均数的必要性。

2. 在探索计算平均数的方法的过程中,领会平均数的意义

教学时可以先让学生去求男生平均每人套中的个数。学生无论采用哪种方法(如移多补少法,总分法,差平分法),都要引导学生体会:将原来各人套中个数不同变成各人套中个数相同,而且几个人套中的总个数没有变,从中理解平均数的意义。

3. 学以致用,体会平均数的用途

在求出男女生平均每人套中的个数以后,要组织学生比较男生套得准还是女生套得准,说说平均数有什么用,既巩固对平均数意义的理解,又体会平均数在统计中的作用。还可以让学生解决一些实际问题,如"一个游泳池平均水深 1.2 米,淘气身高 1.3 米,他不会游泳,跳下去会有危险吗?""冰饮店老板星期一卖了 8 箱冰糕,星期二卖了 7 箱,星期三卖了 9 箱,今天是星期四,应该进多少箱冰糕合适呢?"在解决问题的过程中,加深对平均数意义的理解,进一步体会平均数的作用。

二、简单数据统计过程的教学

(一)经历数据的收集、整理、描述和分析的过程

新课程十分强调让学生经历统计的全过程。在此过程中,要求学生进一步学习收集、整理和描述数据的知识和方法(统计图表、平均数、众数、中位数等),根据数据作出简单的决策和预测,并能对某些简单问题设计统计活动、检验某些判断。因此,教学时要鼓励学生积极地投入到统计活动的过程中,并留给学生足够的独立思考和自主探索的时间与空间;鼓励学生进行一些个性化的统计活动,允许学生选择不同的调查对象,选择不同的收集数据的方法,促进学生富有个性的发展;同时,对一些复杂的计算,要鼓励学生使用计算器解决有关计算的问题,这样教学有利于突出统计教学重点,提高学习效率,也体现了数学与信息技术的融合。

(二)初步学会根据实际情况,对一组数据分段进行整理

分段整理的教学,要从现实情境出发,引导学生根据现实情境,体验分段整理的必要性,初步学会对一组数据进行分段整理。教学时,可以先呈现情境与现实问题:梅峰小学鼓号队准备为 40 名队员每人购买 1 套服装,身高 120～129 cm 适合穿小号,身高 130～139 cm 适合穿中号,身高 140～149 cm 适合穿大号。你知道每种服装各要购买多少套吗? 引导学生讨论:怎样使每个队员都有合身的服装? 要知道每种服装各要购买多少套,可以用什么方法解决? 引导学生想到要统计不同身高的人数。接着出示 40 名

队员身高记录单,组织学生讨论:身高分为哪几段比较合理?然后让学生尝试自己对数据进行分段整理,填写统计表,得出解决问题的结果,并组织交流整理、统计的过程和结果,知道数据分段整理的一般过程。

(三)通过实例,进一步认识统计表和条形统计图(1格表示多个单位),认识折线统计图和扇形统计图

统计表是把相互关联的统计数据填写在一定的格式的表格内,用来反映情况,说明问题。统计表分为单式统计表和复式统计表。把统计资料或统计表中互相关联的数量,用点、线、面积等来表示它们之间数量关系的图形叫统计图。统计图主要教学条形统计图、折线统计图、扇形统计图。

1. 条形统计图

教学条形统计图(1格表示多个单位),首先要注意让学生在看图、画图等活动中了解1格可以表示多个单位。如可以直接出示1格表示多个单位的条形统计图,让学生看图说说各直条表示的数量。这个直条表示的数量是多少?(是2,不满一格)这个直条表示的数量又是多少?(是5,刚好一格)像这样在识图、画图活动中,学生自然知道1格可以表示多个单位。教学时,也可以让学生想一想,如果统计图的1格只表示1,那么画出的图又会怎样,这样能让学生对1格表示几个单位的合理性会有更多的体会。其次,在教师帮助下,了解制作条形统计图的一般步骤。制作条形统计图的一般步骤是先画纵横轴,确定纵轴上单位长度,在横轴上分配条形的位置;再画直条;然后写上标题、日期、单位名称。

复式条形统计图的教学要求学生能看懂复式条形统计图,认识复式条形统计图的特点,知道单式与复式统计图的异同;能根据收集、整理的数据完成复式条形统计图;并能根据复式条形统计图中的有关数据进行简单的分析、判断和预测。教学时要注意让学生独立观察复式条形统计图,了解图中的信息,体会复式条形统计图的特点。体会复式条形统计图上既能对两组数据进行比较,也能对一组数据进行研究。

2. 折线统计图

折线统计图是依量定点,再连线段。它不仅可以反映数量的多少,而且能清楚地表示数量增减变化情况。教学折线统计图的具体目标是:能看懂折线统计图,了解图中各个数据的现实意义;能看懂折线表达的一组数据的变化状态,并进行简单的分析、预测,体会折线统计图的特点;会进行描点、连折线等基本的制图活动。其中,看懂折线统计图是基础,能带动其他目标的达成。因此,教学折线统计图,要注意通过实例,让学生在看懂图中数据

的同时体会折线统计图的特点和画折线的方法。如,可以先出示一张反映某地5月21日白天室外气温的统计表,让学生说说从表中知道了什么?再告诉学生这天的气温情况还可以用折线统计图来表示,并呈现相应的统计图。这样教学,以旧引新,学生能对照统计表来整体感知折线统计图,从统计图上那条醒目的折线就能初步领会折线统计图的含义。接着,可以通过三个问题引领学生仔细观察折线统计图。三个问题分别是:每隔几小时测量一次气温?几时气温最高,几时气温最低?气温升得最快是几时到几时,降得最快呢?引导学生看懂横轴上的信息,看懂折线上各个点所表达的数据,会分析折线的状态和数据的走势。在回答每个问题时,不仅要让学生说出问题的答案,还要引导学生说说是怎样看的、怎样想的。如表示最高气温的点在折线上的位置最高,表示最低气温的点在折线上的位置最低;折线从下往上表示气温在升高,折线从上往下表示气温下降。这样教学能让学生明白看图的过程和方法,学会看图。然后通过问题:折线统计图和统计表相比,哪个能更清楚地看出气温的变化情况?引导学生比较,感受折线统计图不仅能表达一组数据的大小,还能形象直观地反映这组数据的变化状态。从而明确折线统计图的特点。

　　教学统计图的选择时,要注意引导学生通过实例间的比较、根据实际需要和统计图的特点,来选择条形统计图或折线统计图。例如,可以出示两组数据:第一组是南京市2002年各月的降水量,第二组是北京、南京等六个城市2002年10月的降水量。让学生看着第一组数据的统计表想一想,这组数据告诉了我们什么?要反映些什么?让学生体会表达这组数据既要反映各月的降水量,还要反映这一年各月降水量的变化情况,所以选用折线统计图更合适。同样,对第二组数据也要让学生体会只需反映各个城市的降水量是多少,所以选用条形统计图更合适。选用条形统计图是因为条形能清楚地表示数量的多少。

　　复式折线统计图的教学要求学生经历用复式折线统计图描述数据的过程,了解复式折线统计图的特点和作用;能看懂复式折线统计图所表示的信息,能根据要求完成复式折线统计图;能根据复式折线统计图中的信息,进行简单的分析、比较和判断、推理,进一步增强数据分析观念,提高统计能力。教学时,可以让学生在运用已有知识解决问题的过程中,体会学习复式折线统计图的必要性。如可以先用两幅折线统计图分别表示青岛、昆明两个城市2003年各月的降水量,引起对折线统计图的回忆。再提出问题:你能很快看出这两个城市哪个月的降水量最接近,哪个月的降水量相差最多吗?学生在解决问题过程中,会感觉到用两幅折线统计图进行比较的方法非常麻烦,此时,引导学生:如果把两幅折线统计图合在一起,就看得很清楚了。同时出示出复式折线统计图。这样教学,能引导学生从已有知识过渡到新知的学习,体会学习新知的必要性,并初步感受复式统计图与单式统计图的相同点和不同点。接着,可以通过三个问题引领学生学习复式折线统计图的知识。三个问题分别是:表示青岛市、昆明市各月降水量的分别是哪一条折线?两个城市哪个月降水量最接近,哪个月降水量相差最多?从图中还获得了哪些信息?这三个问题,能引导学生看懂复式统计图里的内容,看出一条折线是实线,另一条折线是虚线,用图例说明两条折线各表示哪组数据;明白距离最接近,降水量最接近,距离最远,降水量相差最大;引导学生利用统计图里的信息,描述现象,提出并解决问题,进一步提高识图和用图的能力,感受复式折线统计图的特点。

3. 统计表

教学复式统计表是在学生已经较好地掌握了简单的统计表的基础上安排的。要求学生在具体的统计活动中认识复式统计表,能根据收集的数据正确地填写复式统计表,能根据统计表中的数据进行简单的分析。教学时,要注意引导学生把几张相关的单式统计表里的数据汇集在一张统计表里,认识复式统计表的构造,体会复式统计表的优点。

4. 扇形统计图

扇形统计图的教学要求学生结合实例认识扇形统计图,能联系对百分数意义的理解,对扇形统计图提供的信息进行简单的分析;初步体会扇形统计图描述数据的特点。教学时,可以分两步进行。第一步从整体到部分认识扇形统计图。如,可以让学生观察我国陆地地形分布情况统计图,体会图中的数据信息的具体含义,理解这张统计图用一个圆表示我国陆地的总面积,用五个扇形分别表示平原、盆地、高原、丘陵、山地各占国土总面积的百分之几。从而明确从扇形统计图中,能清楚地表示出各部分的数量与总数量之间的关系。第二步根据已知的我国国土总面积,利用扇形统计图里的数据,分别算出五种地形的面积并填入统计表,进一步体会扇形统计图的特点。

(四)通过丰富的实例,理解中位数、众数的意义,会求数据的中位数、众数,并解释结果的实际意义;根据具体的问题,能选择适当的统计量表示数据的不同特征

教学众数,要通过实例让学生领会众数的意义,学会在一组数据中得出众数的方法。如可以先呈现9个学生每人用20粒黄豆种子做发芽试验的

结果,再根据数据,得出发芽17粒的人数最多,有5人。然后把9个数据依次排列,指出17出现的次数最多,是这组数据的众数。教学时要强调数据中出现次数最多的那个数是众数,明确众数的意义。在此基础上,引导学生学会在一组数据中得出众数的方法,联系实际比较平均数和众数的意义,体会它们是两个不同的概念,进一步理解众数。

第三节 概率初步知识的教学分析

一、不确定现象的教学

(一)在摸彩球等活动中初步体验有些事情的发生是确定的,有些是不确定的

不确定现象的教学要求学生在摸彩球、玩转盘、抛圆片等活动中初步体会有些事情的发生是确定的,有些是不确定的,并能用"可能""不可能""一定"等词语描述生活中一些事件发生的可能性。

教学不确定现象,首先要注意选择多样而有趣的事情作为研究对象。如可以选择从不同的口袋里摸球实验。如果在都是红球的口袋里任意摸一个球,则摸出的一定是红球;在没有红球的口袋里任意摸一个球,不可能摸到红球;在有红球也有其他颜色球的口袋里任意摸一个球,可能是红球也可能不是红球。这样教学,从确定现象过渡到不确定现象,有利于学生体会不确定现象。其次,让学生经历"现实情境—猜想—实验—验证—分析"的过程,以加强教学的趣味性,体验有些事情的发生是确定的,有些是不确定的。第三,要注意引导学生对事件发生的可能性作出描述,学会用"可能""不可能""一定"等词语描述生活中一些事件发生的可能性。

(二)通过摸球、抛正方体等活动,知道事件发生的可能性是有大小的

可能性的教学要求学生通过摸球、抛正方体等活动,体会事件中各种情况发生的可能性有时是相等的,有时是不相等的,是有大小的;学会用"经常""偶尔""机会是相等的"等词语来描述生活中一些事情发生的可能性。

教学"等可能性"时,可以通过玩摸球等游戏,让学生在玩中学,在做中学。首先,要注意说明游戏方法——每次摸1个球,摸出以后把球放回口袋,一共摸40次;明确记录方法——把每次摸到的颜色用画"正"字的方法记录,并把填入《摸球结果统计表》里。让学生明白做什么,怎么做。其次,要让学生经历"现实情境—猜想—实验—验证—分析原因"的过程,以加强

教学的趣味性,体验事情的发生的等可能性。第三,要注意引导学生对事件发生的等可能性作出描述,学会用"机会是相等的"等词语描述生活中一些事件发生的等可能性。

教学"可能性有大、有小"时,也可以通过玩摸球等游戏来教学,教学方法与"等可能性"的教学方法类似。

二、可能性的教学

(一)在游戏活动中,进一步体验事件发生的等可能性和游戏规则的公平性

教学游戏规则的公平性,主要要求学生进一步体会事件发生的可能性有大有小,进一步体验等可能性和游戏规则的公平性,能辨别游戏规则是否公平,初步学会修改或设计简单的、公平的游戏规则。

由于可能性是事件没有发生时的一种预测,而不是事件发生的必然结果,所以学生直接判断游戏规则是否公平,是有一定困难的。教学时,要注意引导学生根据事件发生的可能性,体会游戏规则的公平性。可以先出示游戏规则:口袋里有4个红球和2个黄球,每次任意摸1个球,摸后放回,一共摸30次。摸到红球的次数多算小明赢,摸到黄球的次数多算小玲赢。让学生分小组摸一摸,在操作中得出:任意摸一个球,摸到红球的可能大,摸到黄球的可能小的结论。然后提出"上面的游戏公平吗?为什么?"的问题,引导学生把对可能性大小的判断提升到对游戏规则公平性的评价上,体会小明赢、小玲输的主要原因是游戏设计的不公平。接着,组织学生讨论:怎样在口袋里放球,游戏才是公平的?引导学生体会游戏规则的公平性。在此基础上,组织学生分组重新设计游戏,让学生自己验证该游戏是否公平。这样教学,学生能学会辨别游戏规则是否公平,初步学会修改或设计简单的、公平的游戏规则,进一步体会游戏规则的公平性。

(二)用分数表示简单事件发生的可能性

用分数表示简单事件发生的可能性的教学,主要要求学生联系分数的意义,初步掌握用分数表示具体情境中简单事件发生的可能性的方法,会用分数表示可能性的大小;能根据事件发生的可能性大小的要求,设计相应的活动方案。

教学时,首先要注意采用小步子的教学策略。可以先教学用几分之一表示简单事件发生的可能性,再教学用几分之几表示简单事件发生的可能性;在教学用几分之一表示简单事件发生的可能性时,又要着重教学用二分

之一表示简单事件发生的可能性;在教学用几分之几表示简单事件发生的可能性时,又可以先教学可化为几分之一的情况。这样层层递进的教学,有助于学生沟通知识的联系,有利于学生拾级而上,逐步加深学生对可能性大小的认识。

  其次,要注意在学生熟悉的游戏活动中,探索事件发生的可能性。学生对摸球、摸牌、抛小正方体、旋转转盘等活动的可能性已经有所感受,再现这些活动,不仅能促进学生回忆已有知识,唤醒已有的感性经验,而且能产生学习兴趣,减小学生难度,节约教学时间,从而提高教学效率。

  第三,要注意沟通前后知识的联系。如教学"从3张红桃和3张黑桃中任摸一张,摸到红桃的可能性是几分之几?"时,要充分利用教学资源,鼓励学生用自己的方法解决,并进行交流。如可以这样想:摸到每张牌的可能性是$\frac{1}{6}$,红桃有3张,因此摸到红桃的可能性是3个$\frac{1}{6}$;也可以这样想:一共有6张牌,红桃有3张,所以摸到红桃的可能性是$\frac{3}{6}$,也就是$\frac{1}{2}$。前一种算法利用了刚刚学过的用几分之一表示简单事件发生的可能性,后一种算法为后面学习用几分之几表示简单事件发生的可能性提供了支持,因此,这样教学不仅能沟通前后知识的联系,而且能发展学生的数学思维,培养应用知识的能力,体验解决问题的思路和方法多样性。

【思 考 题】

  1. 统计与概率的教学意义是什么?
  2. 举例说明如何教学方块统计图。
  3. 举例说明数据分段整理教学的一般过程。
  4. 写一份关于折线统计图教学的教案。
  5. 不确定现象的教学要点是什么?试举例说明。

【参考文献】

  [1] 王景英.教育统计学(第2版)[M].北京:高等教育出版社,2006.
  [2] 李贤平.概率论基础(第3版)[M].北京:高等教育出版社,2010.
  [3] 义务教育数学课程标准修订组.数学课程标准解读[M].北京:北京师范大学出版社,2012.

第九章 综合与实践的教学

【内容提要】 综合与实践是一个新增的内容领域,它不仅能沟通现实世界与数学之间的联系,促使数与代数、图形与几何、统计与概率的内容构成一个整体,发展聋生综合应用知识的能力,而且能为聋生提供了进行实践性、探索性和研究性学习的渠道,因此,它对聋校数学教学、对聋生发展都具有十分重要的意义。本章介绍了综合与实践的教学意义和要求,阐述了综合与实践的学习特点和形式,探讨了综合与实践的教学。

第一节 综合与实践的教学意义和要求

一、综合与实践的教学意义

综合与实践突出数学知识的整体性,强调数学知识之间,以及与其他学科之间的联系,是聋生进行实践、探索和研究的重要领域。它的教学对聋校数学教学、对聋生发展都具有十分重要的意义。

(一)促进数学与现实生活的联系

让学生了解数学与现实生活的联系,是综合与实践的一个重要的教学目标。过去,尽管也在努力地寻找现实生活中的素材,却始终没有解决数学教学脱离现实生活的状况,教学也总是在封闭的环境中进行,总是在教室里讲数学,在练习本上用数学。综合与实践是全新的内容,它不仅选取了与学生生活联系密切、学生感兴趣的素材作为教学题材,还让学生在模拟的、甚至真实的生活情境中应用数学,使数学学习与日常生活、生产劳动、科学研究缺少联系的状况得到根本性的改变。如"测定方向"这一内容,是让学生以小组为单位,在校园内用指南针测定方向。校园是聋生学习的生活场所,聋生对这里的景物非常熟悉,在这样的场所中测定方向,有助于聋生进一步巩固对方向的认识,感受物体间位置的相对性,体验数学与现实生活的联系,更好地认识自己生存的空间。

(二)加强知识间的联系,发展聋生综合应用知识的能力

综合与实践包括以下三个方面的含义:数学内部知识之间的联系与综合应用;数学运用于其他学科知识(如理、化、计算机等学科);数学运用于现

实生活。它强调通过各门学科、同一学科知识各部分内容之间的联系与整合,去实现问题的解决,并在综合运用所学知识解决实际问题的活动中,实现知识的综合,体验知识的联系。如"了解周围的家庭"这一内容,是让学生以小组为单位,走访附近的10家农户,了解他们去年耕种土地面积和农作物的收成情况,把收集的数据整理后填入调查表,并进行简单的分析。在这项活动中,聋生要综合运用数据的收集、数据的整理、数据的分析等统计与概率知识,要综合运用面积、单位换算(如亩与平方米)、计算等数与代数知识和图形与几何知识,以及一些社会经验和知识。因此,了解周围的家庭的教学,不仅能引导聋生走出教室,走向社会,发现生活中的数学问题,而且能发展聋生综合应用知识的能力。

(三)有助于聋生改变学习方式

首先,综合与实践的教学,强调学习的实践意义,提倡室内与室外相结合,实践与理论相结合,它改变了学习只在课堂中进行的传统教学方式,把数学学习活动向课外延伸。学习场地的拓宽和学习方式的多样化,促进了学生在更广阔的天地里去探究数学,理解数学,体验数学,促使了学生学习方式的改变。其次,它强调聋生的自主探索、合作交流和动手实践,为聋生提供充足的活动时间与空间,变接受式学习方式为主动探究的学习方式,使聋生成为学习活动的主人。第三,它重视聋生的积极参与和高度的交互作用,使教学过程远远不只是一个认知过程,还是一个交往与审美的过程。所以,综合与实践的教学有助于促进聋生学习方式的改变。

(四)有利于发展聋生的实践能力和创新精神

理性认识来源于感性经验,认识发展是遵循着"实践—认识—再实践—再认识"的路径螺旋式上升的,数学知识与方法的学习应该遵循人的认识规律,让聋生在现实的活动中理解和发展数学。综合与实践为聋生提供了做数学的机会,强调聋生在做中学,在实践中发现和探索,这为发展聋生的实践能力和创新精神提供了重要资源。如"大树有多高"这一内容的教学,首先,可以通过实践,引导聋生探索、发现"在同一地点,同时测量长度不同的竹竿,高度与影长的比值相等"这一规律。教学时,聋生要经历测量、统计、发现、交流与概括的过程,这些数学活动有助于发展聋生的实践能力和创新精神。其次,要启发聋生用发现的规律,探索解决大树有多高问题的方法,并通过实验解决问题。在探索方法与解决问题等活动中,同样可以促进实践能力和创新精神的发展。

（五）有利于聋生获得良好的情感体验

综合与实践的教学素材与聋生的生活和实际紧密相连,聋生在家庭、教室、操场等熟悉的场景中,亲身经历游戏、测量、调查、发现等活动,能调动聋生的思维,激发聋生的兴趣,从中体会数学的意义,感受数学与生活的联系。同时,美丽的童话故事、有趣的游戏、美丽的图案等也是聋生乐于接受和愿意思考的学习内容,如"快乐的队日活动""森林运动会""美丽的花边""奇妙的剪纸"等。这些内容的教学,能让聋生产生兴趣和好奇心,增强对数学的亲切感,体会数学的美,从而获得良好的情感体验。

二、综合与实践的教学要求

综合与实践是一类以问题为载体、以聋生主动参与为主的学习活动,是帮助聋生积累数学活动经验的重要途径。在学习活动中,聋生将综合运用数与代数、图形与几何、统计与概率等知识和方法解决问题。综合与实践的教学活动应当保证每学期至少一次,可以在课堂上完成,也可以课内外相结合。提倡把这种教学形式体现在日常教学活动中。在义务教育阶段,综合与实践的具体的目标和教学要求分为以下三个阶段。

第一学段,在教师指导下,通过实践活动,初步感受数学在日常生活中的作用,初步体验运用所学的知识和方法解决简单问题的过程,获得初步的数学活动经验;在实践活动中,了解要解决的问题和解决问题的办法;在教师指导下,经历观察、实践操作等过程,进一步理解所学的内容。

第二学段,在教师的指导下,经历有目的、有设计、有步骤、有合作的实践活动,了解数学与生活的广泛联系;结合实际情境,体验发现和提出问题、分析和解决问题的过程;在给定目标和教师指导下,感受针对具体问题提出设计思路、制定简单的方案解决问题的过程;进一步理解所用的知识和方法,了解所学知识之间的联系,获得数学活动经验。

第三学段,在教师的指导下,经历设计解决具体问题的方案,并加以实施的过程,经历建立模型、解决问题的过程,并在此过程中,尝试发现和提出问题;主动参与活动过程,积极进行交流,进一步获得数学活动经验;通过对有关问题的讨论,了解所学过知识之间的关联,进一步理解有关知识,发展初步的应用意识和能力。

第二节 综合与实践的学习特点和形式

一、综合与实践的学习特点

综合与实践是新增的内容,目的是培养学生综合运用有关的知识与方法解决实际问题,培养学生的问题意识、应用意识和创新意识,积累学生的活动经验,提高学生解决现实问题的能力。综合与实践的实施是以问题为载体、以学生自主参与为主的学习活动。它有别于学习具体知识的探索活动,更有别于课堂上教师的直接讲授。它是教师通过问题引领、学生全程参与、实践过程相对完整的学习活动。在教学设计和实施时应特别关注的几个环节是:问题的选择、问题的展开过程、学生参与的方式、学生的合作交流、活动过程和结果的展示与评价等。

综合与实践的教学,重在实践、重在综合。重在实践是指在活动中,注重学生自主参与、全过程参与,重视学生积极动脑、动手、动口。重在综合是指在活动中,注重数学与生活实际、数学与其他学科、数学内部知识的联系和综合应用。教学时,教师要放手让学生参与,启发和引导学生进入角色,组织好学生之间的合作交流,并照顾到所有的学生。教师不仅要关注结果,更要关注过程,不要急于求成,要鼓励引导学生充分利用"综合与实践"的过程,积累活动经验、展现思考过程、交流收获体会、激发创造潜能。

(一)现实性

综合与实践的一个重要目标是:让学生体会数学与现实世界的联系,树立正确的数学观。它的教学素材来源于聋生的学校生活、家庭生活和社会生活,即围绕着学生,从自然、社会、自我这三个维度设计数学活动主题。从这个方面来看,综合与实践具有现实性。它能密切数学与生活的联系,拉近数学与人和自然的距离,密切数学知识与聋生生活之间的联系。

(二)问题性

综合与实践活动的过程以问题的解决为核心,问题的发现、选择、探究和解决贯穿于活动的全过程。如"了解我们自己"的教学,应该先让聋生讨论自身的一些情况,提出想了解哪些情况,并引导聋生从中选择几个问题,以确定调查主题与项目。学生只有明确了要解决的问题,才能确定调查主题与项目,才能进行有目的的调查、探究和解决问题。可见,数学问题是进行实践和探索的前提,是牵引着聋生进行一系列的实践活动的动力。

(三)实践性

综合与实践活动是以聋生的生活经验和现实问题为载体和背景,强调聋生的亲历亲为,在"做""调查""操作""实验""游戏""探究""设计方案"等一系列活动中,去发现和解决实际的数学问题,获得对数学的情感体验,发展聋生应用数学的意识。因此,它不同于常规的课堂教学,更突出活动性、实践性。

(四)综合性

传统的聋校数学把教学内容分成整数、小数、分数与百分数、应用题、量与计量、代数初步知识、几何初步知识、统计初步知识,分块过细,自成体系,知识与知识之间的人为分割明显,缺乏整合。新课程把数学内容整合成数与代数、图形与几何、统计与概率,这些领域仍然自成体系,仍然存在相互脱节的可能。综合与实践不仅能加强数学各领域知识的联系,而且能加强数学与其他学科,以及数学与生活的联系,因而具有综合性。

(五)探索性

综合与实践本质上是一种解决问题的活动。在解决问题过程中,完成任务的具体实施方案和步骤要由聋生自己设计,活动的过程中需要聋生独立思考,自主探究与发现,还要学会与其他同学进行合作与交流,最后成果的呈现方式也由聋生自己决定。因此,不管是活动的设计,还是活动过程的组织与结果的呈现,对聋生而言都具有挑战性和探索性。

(六)开放性

数学综合与实践活动是一个生动活泼的、主动的和富有个性的过程,其目标、内容、形式均具有很大的开放性。其开放性表现在如下几个方面:一是学习时间和空间的开放。可以在室内,也可以在室外;可以在上课的时间,也可以是课外的时间。二是学习目标的开放,每一次实践活动,聋生都有自身的体验和不同的收获,各自都得到不同的发展,这些收获有显性的、有隐性的,有基础的、有发展的,有知识技能的、有情感、态度和价值观的。三是学习内容和结果的开放。如"了解周围的家庭"这一课题,农村学生要求走访附近的10家农户,了解他们去年耕种土地面积和农作物的收成情况,而城镇学生要走访附近的10个家庭,了解他们最近一次水费、电费、电话费、燃气费的缴纳情况；即使他们选择的是同一课题，由于选择调查的家庭不同，得到的数据也就不同，结果也可能多样。四是活动形式的开放，数学实践活动的组织形式要灵活，如年级活动、班级活动、小组活动、个人活动；课堂内活动、课堂外活动；专题活动、游戏活动、社会调查活动等。

二、综合与实践常见的学习形式

综合与实践的形式是多样的，如小调查、小制作、游戏等。它们共同的特点是引导聋生积极参与活动，让聋生成为活动的主人，成为活动的探索者和发现者。下面将介绍几种常见的活动形式。

（一）场景型活动

这类活动是向聋生展示一幅生活或生产场景图，场景里的信息有非数学信息和数学信息两类，这两类信息对学生的学习都是很重要的。非数学信息体现出场景的现实性与可接受性，数学信息是综合与实践活动的资源。

教学时要注意三点：第一，指导聋生学习观察。场景图呈现的信息是十分丰富的，大场景中包含了几个小场景，各个小场景相对独立又相互结合。低年级聋生喜欢看，但不善于观察。因此，教学时要指导聋生由整体到部分地观察，看懂场景里的内容，了解其结构。如"快乐的队日活动"，先让聋生说说从图中看到了什么？（整体感知）再依次说说树上有什么？帐篷旁边有什么？图的中间的聋生在干什么？小溪边有什么？（局部观察）第二，要引导聋生学习收集数学信息。如从"快乐的队日活动"图中，可以看到有5棵树，每棵树上有2个鸟窝等。第三，引导聋生学习提问。聋生由于语言、理解、表达能力发展滞后，要求聋生根据场景图提问特别困难。教学时要给予学生一些特别的支持与帮助，如可以先将5棵树从图中分解出来，每棵树上的2个鸟窝用圆圈起来，让聋生清楚地看出有5个2；再要求聋生尝试提出数学问题。在此基础上，才能让聋生根据场景图自己尝试提出其他问题，积累提出问题的经验。

（二）操作型活动

数学游戏、数学测量、数学制作、数学实验等活动可以归结为操作型活动。所谓操作型活动是指聋生在教师的指导下，以认识和解决某一问题为目的，经历提出问题、实验、观察、记录、解释讨论、得出结论和表达陈述过程的学习活动。如"算24点""测量物体的体积""周末一天的安排""有趣的拼搭"等活动都是操作型活动。操作型活动的特点是强调学生动手实践，强调主动学习,提倡动手实践、自主探索、合作交流的学习方式,重视学习方法、思维方法、情感态度,以及创新精神与实践能力的培养。

操作型活动的教学要注意如下几点:第一,要认真准备需要的器材,保证活动的条件。如教学"有趣的拼搭"之前要预先准备一块木板,若干个长方体、正方体、圆柱、球形的物体。第二,要明确活动的主题和要求,使学生能够有目的地活动。第三,在活动过程中,要了解学生的疑难,并及时给予支持与帮助。

(三)课题型活动

针对长期以来,学生普遍缺乏独立性和创造性的现状,新课程在综合与实践中安排一些小课题研究活动。所谓小课题研究是指聋生在教师的指导下,以认识和解决某一问题为目的,经历一个收集信息、处理信息和得出结论的过程的学习活动。如"你能跳多远""了解我们自己""了解周围的家庭""运动与身体变化"等,就是一些小课题。课题型活动一般采用调查研究、实验研究和查阅资料等研究方法。教学时,要注意让聋生经历问题的提出、方案的设计、活动的实施、结果呈现的过程,从中体验探索、发现、创造的乐趣,获得解决简单实际问题的活动经验和方法,树立解决实际问题的信心。

第三节 综合与实践的教学

一、综合与实践的设计

(一)综合与实践活动的目标设计

1. 综合与实践活动的具体目标

实践活动的具体目标是:经历观察、操作、实验、调查、推理等实践活动;在合作与交流的过程中,获得良好的情感体验。获得一些初步的数学实践活动经验,能够运用所学的知识和方法解决简单问题。感受数学在日常生活中的作用。

综合应用的具体目标是:获得综合运用数与运算、图形与几何、统计与概率等相关知识解决一些简单实际问题的成功体验,初步树立运用数学解决问题的自信心。获得综合运用所学知识解决简单实际问题的活动经验和方法。初步感受数学知识间的相互联系,体会数学的作用。

2. 综合与实践活动的目标设计

案例:"1亿有多大"的教学目标

(1) 让学生通过对具体数量的感知和体验,帮助学生理解数的意义,建立数感。

(2) 通过操作、交流,使学生获得成功的喜悦,培养学生的实际操作能力以及与他人沟通交流的习惯。

分析:这个案例在制定情感、态度与能力目标时,能抓住要点,清楚地表述目标。但在制定知识技能目标时,就出现了一些问题:① 没有结合具体的内容来制定目标,目标与内容脱节;② 泛泛而谈,空洞无物;③ 本末倒置,重点不突出。本目标的重心应该在1亿有多大的感知和体验上,而不是后面的帮助聋生理解数的意义,建立数感。

如果把目标(1)改成"在数一数、排一排、称一称、说一说等实践活动中,能从不同的角度具体感受1亿的大小,进一步发展数感。"就比较完整了。

可见,在制定综合与实践活动的目标时要注意如下问题:① 依据具体目标、教学内容和聋生的实际来制定目标。② 制定目标时要抓住要点,目标的表达要具体、规范。③ 目标的主体是学生。让学生、帮助学生、培养学生等表达方式,主体都不是学生,这样来表述目标是不准确的。

(二) 综合与实践活动的一般过程

综合与实践的形式是多样的,不同形式的活动的过程不尽相同。一般地,它的教学步骤如下。

1. 活动的准备

准备阶段一般由师生共同进行,它的内容包括了解学生,布置任务,准备活动所需要的器材和各种工具等。

2. 提出问题,明确活动的要求

聋生自行或在教师指导下选择并提出要研究的问题,确定活动的课题,明确活动的要求。可以通过创设情景,让聋生自主发现并提出数学问题;聋生提出的问题是多样的,教师应组织聋生讨论,选择聋生感兴趣的、有研究意义的问题进行研究。提问的过程不仅能发展学生的问题意识和提问的能力,而且是现实问题转化为数学问题的一个重要的环节,它能促进学生从数学的角度来审视生活现象,解决实际问题。

3. 制定活动的方案

活动的方案包括活动的对象、情境、时间和空间,活动的具体过程及方式方法、任务和分工等方面的内容。其中主要是研讨解决问题的方法及步骤。在制定活动方案时，教师可以根据聋生的具体情况，有针对性地加以指导，引导学生制定切实可行的活动方案。

4. 实践体验，解决问题

这个阶段的主要任务是根据研究方案展开具体的活动。在活动过程中，聋生可以通过查寻资料、动手实验、社会调查等方式获取信息，要特别强调学生的自主性、探索性，强调学生亲身参与实践和体验，以形成一定的观念、态度，初步掌握一定的方法。

5. 总结、表达和交流

这一阶段，学生或小组先要将取得的收获进行归纳整理、总结提炼，形成书面材料或口头汇报材料，再进行成果的交流。成果的交流可以采用讨论会、交流会、小论文评比、搞展报、出墙报等方式；在交流过程中，教师应创设宽松、自由、愉快的氛围，让学生各抒己见，鼓励学生提出异议和独特见解，敢于标新立异，促进成果共享，相互启发，初步学会与他人合作交流，获得积极的数学学习情感。

案例："了解我们自己"的教学过程设计

1. 活动的准备。2张数据记录单，2把卷尺，2个健康秤，并将学生分为两组。

2. 提出问题，明确活动的要求。先提出启发性的问题：你知道自己班里同学的哪些情况？你还想了解自己班里同学的哪些情况？提问的目的是引导学生关注全班同学的身高情况、体重情况、年龄情况、生日情况等，提出有关的数学问题；再让各小组从中选择一个问题作为自己实践活动的主题。

3. 设计统计活动方案。先引导：需要到哪里去收集资料？收集些什么？怎样记录？怎样整理？再让聋生讨论上述问题，形成活动方案，确保活动有序、高效的开展。

4. 收集并整理数据。以小组为单位，按照预设方案进行统计活动，把统计获得的数据进行分类整理，并用统计表或用条形统计图呈现出来。

5. 及时交流统计结果。交流的内容是广泛的，包括选择了什么课题，怎样预设方案，在统计过程中遇到了什么问题，怎样解决的，经过统计你了解了什么情况，以及应用统计方法的体会，反思统计的过程等。

二、综合与实践的教学策略

（一）紧密联系聋生的生活经验和社会发展的实际

让学生体会数学与现实世界的联系，树立正确的数学观，是综合与实践活动的一个重要目标。现实性与实践性是综合与实践活动的特点。因此在教学中，要紧密联系聋生的生活实际，引导他们充分利用自己的已有知识和生活经验去完成学习任务。首先，应从聋生熟悉的生活事例出发，从聋生生活的现实背景中选取活动素材。选取的主题和素材越是贴近生活、贴近聋生的经验，聋生就越能较好地操作，越能激发聋生探究的欲望和学习的积极性、主动性。其次，教学活动形式和教学方法要紧密联系聋生生活实际。要联系聋生的生活实际设计教学过程，引导聋生在具体的自然情境中或在特定活动场所中开展调查、访问、实验、测量等实际活动。从中感受不但数学内容与日常生活密不可分，而且学习过程和学习方法也是在生活中经历过的。这样有利于聋生体会数学与现实世界的联系，树立正确的数学价值观。

（二）重视问题的发现与选择

在综合与实践活动中，提出与选择问题是很重要的，它是聋生进行活动的出发点，是进行实践和探索的前提，也是实际问题转化为数学问题的桥梁。在提出与选择问题时，应注意如下几点：① 要引导聋生提出与数学相关的问题，选择与自己的经验相关的问题。② 选择聋生感兴趣的、大家共同关注的问题。③ 选择具有一定的挑战性、综合性和开放性的问题。挑战性的问题能提高聋生探究的欲望，提升研究的意义；综合性的问题能促使聋生综合运用所学的知识、方法、经验、思维方式等解决问题，启发聋生进行多种思考及创造；开放性的问题能促使所有的聋生都能参与，并且不同的聋生在解决问题的活动中能展示不同的个性和思考水平。

（三）主动实践与有效指导相结合

综合与实践是新数学课程一个全新的内容，它不是知识总量的扩充，更不是一些巩固性或者发展性的练习，它反映了新数学课程改革的要求，为学生提供一块自主活动的天地，提供了实践性、探究性和研究性学习的渠道。它要求学生积极参与，自主实践，同时也要求教师有针对性地加以引导、指导。因此，教学时，教师应创设好的问题情境，而学生应该主动观察和思考，发现、提出和选择恰当的数学问题；教师应该组织学生讨论解决问题的方案,而学生应该积极参与讨论,并制定方案;学生应该根据方案,动手实践、自主探索规律和综合运用知识,得出结论。在这一过程中,教师应提供给学生充分实践和思考的时间,鼓励他们探索解决问题的方法,平等地参与聋生的探索活动,深入到各小组中倾听学生们的讨论,了解他们的思考过程并给予一定的指导,并营造一个宽松、民主的环境,激发聋生自主探索的积极性;在此基础上,教师要组织各小组交流自己的成果,引导学生进行总结和评价,而学生应积极参与交流、总结与评价,提升认识,加深体验。

(四)关注学生的学习过程

与其他领域相比,实践活动的教学应更加注重聋生的学习过程。首先,要引导学生经历一个收集信息、处理信息和得出结论的过程,在活动中学会一些探索的方法。其次,要关注活动过程中学生的表现。一是要关注学生参与活动的积极程度,包括是否积极思考、探索解决问题的方法;是否乐于与小组其他成员进行合作,愿意与同伴交流各自的想法;是否有解决问题的自信心,有没有不回避遇到的困难等。二是要关注学生在活动中所表现出来的思考水平和策略。

三、综合与实践的评价

综合与实践在评价方面应该与其他领域的学习内容有所不同,评价不宜以书面考试的方式来进行,通常采用过程性评价为主。评价不仅仅局限于教师对学生的评价,还可以让学生开展自评和互评,甚至可以由家长对学生进行评价。通过对学生的评价,记录学生成长的过程,关注学生的发展,丰富学生成长记录袋的内容。评价包括以下内容:① 能否主动运用数学知识描述并解决实际问题;② 能否善于运用多种不同的方法解决实际问题;③ 解决问题时表现出来的态度、探索精神等状态如何;④ 是否积极参与讨论与表达;⑤ 能否主动与同伴合作,具有团队精神。

【思考题】

1. 综合与实践的教学意义是什么?
2. 综合与实践的学习特点有哪些?
3. 综合与实践活动的一般过程是什么?设计"你能跳多远"的教学过程。
4. 综合与实践活动的评价主要包括哪些内容?

【参考文献】

［1］孙丽谷,王林.数学[M].江苏:江苏教育出版社,2008.

［2］江苏中小学教材编写服务中心,等.数学教师教学用书[M].江苏:江苏教育出版社,2007.

［3］中华人民共和国教育部.全日制义务教育数学课程标准[M].北京:北京师范大学出版社,2012.

［4］义务教育数学课程标准修订组.数学课程标准解读[M].北京:北京师范大学出版社,2012.

第十章 聋校数学教学研究

【内容提要】 教学研究已经成为了当前基础教育领域教育研究的核心内容,因为教学研究主要指向教学实践,它对于解决教学中的各类具体问题,提高教育教学质量,促进教师专业成长具有重要价值。对于聋校的数学教学来说,教学研究同样具有至关重要的意义与作用。本章系统分析了聋校数学教学研究的意义与价值,对聋校数学教学研究的研究方法和一般步骤作了系统的探讨。同时,详细介绍了聋校数学教师如何撰写教学论文以及聋校数学教师如何进行课题研究等重点内容。希望能对聋校数学的教学改革与教师专业发展提供有益的借鉴与启示。

第一节 聋校数学教学研究的意义

一、教学研究与教育研究

我们知道,研究是人类了解和认识世界的特殊方式。没有研究,社会进步的速度将大大降缓,甚至会陷于停滞。研究就其领域而言非常广泛,从宏观世界到微观领域,从自然科学到人文社会科学,研究几乎无处不在,教育研究则是其中的重要一种。教育研究是人们为了解决教育中的各类问题,探索教育中的未知现象,寻求教育规律,在系统的理论指导下,以科学的方法和步骤进行的一种认识活动和过程。教育研究具有很强的计划性与针对性,它的目的在于提示教育现象的本质,反映教育过程中的客观规律,解决教育理论与教育实践中的各种问题。教育研究又可以从不同的角度进行分类,从而形成不同的分类系统。譬如,根据研究目的,可以分为基础研究与应用研究;根据研究的内容可以分为现状研究、区别研究和发展研究;根据研究对象的数量可以分为个案研究与成组研究;根据研究的分析方法可以分为定性研究与定量研究;等等。

教学研究是教育研究的一个下位概念,是教育研究的一个重要组成部分,也是教育研究的重要内容。教学研究主要是指学校教学工作研究,它往往侧重于解决教学中某些具体问题,研究目的是为了更好地完成教学任务,提高教学质量。[1] 从这个定义来看,教学研究与教育研究相比,研究范围更

---

[1] 华国栋.教育科研方法[M].南京:南京大学出版社,2000:8.

加限定——学校教学;研究对象更加明确——学校教学中的各种问题;研究目的更加突出——探索教学规律,提高教学质量;研究方法更加具体——侧重于经验提升、实践研究等。

二、聋校数学教学研究的意义与价值

教学研究已经成为了当前基础教育领域教育研究的核心内容,因为教学研究主要指向基础教育教学实践,它对于解决教学中的各类具体问题,提高教育教学质量具有重要价值。对于聋校的数学教学来说,教学研究也有着至关重要的意义与价值。聋校数学教师通过教学研究,可以有效解决教学实践中的各类问题,提高数学教学质量,同时促进自身的专业成长,并可以丰富我国聋校教育教学的理论研究。

(一)有效解决教学实践中的各类问题

教学研究的突出特点在于它直接指向教育教学实践,解决教学实践中出现的各类问题。在聋校数学教学过程中,教师会不断地遇到一些新的问题和挑战。因为教学本身是一门实践性极强的活动,教学实践由于教师个体之间的差异、教学情境的不同、学生群体的不同而呈现出多样性与差异性。特别是随着当前基础教育课程改革的展开,聋校数学教学也在不断发生着变革,以顺应基础教育改革的要求。在这样一种背景下,数学教学实践中必定又会出现一些新的问题有待解决。譬如,教师如何更好地适合课程改革,教师如何更好地使用教材对学生实施素质教育等问题。当前基础教育领域数学教学研究的理论已相当丰富,而聋校数学教学研究的现状却不容乐观,专门针对聋校数学教学的研究相对较少,这些问题的存在反映了当前聋校数学教学研究的紧迫性与必要性。只有加强数学教学研究,以教学实践中出现的各种问题为切入点,才能有效地解决教师在教学实践中的各种问题及困惑,更好地为教学实践提供理论指导和现实依据。

(二)提高数学教学质量的保障

教学与科研之间是相辅相成的关系。教育教学研究可以有效地促进教学实践,提高教学质量。同样,教学实践也为教育科学研究提供丰富的感性经验和实践智慧。传统的将教学与科研分离开来的思想是错误的。在有些教师看来,科研是教育研究者和专家的事情,教学才是教师的本职工作,教师与科研之间相距甚远。事实上,对于一个教师来说,教学质量的有效提高不仅取决于他个人在教学工作上的努力程度,也取决于教师能否以一个研究者的心态来看待教学实践。因为教师如果要想进一步提高教学质量,就必须摆脱因循守旧的教育模式和心态,革新教学方法,改进教学组织形式,探索有效的教学策略。而教学方法的革新、教学组织形式的实践与教学策略的探索又需要教师加强教学研究,在根据学生身心发展特点和教育改革需要的基础上科学地改进教学实践。从这个意义上来说,聋校数学教师从事教学研究是教师在追求教学质量提高的目标下的必然选择,教学研究也是有效提高数学教学质量的保障。

(三)促进数学教师专业成长

随着教育的发展,社会对教师的要求也越来越高。目前,教师职业正在向专业化迈进。早在1966年,联合国教科文组织在《关于教师地位的建议》中指出,"教育工作应被视作一种专门职业,教师应被视为专业人员。"这是国际社会对教师职业专业性的首次认可。近些年来,教师专业化已经成为教师职业发展的目标。从当前研究来看,教师专业化的内涵主要包括教师职业的专业化与教师个体的专业化。教师个体的专业化即教师的专业成长,它意味着教师要以专业发展的标准和目标来要求自己,不断提高自身修养,实现专业的持续成长。对于我们国家来说,"专家型"教师、"反思型"教师、"教师即研究者"等概念的不断出现彰显了教育对教师专业化的更高要求。现在的教师已不仅是承担着传统的"传道、授业、解惑"任务的教学人员,同时还应该是一个科研工作者,是一个学者型的教师,是一个能够不断通过教学科研来提高教学质量、解决教学实践问题、实现自我发展的主体。

"教学+科研"型教师也是聋校数学教师的发展目标和追求。研究本身是教师的提高过程,通过参与到教学研究,教师可以查阅到大量相关资料,不断习得新的理论、教育思想和观点,不断吸收优秀的研究成果为己所用,从而不断地更新知识体系和教育教学理念。聋校数学教师只有通过真正地参与到教学研究之中,才能更好地解决当前教学实践中的问题与困惑,才能更好地反思当前的教育教学实践,才能通过这种自觉的研究与反思来进一步促进聋校的数学教学,从而也在不断地实现自身的专业成长。

(四)丰富聋校数学教学理论,推进聋校教学改革

教学研究对于丰富当前的聋校数学教学理论、推进聋校数学教学改革具有至关重要的意义和价值。教学理论的研究一方面需要专门的教育研究者从教学论、课程论、教育心理学等视角来探索和提高,另一方面更需要处于教学一线的聋校数学教师的有机参与和配合,需要实践经验的积累和提

炼，才能日趋完善。从当前聋校数学教学研究的总体来看，教学理论体系还不够系统化，相关的专门性的教学指导类书籍相对匮乏，关于数学教学的研究大多还处于经验积累、缺乏理论提升的阶段。可见，目前聋校数学教师的教学还缺乏系统的理论指导，聋校数学教学理论的建设任重而道远，这对于教育理论研究者与聋校数学教师来说都是一个艰巨的任务。

另外，在基础教育课程改革的背景下，聋校的教学改革也蓬勃兴起。聋校的数学教学在课程体系建设、课程目标设置、教学方法改革等方面亟待得到有效的理论指导和实践探索，从事教学研究则有助于从一种更新的理念和高度来审视当前的聋校数学教学，并为进一步推进整个聋校的教学与课程改革作出贡献。

第二节 聋校数学教学研究的一般步骤

一、聋校数学教学研究的基本方法

教学研究要遵循一定的研究方法，从聋校数学教学的特点来看，聋校数学教学研究方法基本可以分为以下几种：教育观察法、教育调查法、教育实验法、叙事研究法、个案研究法、理论研究法等。下面我们将依次对以上各种研究方法的特点、适用范围和操作规范作简单的介绍。

(一) 教育观察法

1. 教育观察法及其功能

观察是人类最常用的了解世界的方式，它是人们有意识地通过眼、耳等感官作用于一定事物的心理活动。往往一些重大的科学发现与观察不无关系，如我们耳熟能详的瓦特通过观察火炉上水壶的塞子被蒸汽冲出而发明了蒸汽机，牛顿通过观察苹果从树上落下来这个平常的自然现象思考出了万有引力定律，达尔文通过长期的实验和自然观察，提出了生物进化论，等等。观察不仅是人类认识自然世界的工具，同样也是人们了解教育现象、探索教育规律的重要手段。例如，我国著名的心理学家、教育家陈鹤琴，从他的第一个孩子出生之日起，就开始对他孩子每天的身心变化和对各种刺激的反应进行了全面细致的观察，而且还通过记日记、摄影拍照的方式记录下来，如此连续追踪观察了 808 天，形成了后来在国内外很有影响的著作《儿童心理之研究》。在教育教学过程中，通过观察进行教育研究的例子不胜枚举，一些优秀的教育家和教师的成功往往离不开他们对教育教学细致的观察和思考。

对于聋校的数学教学来说,教师在日常教学过程中,要自觉地培养观察意识,善于利用观察的方法进行研究。教育观察法对于聋校数学教学的功能主要表现为以下几个方面:其一,可以发现教育教学问题。观察是发现教育问题最直接、最有效的手段之一。敏锐的观察一方面有助于教师顺利完成教学任务,另一方面,只有通过敏锐的观察,教师才能发现教育现象背后隐藏的各种教育问题,才能对各种突发事件作出准确的判断,进而采取迅速有效的教学方法。① 其二,可以验证各种教育理论。在新课程理念的影响下,聋校教学正在面临着变革。各种新的教育理论会不断地进入聋校数学教学实践之中,这些教育理论对于聋校数学教学来说是否完全适合,是否还存在着缺陷或不足,需要通过教育实践来进行检验。而教育观察恰好提供了一种良好的方法或工具,可以对当前的改革实践进行充分的观察和实验,从而为聋校数学的教学改革提供有力的论据。其三,观察是教师积累经验和资料的过程。教师实践智慧的提升有赖于教师日常经验的积累和不断反思,教师只有持续地在教育教学实践中积累各种经验,才能为进一步的理论提升、理性知识形成做铺垫。教育观察法是聋校数学教师有效积累教育经验的重要手段,教师在聋校数学教学实践中一边进行教育教学,同时进行科学的观察,可以积累丰富的教学经验,并有助于不断形成问题以及类似问题的解决办法。这些通过观察而形成的经验和资料,可以成为教师继续进行教育研究和论文选题的宝贵一手资料。

2. 教育观察法的优缺点

任何教育研究方法都有其优点和局限性。教育观察法的主要优点体现为:① 即时性。观察可以随时随地地发生,一般不受到时间、地点及周围环境的限制,使用起来比较自由。聋校数学教师可以在课堂上观察学生的反应和其他行为表现,也可以在课下观察他们课外活动、与人交往等方面来了解学生的学生兴趣和水平。② 自然性。观察法可以在最自然的状态下实施,即在保持对观察对象不进行干扰的情况下观察学生最自然的反应,从而获取最贴近实际、客观可靠的素材。教育观察法的局限性主要表现为:① 观察法所观察的通常是事物的表面现象,有时候很难通过观察来了解和透视事物的深层本质。② 观察法适用的样本比较小,无法在同一时间对诸多样本进行同时观察。③ 观察效果受观察者主观因素的影响较大。对于聋校数学教学来说,如果教师对被观察对象缺乏细致、深入的了解,那么教

---

① 李拉. 教学机智及其生成[J]. 继续教育研究,2007(2):132-133.

师对观察结果的解释有可能加上了个人主观色彩而降低了客观性,从而影响观察结果。事实上,对于教育观察法来说,它是一种可以即时使用的常用研究方法,在很多情况下,我们对研究方法的选择要根据研究目的灵活选用。教育观察法通常和其他我们即将谈及的研究方法结合起来使用效果更佳。

3. 教育观察法的类型

(1) 自然观察法和实验观察法

自然观察法是在自然状态下,即事件自然发生对观察环境不加改变和控制的状态下进行的观察。实验观察法是在人工控制的环境中进行的系统观察。其具有明确的观察目的和周密的实施计划,对观察对象的行为表现做精确的观测,对被观察者的行为的一个或一个以上的影响因素(自变量)进行控制,并观察这种控制对被观察者的行为表现(因变量)的影响,从而发现这些影响因素与被观察者的行为表现之间的关系。

(2) 参与观察法与非参与观察法

参与观察法是研究人员参与到观察对象的活动之中,通过与观察对象共同进行的活动从内部进行观察。所有的参与观察研究都介于"参与者的观察"与"观察者的参与"之间。非参与观察法是研究逐步参与被观察者的任何活动,完全以局外人的身份进行观察的方法。

(3) 结构观察法和非结构观察法

结构观察法是在观察前有详细的观察计划、明确的观察指标体系,观察时严格按计划进行,能对整个观察过程进行系统地、有效地控制和完整、全面地记录。非结构观察法是研究者只有总的观察目的和要求,或只有一个大致的观察范围和内容,没有详细的观察计划和观察指标体系。

4. 教育观察的途径

实施教育观察的途径是多样的,概括来说,在聋校数学教学中,实施教育观察可以有这样几种途径:① 上课。上课是教师观察学生、了解教学效果最直接、最常用的方式。一个优秀的教师应该具备良好的教学监控能力,在课堂上不仅能有效地组织课堂教学,另一方面要即时观察学生的反应,并根据学生的反应作出相应的反馈,从而更好地调节课堂教学。同时,这种观察可以为教师进一步研究学生学习特点、学习兴趣及其他方面提供可靠的素材。② 听课。教师由台前走向幕后,这种身份的变化给教师提供了一种良好的观察机会。教师可以通过听课这种方式实施对学生系统的、有准备的观察。③ 参加学生活动。通过和学生一起参加集体活动来实施观察,也是一种方便的途径。譬如,在聋校中经常会有一些数学兴趣小组活动、竞赛活动等。通过这些活动对学生进行观察有助于了解学生的性格特点、学习兴趣,可以为教师对儿童制定个性化教育方案提供重要依据。

(二) 教育调查法

教学中,教师经常会遇到一些感兴趣或感到困惑的问题,希望可以找到问题的答案。譬如,聋生是否对现有教材内容感兴趣?他们的数学课后作业量是否适当?聋生到了某个年级,他们的思维发展水平如何?聋生的数学实践能力怎么培养?这些问题会激发起教师探索的兴趣和欲望,对这些问题展开进一步地调查和研究就需要一种系统的研究方法指导,即教育调查研究法。

1. 教育调查法定义

所谓教育调查研究法,简称教育调查法,也称为调查研究法。是指教育研究者围绕特定的教育问题,通过问卷、访谈等方式,有目的、有计划、有系统地对研究对象进行深入探究,从而了解教育实际、弄清事实、寻求规律的研究方法。这种研究方法尤其强调教师的实际参与和实践操作,与教师的教学经验以及研究兴趣、教学困惑等紧密结合,而且通过调查研究可以搜索到大量的可用信息,是学校教学研究中最常用的一种研究方法。

教育调查的方式很多,最常用的研究方法有问卷调查法与访谈调查法,在这里重点介绍问卷调查法。

2. 问卷调查法

问卷调查法是指研究者事先精心设计好调查问卷,通过让调查对象作答的方式,来了解某一教育事实或搜索资料的方法。

问卷调查法的优点主要在于:其一,调查对象的范围比较广泛,调查的人数可以比较多。例如,在一些国家级课题上,问卷调查的对象可能会覆盖到全国各个省域。其二,问卷调查的形式相对自由,问卷设计方式不受限制,可以让调查对象自由作答,收集的资料数据也相对较广。其三,问卷调查的数据可以用计算机进行统计分析,比较容易量化,从而节省大量的分析统计时间。像现在比较流行的 SPSS 统计分析软件,就是一款功能强大的分析工具,将问卷调查的资料通过计算机输入到该软件,会很方便、容易地得到准确的分析数据。当然,问卷调查也有它固定的局限性,它对问卷的设计要求相当高,如果问卷的"问题与答案"部分设计不当,便容易导致调查结果的不可信,因而问卷调查法对问卷设计者的要求是比较高的。

问卷的基本结构一般包括以下几个部分:① 标题。问卷要有一个醒目的标题,以便于让被调查者可以一目了然的了解你的调查目的与主要内容。② 前言与指导语。要有一个简短的前言,介绍一下调查者自身、问卷的目的、问卷的主要内容、问卷的保密原则等。这一部分是针对被调查者如何按要求回答问卷的说明。例如,每一个题只有一个标准答案,多选少选均无效;请将答案写在题后的括号内;等等。③ 问题与答案。这是问卷中的核心部分。问题和答案的设计水平将直接影响着问卷的质量,因为这部分内容需要调查者作出充分的论证和思考,甚至还需要使用问卷对部分对象进行模拟答卷,以测试问卷的信度与效度。通常情况下,问卷中的问题分为开放式(不限定答案,让被调查者自由回答)与封闭式(给出答案,让被调查者进行选择)两种。④ 编码及致谢。如果需要让被调查者在一个单独的、统一的答题部分作答,则可以考虑另外提供一份答题纸,这称之为编码。最后,还要附上调查者简短的致谢等内容。

问卷的发送与回收也需要遵循一定的规范。发送问卷的方法可以多样,当面作答回收或邮寄调查都可以。在这里需要注意问卷的回收率,如果回收的合格问卷的数量达不到发放问卷总数的70%,那么问卷便基本失去统计意义。所以,在问卷调查中,合格问卷的回收率要至少达到70%～75%以上。

聋校数学教学中,有很多问题,教师都可以通过问卷调查的方式展开研究。问卷调查通过会反映出被调查者对这些问题共性的看法或占主导地位的意见,这对于改进教师的课堂教学、促进师生交流、全面了解视障儿童是大有裨益的。

案例:小学数学教师教育技术能力调查问卷

尊敬的老师:

您好! 非常感谢您填写本问卷。本次问卷的目的是为了进一步加强我校信息化建设,促进我校教师教育技术能力的提升,以适应信息时代对学校及教师的需求。希望您能对问卷的问题给予真实、客观的回答,本问卷属匿名填写,问题回答均无对错之分,请您根据自己的实际情况独立地填写。

一、基本情况:

1. 性别:(　　)　　A. 男　　　B. 女
2. 职称:(　　)　　A. 初级　　B. 中级　　C. 高级
3. 学历:(　　)　　A. 中专　　B. 大专　　C. 本科　　D. 其他
4. 您的年龄:(　　)
   A. 20—25;　　B. 26—30;　　C. 31—35;
   D. 36—40;　　E. 41—50;　　F. 50 以上
5. 您的教龄:(　　)
   A. 1—3;　　　B. 4—5;　　　C. 6—10;
   D. 10—20;　　E. 20—30;　　F. 30 以上
6. 您学校所在地:(　　)　　A. 城市　　B. 乡镇

二、调查问题：

7. 您学校是否拥有多媒体网络教室？（　　）　　A. 有　　B. 没有

8. 校园网的建设情况：（　　）
   A. 未列入计划　　B. 正在计划　　C. 正在建设　　D. 已经使用

9. 您在办公室（或教研室）是否能上网？（　　）
   A. 经常上网　　　　　　　　　B. 有网络，但不经常上
   C. 有电脑但没入网　　　　　　D. 无网络

10. 您对贵校教育技术设备情况的总体评价：（　　）
    A. 非常满意　　B. 满意　　C. 一般　　D. 不满意
    E. 很差

11. 您家里的电脑情况：（　　）
    A. 无计划购买　　B. 有计划购买　　C. 已有

12. 您掌握计算机的程度：（　　）
    A. 熟练操作　　B. 简单操作　　C. 略知一点　　D. 一点不懂

13. 您通常使用搜索引擎和各类型网站来获取教育资源吗？
    A. 很经常　　B. 经常　　C. 偶尔　　D. 从不

14. 您在工作中用到的资源收集方法有哪些？（　　）（可多选）
    A. 书籍资料　　B. 光盘　　　　C. 电子文档
    D. 博客　　　　E. 资源网址　　F. 网站

15. 您以前在教学中什么情况下使用现代教育技术手段？（　　）
    A. 日常课堂教学　　　　　　B. 公开课或研究课
    C. 课外活动　　　　　　　　D. 从未使用过

16. 您上课使用的课件的来源：（　　）
    A. 教学设计和技术制作均由自己完成
    B. 自己完成教学设计，技术部分与他人合作完成
    C. 自己完成教学设计，技术部分完全委托他人完成
    D. 教学设计与技术制作均委托他人完成

17. 您常用的媒体开发技术有哪些？（　　）（可多选）
    A. PowerPoint　B. 几何画板　　C. 方正奥思
    D. Authorware　E. Dreamweaver　F. Flash

18. 您在教学中常利用信息的方式有哪些？（　　）（可多选）
    A. 文本　　B. 图形　　C. 声音　　D. 视频
    E. 动画　　F. 课件　　G. 网页

19. 您在教学中选择媒体的基本原则有哪些？（　　）（可多选）

A. 目标控制　　B. 内容符合　　C. 对象适应　　D. 最小代价

20. 在您的教学过程中现代教育技术手段通常应用于教学的哪个环节？（　　）(可多选)

　　A. 导课,引起注意　　　　B. 突出重点、突破难点
　　C. 练习,巩固提高　　　　D. 根据所选媒体而定

21. 根据教学经验,您认为教育技术在(　　)内容方面发挥作用最大？
　　A. 数与代数　　B. 图形与几何　　C. 统计与概率　　D. 实践活动

22. 您了解电子白板的程度:(　　)
　　A. 熟练操作　　B. 简单操作　　C. 略知一点　　D. 没听过

23. 利用技术与学生及家长,同行及技术专家进行交流的方法是什么？（　　）(可多选)
　　A. QQ　　　　B. E-mail　　C. 博客　　　D. 网站
　　E. 电话　　　F. 信件

24. 您在运用教育技术手段,实施信息化教学时,遇到的主要困难是（　　）(可多选)
　　A. 缺少准备时间　　　　　B. 缺少信息化教学知识
　　C. 缺少信息化教学硬件设施　　D. 缺少信息化教学软件

25. 您是否学过教育技术专业课程:(　　)
　　A. 有过专业学习,非常了解　　B. 基本了解,但不精通
　　C. 略知一二　　　　　　　　D. 不懂

26. 您参加过何种级别的信息技术培训:(　　)
　　A. 国家组织的　　　　B. 省组织的
　　C. 市组织的　　　　　D. 县或地区组织的
　　E. 校内培训　　　　　F. 其他
　　G. 从未参加过

27. 您是否开展过信息技术与学科教学整合的应用实践？(　　)
　　A. 没有　　B. 有　　C. 经常

28. 您在教学中组织学生开展过哪些形式的学习活动(　　)(可多选)
　　A. 探究性学习　　B. 个别化学习　　C. 协作式学习
　　D. 问题解决式学习　　E. 任务驱动式学习　　F. 发现式学习

【问卷填写到此结束】

衷心感谢您的参与支持,祝您万事如意！

案例来源:www.sjtjy.cn/xinxi/UploadFiles_4870/200812/20081223210428121.doc

(三)教育实验法

在教学中开展教育改革或教育实验是有效促进教学质量提高的重要手段和方式。随着新课程改革的深入展开,教育实验法被广泛地应用于教育教学的各个领域,在聋校数学教学研究中,也应将教育实验法作为一种重要的研究方法。

1. 教育实验法的含义与特点

教育实验法,简单地说,就是教育研究者通过实验的方式来探究教育问题。它是研究者根据一定的研究目的,通过创设或控制一定的条件来探究教育事物之间的因果关系,寻求教育规律的研究方法。

教育实验法已经成为新课程改革背景下教师开展教学研究,探索教学规律,实现教学变革的主要方法。作为一种教学研究方法,它的特点主要体现在以下几个方面:第一,教育实验法是一种主动探求教学规律,寻求教学改革的方法。教学改革是教育改革最重要的组成部分,教学改革需要教育者主动去探索和实验,寻求新的教学方法、教学模式与教学组织形式的变化与革新,以促进教学质量的提高。第二,教育实验法对实验情境控制的要求较高,教师既需要科学的态度与研究精神,更需要细致、严密的实验设计。特别是对于实验中自变量、因变量、无关变量的界定与控制尤为关键。因而,对于聋校数学教师来说,熟练掌握教育实验方法至关重要,它将直接影响着教育实验的最终效果。

2. 教育实验法的类型

从聋校数学教学的角度来看,开展教育实验研究基本可以分为以下几种类型。

(1) 检验性实验

当一种新的教学理论或思想进入聋校数学教学领域后,教师想验证这种新的教学方法或模式是否适合聋校数学教学,就需要对这种新的教学理念开展实验,从而通过实验来验证这种教学理念是否与聋校数学教学相适合,同时还可以发现问题并作出相应的改进策略。这种研究就是一种检验性实验。特别是在当前课程改革的背景下,大量的新的教学方法与教学模式层出不穷,对这些教学方法与模式作出合理选择,使其顺应聋生特点和聋校教学需要,就经常会用到检验性实验。

(2) 探索性实验

数学教学改革中,往往需要教师大胆、主动探索教学规律,寻求合理的教学方法或模式。当教师随着长期经验的积累,意识到某种教学方式或许更能促进聋生数学学生发展的时候,就可以根据已有经验和设想,展开教育实验,从而验证自己的假设,并通过实验不断完善自己的理念和设想,并最终形成自己独特的思想和观点。

(3) 推广性实验

当教师关于教学实验的研究取得阶段成果之后,有时候需要验证一下这种研究成果是否也适用于其他班级或其他教学情境之中,即教师的教育实验结果是否有推广普及价值。譬如,教师关于三年级聋生数学语言培养的训练技能实验,其实验是否可以推及到低年级或高年级的聋生数学语言学习中?是否适用于其他地区聋校的聋生数学语言训练中?这种由此而展开的进一步实验就是推广性实验。这是教师自觉地检验自我研究成果,寻求教育研究普遍规律的反映。

(四) 叙事研究法

1. 叙事研究法的概念

20世纪70年代,在西方教育领域内出现了一种新的研究方法,即用"故事"的方式来探讨教育、寻求教育的本真,这种方法被称为教育叙事研究法。从定义上来看,叙事研究法又称为"故事"研究法,是研究者以讲故事的方式来表达对教育的理解和解释。在叙事研究法看来,故事是人类用于描述经验的最基本也是最有效的表述方式,他们反对将教育研究完全的量化,认为故事是挖掘教育背后隐含的本质、发掘隐性知识的最有效途径。它不直接告诉你教育是什么、应该怎么做,而是通过讲述一个个具有代表性的、真实的故事来让读者体会教育是什么,或者我们应该怎么做。叙事研究法及其背后隐藏的哲学观给教育研究注入了一股清新的风,很多研究者渐渐意识到了这种研究方式的独特性,并尝试着通过写教育故事来描述教育,和寻求对教育本真的理解。

上个世纪末,我国的学者也开始研究和推广叙事研究的方法。1999年,华东师范大学的丁钢教授开始从事教育叙事研究,并筹划了《中国教育:研究与评论》辑刊,以推动我国叙事研究在教育理论和教育实践领域的探索。与此同时,与叙事研究方法相类似的,同样强调故事性、情境性与实践性的质的研究方法也开始进入我国研究者的视野,北京大学的陈向明教授2000年出版了《质的研究方法与社会科学研究》一书,详细介绍了质的研究在社会科学领域内的应用,这给我国叙事研究方法的发展以很深刻的启迪。

2. 叙事研究的特点及功能

叙事研究是以故事的方式来讲述和解释教育。它的特点主要体现为:其一,叙事研究讲的是过去发生的事,而不是未来将发生的事,因而是一种对过去的研究,而不是发展研究。它不过多强调对教育的展望,而是重视对已发生的教育事件的理解和解释。其二,叙事研究有一定的故事性与情节性,它不同于我们传统意识中的注重理论思辨或教育实验的研究方式,它里面有实实在在发生的事情,有具体的情节,有核心的人物。其三,叙事研究最终所获得的结论是解释性的,而不是规定性的或定义性的。换句话说,叙事研究通过故事来解释教育,读者通过阅读故事来理解教育,并有可能获得多元的解释,并不需要强加给他们规定性的答案或结果。

在聋校数学教学研究中,叙事研究可以发挥特有的作用与功能。它是有效沟通理论与实践的手段,教师的经验获得了良好的表述方式。对于聋校数学教学来说,传统的研究方法过于强调理论思辨或实验探索,许多研究方法多是学院式的,很难获得一线教师的认同。教师难以获得理想的研究方式去反映他们真实的教学实践和经验。叙事研究法提供了一种独特的研究方式和思路,教师可以通过讲述自己的教学故事来反映教学实践,从而实现从实践到理论的沟通和提升。

3. 叙事研究的展开与过程

叙事研究要遵循基本的实施过程,这个过程包括三个紧密联系的阶段:① 确定研究的问题。聋校数学教学生活中,并不是所有的事情都值得通过叙事的方式来表述。教师要选取一些有代表性的事件,这个事件要能够深刻反映出教学中的某些规律或问题,或者是这个事件本身是一个值得教师反思的故事,这样叙事研究的内容才有其实践性,才有意义。② 搜集叙事材料,形成现场文本。在这个过程中,教师要根据自己的叙事内容,寻找叙事的主要人物和情节,并通过现场观察、交流、访谈、实地参与等方式,获取真实材料。③ 形成叙事文本。最后,教师要对已有材料进行整理,抽取出最具有代表性的事件或文字,以求得对这个教学事件最合理的反映或解释。

(五)个案研究法

1. 个案研究法及其特点

按照研究对象数量的多少,我们可以将研究方法分为个案研究法与成组研究法。个案研究法就是针对教育中的某个个体进行单独、深入研究的方法,个案研究的对象往往是一个个体或一个组织,在教育教学中通常是指一个受教育对象。当前随着教育研究方法研究的不断深入,个案研究由于其对个体发展的深刻关注而倍受教育实践者青睐,成为当前基础教育领域内的一种重要研究方法。

个案研究法的特点主要体现为以下几个方面:第一,个案研究注重研究对象的个别性和典型性。个案研究在研究对象的选择上注重研究对象的个别化意义和典型性特征。也就是说，个案研究所选择的个案是具有代表性的，在教育意义上具有独有的特征，同时这个个案也有助于提示教育的一般规律。一般来说，作为个案研究对象应该具有在某方面是否有显著的行为表现；与这方面有关的某些测量评价指标是否与众不同；教师、家长等主要关系人是否都有类似的印象和评价这三个显著特征。譬如，选择一个具有创新能力的聋生进行个案研究，可以看这个学生在日常行为表现上是否有一些小发明、小制作、小创造；他在这方面的表现与其他同学相比是否具有特殊性；他的家长、周围老师或小伙伴是否也同样认为他在这方面比较突出，经常有一些出乎大家意料的想法或实践。如果这个聋生在这几个方面都具有典型性，那么他完全可以作为个案研究的对象。第二，个案研究法在时间上的延伸性。对个案的研究可以是对个案过去的研究，也可以是对个案现在的研究，还可以是对个案未来发展的研究，甚至可以是对个案从过去到现在到未来这个连续时间段的研究。因而，从时间上来说，个案研究所持续的时间会比较长，它需要研究者持续不断地对个案进行追踪研究，因为只有如此，个案中所揭示的现象或规律才具有说服力和意义。所以，有时候个案研究法也被称之为"个案追踪法"。第三，个案研究虽然是多种研究方法的综合。从研究对象的角度来看，个案研究是对个体的研究，在研究的实施中，却需要多种研究方法的综合使用，包括观察法、访谈法、实验法等上述我们已经讲过的研究方法。

2. 个案研究在聋校数学教学研究中的应用

在聋校数学教学研究中，个案研究也是一种相当实用的研究方法。个案研究在聋校教学中具有独特的意义。我们知道，对于普通儿童来讲，其群体的共性多于个性。而在特殊教育领域，特殊儿童群体的个性往往多于共性。作为同一个聋生班级，由于其残障类型不同、残障程度不同，学生的数学学习能力与心理发展水平等也存在相当多的差异性。这种明显差异性的存在为个案研究提供了良好的素材和研究对象。另外，个案研究注重实践，与教师的教学生活紧密联系。个案研究本身就是对受教育者进行的研究，教师在聋校数学教学生活中会面对大量的学生，这些学生本身就是教师重要的研究资源。教师可以通过对数学教学中某些个体学生的研究，来探寻数学教学的一般规律，解决教学中遇到的难题，从而更好地了解学生，为数学教学和学生成长提供更优质的教育服务。

教学研究中，个案研究的基本程序可以是这样几个步骤：首先，确定研究对象，选择数学教学中最具代表性的学生进行研究。比如，在数学学习中创新思维最好的,在数学学习中接受能力最差的,等等。其次,搜索个案的相关资料。包括日常行为表现,教师评价,研究者的观察日记,实验材料等内容。再次,进行具体的分析和指导。针对个案的特点,展开研究程序,从而帮助个案获得提高或发展。最后,形成研究报告或总结规律,指向个案的未来发展和形成群体规律。

二、数学教学研究的一般步骤

目的性、计划性与系统性是教育研究的一般特点,教育研究要有比较严格的研究规范与研究步骤。聋校数学教学研究的一般步骤包括以下几个方面。

(一)确定研究问题

研究问题的确定是聋校数学教学研究开展的第一步,也是相对重要的一步。因为任何研究首先必须要有特定的研究对象,如果没有要研究的问题,那么其他工作就无从谈起。研究问题的确定是开展研究的第一步,但其重要意义却不容质疑。爱因斯坦曾经说过:"提出一个问题比解决一个问题更为重要。"因为解决一个问题也许是一个数学上或实验上的技能而已,而发现一个问题却需要创造性思维,需要一种新的角度和想象力。

(二)查阅文献资料

当研究问题确定后,并不意味着研究可以立即展开。查阅文献资料是在确定研究问题之后最重要的一步。这是因为,随着信息化时代的来临,人类的各种研究成果都在不断丰富,很多问题已经有了部分的或者充分的研究。研究者现在所做的研究,通常都要建立在已有研究成果的基础上。正如,牛顿对他的成果曾经谦逊地说:"我所取得的成绩,是因为我站在了巨人的肩膀上。"对于聋校数学教学研究来说,当确定了研究问题之后,下一步就是要展开全面而系统的文献检索。检索文献一方面可以使你充分了解你所感兴趣的问题当前的研究程度如何,这样就可以通过检索和阅读已有研究成果,来对你的研究思路进行启迪或调整。另一方面,通过检索资料可以使研究者了解已有研究的深度和水平,避免在教育中的重复研究,否则研究会因为缺乏创新性而失去其价值,同时还会造成教育资源的浪费。

如何去全面、系统地查阅现有文献,首先需要了解教育资源的分布。教育文献主要分布在这几个方面:其一,书籍。书籍是教育文献分布最广,也是使用历史最为悠久的文献资料。其二,报刊。包括教育类报纸及各种专业期刊。其三,网络资源。包括各种教育网站,以及专门的网上图书馆。譬如,中国知网(www.cnki.net)是目前中国最大的网上图书馆,它可以提供各种及时更新的期刊、报纸以及硕博士论文等,并且其强大的检索功能可以帮助研究者准确、全面地了解当前相关专题的研究现状。

另外,还要掌握正确的检索资料的方法。主要有:① 逆时法。即对资料的检索要按照从现在往过去的时期进行检索的顺序。对于教育资料来说,往往一些最新的版本或成果已经涵盖了以往的研究,所以对于研究者来说,可以先检索和阅读一些最新的资料,然后再往前回溯检索。② 积累法。在对教育期刊或著作进行长期阅读的基础上,有一些感兴趣的话题或内容可以及时摘录下来,日积月累就会形成对某一些问题大量的看法或见解。③ 追溯法。即通过对文章或著作中参考文献里列举的其他文献进行顺藤摸瓜式的检索,可以寻找到大量的与研究内容相关的文献。

(三)研究的设计与展开

研究的设计与展开是聋校数学教学研究中最为关键的环节。它又由三个联系紧密的环节构成:制订工作计划、研究的开展、资料的整理。

具体来说,在了解国内外相关研究现状的基础上,研究者要开始为所要从事的研究目标拟订详细的研究计划。"凡事预则立,不预则废。"对于教育研究来说更是如此,研究本身就是一项系统性的工作,它需要研究者在研究之初制订详细的工作计划。如果是进行一些课题的实证研究,譬如采用观察、问卷或实验的方式来进行,就必须准备好观察的计划、问卷的设计或者实验的准备等工作。从内容上来讲,这个计划要包括研究的目的、研究的内容、研究的准备、研究的基本思路、研究的预期研究成果等方面。当然,在研究具体展开的时候,有些内容还要根据研究过程进行调整或改动。如果是就某个问题进行理论探索,也需要制订一个研究的计划,包括研究的准备、文献综述、研究目标等。然后,就可以根据预设的研究计划开展研究工作,这一部分内容并没有固定的研究模式,而是研究者要根据自己的研究内容与目标展开具体的研究。下一个步骤就是资料的整理,在这个环节里的资料整理不同于前面所讲到的文献的搜索与整理,文献的搜索与整理是对已有的外在研究成果的使用,而在研究展开之后,研究者会通过自己的研究方法得到一些研究数据和资料,这时候需要对在研究中得到的研究信息进行分类和整理,剔除一些无用的内容,将研究中获得的有用信息系统化,从而为最后得出研究结论做好准备。例如,当研究者用调查问卷的方法对聋校数学教学中的某些教育问题进行调查后,会得到大量研究数据,这时候就要开始对问卷进行具体的分析,清理问卷的数量,统计问卷的回收率,使用

SPSS等统计分析软件进行数据分析。

（四）形成研究结论

研究的最终步骤是要形成研究结论，以论文、研究报告或案例集等的方式呈现出来，并可以为聋校数学教学提供有益的帮助与指导。这一部分内容我们会在第三节、第四节里具体来陈述。

第三节　聋校数学教学论文撰写

一、撰写教学论文的要求

（一）撰写教学论文的作用

教学论文是教育研究成果的表现方式之一。通过人们对教学论文的评价以及教学论文在教育教学中发挥的作用，能够看出该研究的价值与作用，也能看出研究者的科研素质与教学水平。

1. 撰写教学论文是教师感性经验上升到理性知识的过程

教师在长期的教学生活中会积累大量的实践经验，这些经验往往都是片段的、未系统化的经验，如果不加以有机总结和提升，那么这些经验会长期停留在感性经验层面上。由于感性经验的零散性，使得教师专业水平的提升缓慢，同时又缺乏目的性。通过撰写教学论文可以使教师感性经验系统地上升到理性知识，提高教师的理论素养，促进教师的教学水平提高。这是因为，教师撰写教学论文的过程，本身就是对自我内隐的教学经验和片段理论进行总结与归纳的过程，是教师教学实践经验系统化的过程。在教学研究和撰写论文的过程中，教师会不自觉地运用已有的教学经验和实践体会，这些实践经验经过了论文的撰写，实现了升华，生成了教师实践智慧的系统理论，这对于教师素养的提升是大有裨益的。

2. 撰写教学论文是教师反思教学，实现专业成长的过程

在教学生活中，教师经常地参与研究并撰写教学论文，可以有效地促进教师反思水平的提高，并转而提高教师的教育教学质量。随着教育发展对教师越来越高的要求，反思型教师已经成为教师专业发展的目标，反思型教师意味着在教学过程中教师要具备良好的反思意识，能够自觉地对自身教学行为进行反思，从而不断寻找教学中的缺陷与不足，实现专业成长。美国心理学家波斯纳（G. J. Posner）更是给出了一个教师成长的简洁公式：教师成长＝经验＋反思。因而，提高教师反思能力已经成为了促进教师发展的

重要举措,教师反思能力的水平将会直接影响教师的教育教学质量的提高。研究已经表明,教师反思能力的提高不仅取决于外在的诸如理念、知识等的帮助,更取决于教师的自觉性,取决于教师的反思意识和行为。而撰写教学论文恰恰为教师的教学反思提供了良好的契机,教学论文在研究内容上直接指向教师的教学实践,教师撰写论文的过程,同时是教师对已有教学进行重新回顾和梳理的过程,通过这样一个过程,教师会自觉地反省在教学过程中的优缺点,会从一个局外人的角度来重新审视自我的教育教学,从而不断获取成长的经验,这种通过撰写教学论文来实现的反思是一种自觉地反思,对教师成长具有重要价值。

3. 撰写教学论文是教师参与学术交流,促进教学理论发展的过程

教学理论的发展是一个长期积累的过程,它需要从教育实践中汲取营养,需要处于教学一线的教师转变为真正的教学研究者,如此才能促进教学理论的系统提升,从而发挥教学理论对教学实践的指导作用。教师的教学经验往往都是个性化的、内隐的,如果缺乏一种提升和交流,那么教师优秀的教学实践智慧无法得到共享。撰写教学论文为教师之间交流教学经验提供了一个丰富的平台,因为对于个体经验来说,只有通过让它书面化、显性化,才能够成为交流与共享的对象。故此,教师撰写教学论文不仅对于自身专业发展具有重要意义,对于促进学术之间的相互交流,促进教师经验的知识共享也具有不可替代的重要价值,而教师的这种学术交流又会丰富和推进教学理论的发展。

(二) 撰写教学论文的要求

撰写教学论文不同于写小说或故事,教学论文是一种学术性作品,因而它需要遵循特定的学术规范,一般说来,教学论文的撰写要符合以下几点要求。

1. 立意明确

教学论文要求主题明确,一篇教学论文往往只表达一种思想或看法,但要求这种思想或看法不是对问题的泛泛而谈,而是要讲究研究的深度和广度。换句话说,教学论文应在立意上十分明确具体,一篇论文不能洋洋洒洒、无所不谈,而是要抓住一个中心点来展开。

2. 观点充分

教学论文最重要的一个特色就是观点充分,论据突出,论点明确。教学论文通常表达着作者对某个研究的看法或态度,这种看法或态度可能是对已有研究的扩展,也可能是一种全新的观点。无论如何,作者对教学论文的论述要讲究有理有据,论述充分,才能使人信服。

3. 研究方法得当

研究论文是否具有价值,还取决于研究者是否选取了合适的研究方法。因为在前文中我们已经讲述了当前聋校数学教学研究中常用的几种研究方法,但我们需要明确的是,各种研究方法并无好坏优劣之分,而是要根据研究者的研究目的选取适合的研究方法。如果研究者要对班级中的个别儿童进行研究,那么适合选取个案研究法、观察法、叙事研究法等研究方法,而不太适合选用问卷调查法。反之,如果研究者想对群体数学学习兴趣进行研究,那么就适合选取适当的样本进行问卷调查,或再辅之以教育实验法等研究方法。总之,教师要熟悉各种研究方法的使用要求,再根据研究的目的和内容选取合适的研究方法。

4. 语言严谨

教学论文在语言上的要求是严谨、精练、准确。学术论文和小说、故事这些文学作品相比,一个显著的差别是学术论文不过度追求语言的精美与诗意,而更讲究的语言的准确精练,讲究对问题的论述要充分、明确,逻辑结构要合理。也就是教学论文语言的展开目的不是在于语言本身,而是在于对问题的陈述,如果问题讲清楚了,那么语言的目的就达到了。

5. 格式规范

学术论文对于格式要求是比较严格的,一篇研究论文格式规范能反映出研究者认真的态度与严谨的研究风范。同时,规范的研究论文有利于学术界的交流,便于其他人进行检索和阅读。

二、教学论文的写作

从论文结构上来讲,教学论文一般应包括题目、作者信息、中文摘要与关键词、前言、正文、结论、参考文献、英文摘要等部分。如图 10-1 所示,我们可以将上述部分简单再归结为三个部分:信息项、基本项、附属项。

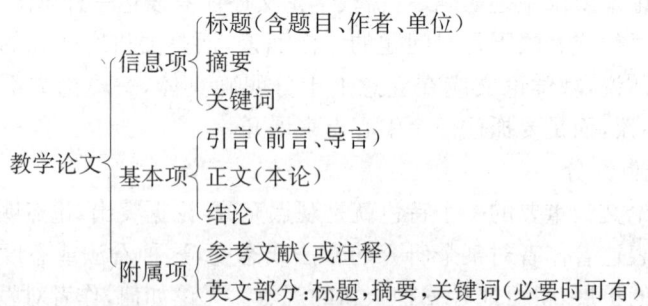

图 10-1 教学论文的组成

（一）信息项的写作

信息项是关于教学论文的总体信息，包含题目、作者信息及单位、摘要与关键词部分。

1. 论文题目的表述

学术论文的题目拟定有一些特定的要求：首先，题目最好能够涵盖研究的内容、对象、范围或方法与相关变量。这样对于读者来说，可以一目了然地知道研究者的研究目的以及大体内容。如"视障人士积极人格特征之个案研究报告"，从这篇研究论文的题目中，大致可以知道研究对象是"视障人士"，研究内容是"人格特征"，研究方法是"个案研究"。"大学生撒谎行为及其与自尊水平、社交焦虑的关系"，从这篇论文的题目中可以知道论文中的相关研究变量分别是"撒谎行为、自尊水平及社交焦虑"。其次，教学研究的论文题目最好不要使用祈使句、疑问句、感叹句等句型，而多是陈述句，论文的题目在字数上也尽量不要超过20字，在适当的时候可以加小标题。可见，教学论文题目的拟定并不是一件简单的事情，它需要研究者较为高超的语言修养和高度的概括水平。

2. 摘要与关键词的写作

摘要是对论文内容的简要陈述，摘要的意义在于使读者通过阅读摘要就可以大致了解研究者研究的主要内容、研究重点、研究结论，以及创新之处等。因而，摘要可以说是一篇论文的"名片"，它要概括性地对研究作出简要的描述和介绍。摘要通常要包括以下内容：研究的目的和重要性；获得的基本结论或见解、新的成果（这是摘要中的核心部分）；研究的意义与价值等。除此之外，摘要在写作上上还要遵循一些基本规范：第一是完整性，一篇摘要就是一篇小小的短文，它是对研究主要内容的高度概括和介绍，在内容上应具有完整性，而不是一些句子简单的堆积，摘要可以独立使用。第二是重点要突出，要明确体现研究的结论性内容或成果，不能将所有研究内容不加概括地并入其中。第三是文字要简练，摘要一般不要超过200字，因而其内容的写作要字斟句酌、言简意赅。第四是摘要的写作使用第三人称，保证从客观的角度来展现研究内容，不使用第一人称"我"。第五是摘要不分段，只限一段内容，而且在内容陈述中即使有并列或递进语句，也不使用标题形式。

关键词是论文中的核心词汇，通过关键词可以了解研究者的重点研究内容和关注点，而且关键词的使用可以方便其他研究者进行计算机检索。关键词一般是为2~5个，排列顺序是从大到小，即按其重要性的先后顺序进行排列。

（二）基本项的写作

基本项是论文中最重要的部分，是教学论文的核心。教学论文的撰写主要就体现在基本项这一部分的写作上。

教学论文的基本项写作是没有固定要求的，但通常情况下，基本项部分写作的展开主要包括三个层面的内容。第一部分是引言，即在教学论文的起始阶段，研究者要将本研究的起源、研究的目的及研究的价值作简要的陈述，或者还可以对当前研究现状进行描述，对研究的历史回顾和背景材料作一概括介绍。第二部分是正文，即论文的主题。研究者要从研究方法角度出发，对研究成果和主要内容作完整、详细、条理清晰的叙述。这里面要特别注重论文展开的逻辑性。第三部分是结语，可以对研究结果及教学论文进行一个简短的回顾和展望。当然，这种总结性的文字并不是在所有教学论文中都要以整体的形式出现的，也可以将其分散在正文中的各个叙述部分之中。

（三）附属项的写作

附属项包括参考文献和英文部分。对于教学论文来说，英文部分（即信息项的英文翻译）可以不出现，除非期刊有特别要求的才有必要附上。

参考文献虽然属于教学论文中的附属项，但其重要作用却不可忽略。其一，参考文献反映了研究者的研究基础。任何研究几乎都要建立在相关研究的基础之上，参考文献的存在说明了研究者对相关研究进行了细致的检索和了解，显示了本研究的理论基础。其二，它体现了研究者对前人或相关研究的尊重，也显示出了研究者严谨的科研态度和学术意识。其三，它向读者提供了一些经过精选的研究文献，为其他研究者的检索和使用提供了便利。

参考文献的格式规范及举例如下。

1. 专著格式

［序号］著者.书名［M］.出版地：出版者，出版年.起止页码.

举例：

　　［1］孙家广，杨长青.计算机图形学［M］.北京：清华大学出版社，1995.26－28.

　　［2］Skolink M I. Radar handbook［M］. New York：McGraw-Hill，1990.12.

2. 期刊格式

［序号］作者.题名［J］.刊名，出版年份卷号（期号）：起止页码.

举例：

[3] 赵昌木,徐继存.教师成长的环境因素考察——基于部分中小学实地调查和访谈的思考[J].湖南师范大学教育科学学报,2005(3):16-22.

3. 报纸格式

[序号]主要责任者.文献题名[N].报纸名,出版日期(版次).

举例：

[4] 谢希德.创造学习的新思路[N].人民日报,1998-12-25(10).

4. 论文集格式

[序号]作者.题名[A].主编.论文集名[C].出版地:出版者,出版年.起止页码.

[5] 张佐光,张晓宏等.多相混杂纤维复合材料拉伸行为分析[A].张为民编.第九届全国复合材料学术会议论文集(下册)[C].北京:世界图书出版公司,1996.410-416.

5. 学位论文格式

[序号]作者.题名[D].保存地点:保存单位,年.

[6] 金宏.导航系统的精度及容错性能的研究[D].北京:北京航空航天大学自动控制系,1998.

6. 研究报告格式

[序号]作者.题名[R].报告题名及编号,出版年.

举例：

[7] Kyungmoon Nho. Automatic landing system design using fuzzy logic[R]. AIAA-98-4484,1998.

第四节 聋校数学教学课题研究

一、课题的选题与论证

(一) 课题的选题

1. 课题选择的途径

教学研究中,教师究竟要从哪些方面来选择课题呢？概括来说,课题选择的途径可以包括四个方面。

(1) 从实践中选题

这是最基本的选题方式。对于聋校数学教师来说,在教学生活中会有大量的困惑与难题,这些来源于实践的难题理应成为教师选题率先考虑的来源。有这样几种思路可作为教师考虑选题的理由：教学中我最想解决哪些问题？我要提高教学质量，那么我最需要做的是什么？我在工作中最大的困难是什么？另外，和其他教师进行交流沟通，总结教学经验，展开教学调查都可以是从实践中选题的重要参考依据。

(2) 从理论中选题

这一点取决于教师的大量阅读和思考。教师通过对当前教育教学研究中的问题进行大量阅读后，可以对感兴趣的问题进行进一步分析和思考。这包括当前研究还有哪些不足和问题，当前研究者的主要观点是否完全正确，当前相关研究的矛盾之处，等等。通过这些分析，教师可以找到研究的切入点，从而选择出合理的题目。

(3) 从学校发展需要中选题

基础教育领域教师课题的选择有时候需要从学校发展的角度出发，当前学校发展、特色学校建设等问题已经成为现代学校追求的目标，学校在追求改革、发展与完善的过程中，会遇到一些困难或问题，既包括教学改革上的，也包括其他方面的。教师可以从学校发展的需求出发，选择一些教学改革上的课题进行研究，这样一方面可以促进个人研究的进步，另一方面也为学校的前进和发展提供重要参考。

(4) 从课题规划中选题

教师还可以从国家级课题规划或地区级课题规划中寻找与自己学科或兴趣相适当的内容，作为研究课题。因为课题规划中公布的课题都是当前教育发展中亟待解决的问题，且相关的研究必定不多，教师从这里面寻找选题，往往会使所选课题具有有时代性和现实性。

2. 聋校数学教学课题选择的注意事项

在聋校数学教学研究中，课题选择要特别注意以下两点：第一，课题选择不要太大。教师要从实际出发，不要选择内容和研究范围太大的研究课题进行研究，如果课题太大，做起来会太难，甚至会超过教师现有的水平，那么课题研究就可能会停滞不前，教师不但在课题研究中没有提高，反而会影响教师的研究兴趣。第二，课题选择要与本职工作紧密结合。要选择一些与教学生活，与教师生活体验与经验联系较亲密的内容作为研究课题，这样可以最大程度上扬长避短，发挥教师特长，有利于课题的开展和深入。

(二) 课题的论证

1. 什么是课题论证

所谓课题论证，是指在课题选题完成之后、正式开题之前，对所选课题及课题研究的主要内容进行可行性评估的过程。课题论证要撰写课题论证报告,这一部分内容既是作为申报课题的主要依据,也是研究者对研究选题和主要研究内容、目标进行审视和反思的过程。通过课题论证,研究者最终能得到对本课题研究更为清楚的认识,为下一步地深入开展研究奠定良好的理论基础。

2. 课题论证报告的格式

一份完整的课题论证报告大致由以下几方面内容组成。

(1) 选题的理由,研究的目的与意义

这一部分内容要讲述为什么要选择这个题目做研究,实际上就是要介绍选题的一些相关背景;以及选择这个题目作研究有什么现实意义或理论价值。通过这部分内容的叙述,能使人明白这个选题为什么是必要的,它对于指导实践或发展理论的价值或意义如何。同时,还要对研究的核心概念、研究对象进行界定。

(2) 当前课题相关研究的现状

要对课题相关研究进行简要的综述,系统介绍当前课题在国内外都研究到了什么程度,有哪些研究的不足。通过这部分内容使人进一步了解这个课题研究的重要性和意义,以便确立本研究在这个研究领域里的地位。在进行资料分析时,要注重寻找同类研究中的优秀成果,寻找最前沿的理论与实践经验。这部分内容既向评审人员介绍了该课题领域的研究动向,又可为今后的研究提供一个系统的参照。

(3) 研究的方法与途径

这部分内容要对本研究采用的研究方法作详细的介绍,对研究的步骤作出初步设想。

(4) 完成课题的条件分析与预期成果

包括对课题的组织和运作、课题负责人及主要成员的研究能力、完成课题的资料、设施准备等作出介绍。同时,还要对预期的研究成果作出说明,包括形成研究报告、实验或论文等方式。

二、研究报告的撰写

研究报告是课题研究完成之后对课题进行的系统总结,是对研究在各阶段所取得成果的综合回顾和概括。研究报告的写作是一项富有挑战性的工作,它要求研究者在全盘考虑和回顾整个研究历程的基础上,对研究的过程和结果进行高度融合的概括和浓缩。研究报告与研究论文之间有很大的差别,研究论文通常是对某一个研究问题进行的深入探究,讲究研究的深度和创新,行文写作没有固定要求。而研究报告虽然也讲究研究深度和创新,但其更注重对课题所有主要研究内容的概括与总结、回顾与反思。研究报告在内容上更加丰富,在格式上要遵循一定的规范和要求。

(一)研究报告的格式规范

研究报告可以分为多种类型,包括调查研究报告、实验研究报告及理论研究报告等。从格式上来讲,研究报告主要包括以下内容。

1. 题目

研究报告的题目一般以课题的题目命名,如"小学数学阅读能力的培养"研究报告。

2. 单位和署名

3. 摘要与关键词

摘要与关键词的写作与我们在上文中所提及的研究论文的写作基本一致。

4. 引言

对研究方案的高度概括,要尽量简明扼要地介绍下列问题:选题的缘由、相关研究现状、研究的理论假设和依据、研究的重点与难点。

5. 研究方法与过程

对整个课题的研究过程和阶段研究成果进行条理清晰的表述,对研究方法和研究方法的实施进行详细的描写。

6. 研究的结论或成果

这一部分内容要系统陈述课题研究取得了哪些研究成果,研究的创新点在什么地方,此部分是研究报告的重点所在。

7. 讨论与总结

对研究的结论进行总结和评价,对结论产生的原因作出理论解释。

8. 附录

包括研究中使用的调查问卷、参考文献及实验数据等资料。

(二)研究报告撰写的注意事项

研究报告的撰写要注意以下事项:首先,掌握的材料要充分。这样研究报告的结论才能有理有据。其次,对研究数据的分析要科学有效。研究数据一定要来源真实,数据的分析过程要严格有效。再次,注意语言表述的得体。要区分书面语言和口头语言,使用严格规范的学术术语,语言尽量准确、简练。引用别人的语言要格式规范,评价要客观公正。

附:"小学数学阅读能力的培养"课题论证书

红日实验小学

一、课题的国内外研究述评、选题意义、理论依据和研究价值

（一）国内外研究述评

当前,我国教育改革正进入素质教育的关键时期,各学科改革都在围绕新课程改革,致力于探索更有效的教学方式和学习方式。新一轮基础教育改革《数学课程标准》中,有17处提到了"阅读",有28处提到了"读"。这充分说明数学阅读在中小学数学教育中的重要性。受应试教育的影响,中学生往往缺乏阅读数学课本的能力和习惯,似乎研读数学教材仅仅是老师的事,自己只要听懂教师讲的内容就满足了。数学课本通常仅当习题集用,正文是从来不看的,即使老师布置了阅读数学书的作业,也是蜻蜓点水式的阅读,浮光掠影、草草而过,读不出要点,读不出字里行间所蕴藏的精髓,更读不出问题和自己的独到体会及创新见解。因此,在这种背景下开展数学阅读教学实验研究,大力提倡开展形式多样的数学阅读活动,提高学生数学阅读能力,这不仅是针对传统数学课堂教学中存在的若干问题提出的有效对策,也是数学文化传承和创新的根本需要,更是素质教育、终身学习等思想在数学教育中的自觉实践。

（二）选题意义及研究价值

数学是一门学科,也是一种语言,它离不开阅读。数学语言除了文字语言外,还包括图形语言、符号语言。数学语言的阅读是学生在语文课堂里学不到的,必须通过阅读数学课本来学习和加强。阅读数学课本是一种有效的数学交流形式,它能使学生通过与课本标准语言的交流来规范自己的数学用语,增强数学语言的理解力,提高数学语言的表达能力,从而有效地促进学生数学语言水平的发展,提高学生合乎逻辑、准确地阐述自己的数学思想和观点的能力,避免出现那种不能正确、有序、逻辑合理的书写解题过程的情形。

数学阅读教学是课堂教学中的一个重要环节,它和一般阅读过程一样,是一个完整的心理活动的过程,但由于教学语言的符号化、逻辑化及严谨性、抽象性强,决定了数学阅读时要认真读,要高度集中注意力,需要充分联想,把新旧知识联系起来,能通过阅读,把文字语言、符号语言进行相互转换,知道例题求解过程中的每一步来龙去脉。

本课题的研究有利于培养学生自我获得知识,解决问题的能力,有利于"静思维"习惯的培养,为当地数学课程改革提供指导理论。

（三）理论依据

1. 苏霍姆林斯基说:"谁不善于阅读,就不善于思维。"认为阅读是对"学习困难的"学生进行智育的重要手段。

2. 建构主义理论告诉我们,学习是学生在原有的认知基础上主动建构新知识的过程。从这个意义上说,数学学习实际上是指学生对数学现象的领悟和实质理解。因此,它对学生阅读理解数学语言和符号能力要求很高。

二、课题的研究目标、研究内容、研究假设和创新之处

（一）研究目标与研究内容

1. 研究目标

（1）激发学生数学阅读的兴趣,以此为契机提高学生数学学习的强烈兴趣。

（2）培养学生以阅读能力为核心的独立获取数学知识的能力,使他们获得终身学习的本领,为实现终身学习打下良好的基础。

（3）探索指导学生数学阅读的方法,促进学生数学思维的发展,提高学生的数学学习成绩,同时促进学生其他学科学习的同步发展。

（4）促进实验教师的专业发展,推动学校素质教育的发展迈向新台阶。

2. 研究内容

（1）如何根据教材特点、学生年龄特征和个性特点,以教材为基点,创设问题情境,使学生产生认知上的冲突,激发学生的好奇心和求知欲,诱发和保持学生的数学阅读兴趣。

（2）如何根据不同的阅读内容,安排不同的阅读训练形式,以培养学生以阅读能力为核心的独立获取数学知识的能力,使他们获得终身学习的本领,为实现终身学习打下良好的基础。

（3）如何有效指导学生数学阅读,促进学生数学思维的发展,提高学生的数学学习成绩,同时促进学生其他学科学习的同步发展。首先研究怎样跳出教材,拓展阅读内容,提高学生的阅读能力,让学生更喜欢数学,愿意与数学交朋友,并从中学到数学知识和培养数学精神。其次,研究在学生数学阅读训练之前,实验教师如何进行开展导读,以减轻学生阅读的难度,让学生体验数学阅读的乐趣和成功。另外,研究在学生数学阅读训练之中,实验教师如何开展提纲挈领法、咬文嚼字法、融会贯通法、实践演示法等阅读方法的训练,最终总结出适合小学生各个年级段的有效数学阅读方法。

（4）探索如何组织建设一个团结协作、充满探索精神的课题研究小组,使实验教师在研究的同时能获得到专业发展,并推动学校素质教育的发展迈向新台阶。

（二）研究假设

在国内外现有教育科研理论的指导下,探索出"加强数学阅读能力的培养"的教学模式和阅读生活中的数学现象,数学故事,数学家的故事,感受数学的价值和提高学生的数学文化素养.

(三)创新之处

1. 该课题的研究探索出一种非常重要的数学学习方式:数学阅读,并探索出数学阅读能力培养的途径.方法具有实用性和可操作性.

2. 它能使学生通过与课本标准语言的交流来规范自己的数学用语,增强数学语言的理解力,提高数学语言的表达能力,从而有效地促进学生数学语言水平的发展,提高学生合乎逻辑、准确地阐己的数学思想和观点的能力,避免出现那种不能正确、有序、逻辑合理的书写解题过程的情形.

3. 作业形式多样性:学生可以自主预习学习内容并记录下收获和读不懂的地方;可以把观察到的生活中的数学现象写成数学日记,也可以写读数学课外书籍的收获与感言.

4. 促使教育观念的转变.

三、课题的研究思路、研究方法、技术路线和实施步骤

(一)课题的研究思路

研究思路:通过课堂阅读教学,数学课外知识,数学故事的阅读,建立阅读研究卡等研究方法,探索出"加强数学阅读能力的培养",并推广运用到数学教学

(二)研究方法

1. 文献研究法:通过学习国内外中小学教师教育科研文献,为课题研究奠定理论基础,并力求在理论上有所突破.

2. 行动研究法:参加研究的教师认真开展课题研究,并对自身的研究行为进行反思,总结经验,向课题组即使提供研究材料和反思材料,收集丰富的学生个案,供课题组研究用.

3. 实验研究法:

(1)备课时注重课程目标的整合.

(2)加强教学内容的阅读教学,拓展原有教材,创设阅读情景.

(3)强化数学课外知识的阅读,引导学生和家长配合搜集相关的数学阅读材料,进行拓展训练.

(4)注重教学过程的开放性和作业设计的开放性.

(5)加强与家长的配合教育.

(三)技术路线

资料搜索和文献综述→确定研究课题→调研我校师生现状→制定课题

研究实施方案→按方案实施研究→阶段论证→深化研究→总结评估→完成相关论文和研究报告。

（四）实施步骤

第一阶段（准备阶段）：2008年6月—9月，搜集、归纳数学课本中以及其他适合阅读训练的素材，设计研究方案和实施方案。

第二阶段：2008年10月—2010年1月，具体实施阶段，分班进行阅读培养，考察培养的效果，写出个案分析。

第三阶段：2010年2月—6月，进行研究总结，撰写研究报告和相关论文。

【思考题】

1. 你认为教师为什么要进行教学研究？
2. 聋校数学教学研究中，有哪些主要的研究方法，教学研究的一般步骤是什么？
3. 撰写教学论文有哪些基本要求？
4. 请选定一个题目，然后到图书馆进行资料检索，写出一份课题论证报告。

【参考文献】

[1] 赵家荣,乔建中.教师的教育科研方法[M].北京:北京师范大学出版社,2014.
[2] 李士锜.数学教育研究方法论[M].北京:科学出版社,2015.
[3] 华国栋.教育研究方法[M].南京:南京大学出版社,2013.
[4] 刘良华.教育研究方法[M].上海:华东师范大学出版社,2014.